国家社会科学基金青年项目"美国对法国政策研究(1945—1969)"（项目批准号：11CSS019）结项成果

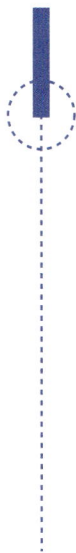

利用与协调：
美国对法国政策研究
（1945—1969）

刘 姝◎著

人民出版社

目　　录

绪　　论

　　冷战时期,同为西方世界主要大国的美国和法国是利益交叉点丰富同时又存在矛盾的一对国家。法国前总理多米尼克·德维尔潘曾用鲨鱼与海鸥描述过法国和美国的关系,冷战这个特殊的国际关系形态对于美国和法国犹如暴风雨对于"鲨鱼和海鸥",他们在特殊的环境中进行着他们的对话。

　　本书以1945年第二次世界大战结束至1969年戴高乐总统下台期间的美国对法国政策作为研究重点。通过对美国政府解密文献的解读,一方面还原、澄清战后美国对法国政策的诸多史实,揭示美国对法国政策从属于美国冷战战略的实质,另一方面展示杜鲁门、艾森豪威尔、肯尼迪和约翰逊四任总统的对法国政策面临的挑战以及政策的核心内容和内在逻辑,进而揭示美国对法国政策不确定性与欧洲乃至世界局势发展之间的互动关系。综观这一时期,美国为遏制以苏联为首的共产主义势力,高度重视地处冷战前沿,共产主义活动又较为活跃的法国,利用各种手段对法国极力拉拢和利用,以稳固自己打造的冷战联盟;另一方面,法国虽因第二次世界大战实力削弱,但仍属大国,不会完全顺遂美国意图,尤其提出国力重振的戴高乐,毅然挑战美国霸权,奉行独立的对外政策,使得美国对法国政策在制定和实施时经常面临如何协调和化解两国之间的分歧和矛盾的问题。

　　一国的对外政策的制定与实施是一门综合艺术,是该国政治、经济、军事、文化、科技等软硬实力的综合体现。美国对法国政策演进发展中所产生的分歧和矛盾受双方主客观条件与综合实力所制约,是伴随彼此综合实力的消长而不断变化的。因此,研究美国对法国政策,能够透过外交政策史的层面进一步深刻总结冷战时期的历史经验教训,探寻世界性大国处理对外关系的规律,揭示规律背后潜藏的深层次决定因素。

一、国外学者对"战后美国对西欧的政策"的研究

第二次世界大战结束后，美国开始按照全球主义战略安排战后世界政治和经济和安全秩序。在众多领域欧洲始终居于美国全球战略的核心地位。作为聚焦的中心，美国的欧洲政策在某种程度上集中体现，反映了战后美国外交政策的本质。特别在冷战时期欧洲更是成为美苏争夺的要地，所以美国的欧洲政策必然成为考察美国对法国政策的重要内容之一。

美国对欧洲政策很早就引起各国学者，特别是英美学者的高度关注，并取得丰硕的成果。1986 年，挪威历史学家盖尔·伦德斯德（Geir Lundestad）所著的《被邀请的帝国？美国和西欧（1945—1952）》一书，是冷战史研究中修正学派的代表作。该著作以亚洲和非洲不断提升的美国影响力为焦点，重点考察美国与西欧关系的巨大变化。作者指出"如果我们把美国的这种扩张称为帝国的话，西欧和日本之所以是美国的势力范围，那么很大程度上是个被邀请的帝国；而苏联的帝国是强加于人的帝国（Empire by imposition），苏联在东欧强制建立了共产主义政权"。作者分析了美国影响力在 20 世纪 70 年代末下降的因素，指出无论军事还是经济上，美欧关系都面临新的调整。尽管欧洲仍希望借助美国影响力，但是美国的作用日趋模糊。最后作者认为美国维持帝国的高额费用是美国影响下降的主要原因。可见，后修正学派学者一方面继承了修正学派的观点，另一方面吸收了传统学派的说法，认为美苏双方都应对冷战的起源负责，只是苏联的责任更大些。当然，该著作有为美国在欧洲实施霸权"粉饰太平"之嫌。因为它出版于冷战末期，所以冷战意识形态意味较浓。

冷战结束后，冷战史研究进入新的阶段。研究的问题不断深入，1999 年凯瑟林·伯克（Kathleen Burk）和梅尔文·斯托克（Melvyn Stokes）所编著的论文集《1945 年以来的美国与欧洲联盟》①探讨了大西洋联盟的成功与失败、合

---

① Kathleen Burk and Melvyn Stokes eds；The United Staes and European Union Since 1945，London：Oxford Berg，1999.

作与分歧,侧重考察经济、贸易、核武器、特殊关系的概念等重要领域上的分歧。2003 年戴维·瑞恩(David Ryan)所著的《20 世纪的美国与欧洲》①是这一领域影响较大的著作。作者考察美国作为世界大国直到冷战结束这段时期美欧关系,对美国对外政策的传统、"一战"和"二战"时期不同时期美欧的关系变化、冷战时期的美国和欧洲,在欧洲的一体化、美国欧洲影响力增长等问题上都有所论及,充分展示了美国的国家价值观和国家利益如何在跨大西洋关系上得以体现,以及如何指导和塑造了 20 世纪的欧洲。2003 年劳瑞斯·摩尔(Laurence Moore)和莫洛佐·维德纳(Maurizio Vaudagna)所著的《欧洲的美国世纪》②中作者对一个世纪的美国的政治、经济、文化对欧洲的影响作为论证的重点。认为 20 世纪的美国是深受威尔逊思想影响的美国。美国政策的制定者不管他是否承认是威尔逊主义者,都在试图用新的世界秩序代替欧洲式的扩张主义。伊拉克战争后美欧关系成为学者关注的焦点,如戴维·高伯特(David Gompert)和斯蒂芬·拉腊比(F.Stephen Larrabee)编著的《美国与欧洲——新世纪的伙伴关系》③是美国兰德公司第一次系统研究重新定义的大西洋伙伴关系的著作。本书认为冷战结束后美欧仍有共同安全和经济利益。双方关系的发展取决于欧洲承担更多的责任、美国肯分享领导权以及双方形成比官方关系更让人期待的伙伴关系。

关于美国对欧洲的援助政策,大卫·埃尔伍德(David Ellwood)所著的《重建欧洲——西欧、美国和战后重建》重点追述了 1945 年以后欧洲的经济问题和美国相应计划。作者从宏观的视角考察了在战后欧洲艰难时刻美国力量如何介入,马歇尔计划从制定、落实、欧洲各国反应,美元差距、朝鲜战争后的经济恢复等问题进行了阐述。④ 书中明确指出,正是在美国外力的推动下,战后

_____

① David Ryan: *The United States and Europe in the Twentieth Century*, London: Pearson Longman, 2003.

② Laurence Moore and Maurizio Vaudagna eds: *The American Century in Europe*, New York: Cornell University Press, 2003.

③ David Gompert and F.Stephen Larrabee: *American and Europe-A Partnership for A New Era*, New York: Cambridge University Press, 1997.

④ David Ellwood: *Rebuilding Europe—Western Europe, American and Post war Reconstruction*, London: Longman, 1992.

初期西欧经济才得以恢复,马歇尔计划促使西欧管理模式发生转变,开始向大规模生产方式转变。约翰·科里克(John Killick)《美国和欧洲重建》[①]作者运用大量数据为基础,指出马歇尔计划对英国应对金融危机、德国问题的解决和促进欧洲一体化等方面发挥了不可低估的作用。如果没有美国的支持,法国和意大利的经济可能就会崩溃。

二、国外学者对"1945—1969 年美国对法国政策"的研究

国外学者特别是美国学者比较早地认识到美法关系在美国国家安全战略中的重要地位,在美国外交史、法国外交史等著作中对 1945—1969 年的美法关系均有不同程度的涉及,根据涉及内容的不同,我们将这些著作大致分为以下五类:

(一) 涉及美法关系内容的专门论述美欧关系的著作

这方面的著作较多,比较有代表性的是 2002 年厄恩·马汉(Erin Mahan)的《肯尼迪、戴高乐和西欧》[②],2003 年托马斯·施瓦茨(Thomas Alan Schwartz)所著的《林登·约翰逊与欧洲》[③],2004 年出版的贡纳尔(Gunnar Skogmar)所著的《美国与欧洲一体化的核问题》[④]。这三本书堪称美欧关系发展宏观背景下研究美国对法国政策的经典之作。上述三本专著都是参阅大量法国、美国、英国和德国的档案,深入论述艾森豪威尔政府、肯尼迪政府和约翰逊政府时期美欧关系以及由其带来的法美关系的嬗变,揭示出法美关系的发展受到大西洋联盟内的复杂多边关系的制约。

厄恩·马汉的《肯尼迪、戴高乐和西欧》一书认为,在肯尼迪执政期间,美国政策的制定者认为法国戴高乐是大西洋联盟里的主要障碍。双方的分歧体现在安全和经济问题等方面。两国对于遏制苏联和德国有着不同的理解和认

---

① John Killick:*The United States and European Reconstruction 1945–1960*, Edinburgh:Keele University Press,1997.

② Erin Mahan:*Kennedy De Gaulle and Western Europe*,New York:Palgrave Macmillan,2002.

③ Thomas Alan Schwartz:*Lyndon Johnson and Europe—in the Shadow of Vietnam*,London:Harvard University Press,2003.

④ Gunnar Skogmar:*The United States and the Nuclear Dimension of European Integration*,New York:Palgrave Macmillan,2004.

识,这极大地影响了两国关系的发展。作者对一些关键问题可谓条分缕析,如柏林危机、英国加入欧洲经济共同体、平衡国际支付的争端和北约内的核分享等问题都进行卓有见地的论述。作者认为肯尼迪总统对欧洲安全、欧洲一体化的界定模糊以及对经济的简单化趋向等问题的担心,导致了肯尼迪政府未能形成前后一致的政策。而戴高乐的政策则较为连续,虽然法国力量比美国弱小,但策略运用得当。马汉还从冷战史角度,认为联盟政治影响了缓和的时机。整体上看这本书是研究这一时期美法关系不可逾越的重要专著。

托马斯·施瓦茨所著的《林登·约翰逊与欧洲》一书,是在美国国务院解密的约翰逊政府时期的档案文件材料的基础上形成的专著。新的研究成果似乎抛弃了先前那种鄙视约翰逊的情绪化的观点,提出富有新意的创见。关于约翰逊总统,学者们通常认为由于越南战争使得他在国际关系上毫无作为,没有承担起西方联盟的领导者的职责。对此,作者提出完全不同的看法。在研究约翰逊对欧洲政策过程中,作者展示了一个不一样的约翰逊——为稳定冷战需要来平衡和巩固盟友关系,降低核战危险;尤其在法国退出北约军事一体化组织后,他在如何维持联盟凝聚力、缓和东西方紧张对峙局面、处理日益糟糕的国际货币和贸易问题以及东南亚不断升级的战争等问题方面都有一定建树。

贡纳尔所著的《美国与欧洲一体化的核问题》一书对艾森豪威尔政府时期的欧洲政策进行了整体回顾,重点研究了美国对1953—1957年欧洲谈判的政策,尤其是核政策。他认为安全和经济重建是战后欧洲两个重要目标,美国支持欧洲的一体化主要是为了对苏联和未来独立的德国的双重遏制以及消解常常成为欧洲战争隐患的法德矛盾。德国问题一直是华盛顿关注的焦点。在杜鲁门开始实行支持西欧合作和一体化的政策后,艾森豪威尔政府时期更是把其作为重点。艾森豪威尔和杜勒斯坚信超国家主义是欧洲安全体系和地区经济增长的关键。从欧洲煤钢共同体成立、欧洲防务共同体计划的流产、西欧联盟的建立、欧洲原子能委员会成立,直到1957年罗马条约的签订,所有这些欧洲谈判都涉及核问题。德国问题又与法国问题密切相连。短期来看,法国很快将是第四个拥有核武器的国家,这与美国的对德政策相悖,因为国务院认为一旦法国拥有核武器,从长远看就很难阻止德国发展核武器。这与美国核不扩散政策相背离。这本著作以美国、德国、法国和英国的档案资料为基础,包括 FRUS、DDF、BDF,利用不同国家在同一问题上的材料,从不同的角度来加以解释,具有较高的史料价值。

美国对法国政策虽是双边关系的映射,但也离不开其他国家对之的影响。例如欧洲大国德国很大程度上就影响着美国对法国政策的制定。所以,从多边视角考察美国对法国政策极具意义。2000 年 5 月 30 日到 6 月 4 日,柏林自由大学大西洋外交政策和安全研究中心组织在德国波茨坦举办了一次学术会议,与会的都是德国、美国和法国研究当代史和政治科学的学者,参会论文结集出版,即埃尔加·哈夫滕多恩(Helga Haftendorn)主编的《战略三角:新欧洲塑造中的法国、德国和美国》。① 由于三国战略三角在外交上具有很大的关联性,彼此间既提供机遇又限制着彼此的选择。论文集从 6 个方面来论证三角关系。第一部分论文研究 20 世纪 50、60 年代欧洲共同体的情况。美国和法国欧洲一体化概念的差异以及英国加入问题上的斗争。第二部分关注的是北约 20 世纪 60 年代危机及对危机起源的解释和对三国战略三角的形成及其影响。以上内容已经由华东师大国际冷战史研究中心《冷战国际史研究》第 5 辑翻译出版。第三部分则关注越南战争对布雷顿森林体系崩溃的影响。第四部分议论东方政策和缓和政策。第五部分是论述美国受挫于缓和政策,而欧洲在苏联进攻阿富汗后试图挽救地区缓和局势。第六部分是东西方冲突结束后北约改革等问题。该书最大的优点是把战略三角作为分析框架,认为三角形对三国影响并不平等,在 1965—1995 年的德—法—美战略三角对美国影响较小,进而作者提出美国没有理由对法国做出妥协。对美国来讲,英国和德国是最重要的战略伙伴。

2006 年,本杰明·瓦若特(Benjamine Vara)的博士论文《国王们的冲突:肯尼迪、戴高乐与争夺西欧的斗争》②则利用美英法三国档案,重在分析从戴高乐上台后到 1963 年美法分歧原因。尽管出现了冷战高潮,戴高乐认为随着西欧经济恢复,大西洋联盟内应该重新进行权力分配,法国寻求取代美国在大

---

① Helga Haftendorn ed.:*The Strategic Triangle:France,Germany,and the United States in the Shaping of the New Europe*,Washington,D.C.:Woodrow Wilson Center Press,2006.

② Benjamine Vara:*A Clash of Kings:De Gaulle,Kennedy,and the Balttle for Western Europe*,1958-1963,Ph.D.AAI3202578,Boston University,2006.

西洋联盟内的领导权。为此,法国需要发展核武器,并寻求欧洲伙伴支持。最终,戴高乐实现了前者,但没有实现后者。无论是欧洲五国,还是英国、德国,最终在美国压力下选择了美国而不是法国来作为联盟领导者。

（二）把美法关系直接作为研究焦点的著作

在论述美国对法国政策的诸多著作中,根据论述涉及的时间断的不同分为两类:第一类是关注特定时期的美国对法国政策的著作。比如战后初期和戴高乐执政的1958—1969年间美法关系,以及与其他欧洲国家的关系。第二类是关注美法关系的通史性著作。

1. 研究某一特定时期的美国对法国政策的专著

对于冷战的起源,迈克尔·克里斯威尔(Michael Creswell)于2006年出版的专著《平衡的问题:法国和美国如何建立冷战下的欧洲》①认为美国和法国在德国问题上的博弈对欧洲冷战的形成有着重大影响,堪称目前关于美法关系的最新力作。他认为欧洲冷战格局形成起始于1954年,以德国的重新武装和美国在西欧的军事存在作为标志。作者回顾了战后最初9年美法关系的发展历程。他认为冷战的发生既不是不可避免也不是出于偶然,更不是美国的强加。相反冷战起源于法美的讨价还价之中以及法国在1954年的最终妥协退让。作者认为目前的学者和著作大多关注苏美分歧,而忽视美国和法国在德国问题上的争执对冷战形成的影响。

亚历山德罗·布罗格(Alessandro Brogi)的《自尊的问题——美国在法国意大利的冷战选择(1944—1958)》②认为法国和意大利把建立"威望"作为政策的立足点,两国出发点是弥合国内的分歧,促成各政党达成政治上的一致和团结,反过来帮助两国的领导找到明晰的国家目标,为国家安全和经济利益服务。美国政府处理与法国和意大利关系时,采取特殊战术应对两国的"威望政策"。美国更是让法国表面拥有比实际更多的一体化的掌控权,让法国在与德国接触中发挥建设性的作用。美国帮助两国恢复足够的自尊来解决地位

---

① Michael Creswell: *A Question of Balance: How France and the United States Created Cold War Europe*, London: Harvard University Press, 2006.

② Alessandro Brogi, *A Question of Self-Esteem: The United States and the Cold War Choices in France and Italy*, 1944-1958, Westport, Connecticut: Praeger, 2002.

下降的问题,让他们在得到"自尊"的时候接受实际影响力减少的现实。

1991 年欧文·沃尔(Irwin M.Wall)撰写的《美国和战后法国的建立(1945—1954)》[1]一书无可争议地堪称论述美国对法国政策的经典著作。它是第一个研究 1945—1954 年法美关系的专著。它大量运用了法国和美国解密的外交档案和私人文件,考察了美国在法国外交、经济重建、军事政策、政治和法国国内等领域中的作用和影响。重点放在美国是如何对抗法国共产主义影响,影响法国政治形成中间派政权避免出现极左或极右政权。而此前的法国历史学家观点认为"美国强迫法国进入到西方阵营",作者对此提出不同的看法。他认为研究美国对法国的作用必须考虑至少四个不同又相互联系的方面:传统外交记录,两国新的经济关系,美国对法国国内事务的干涉,以及对法国大众文化的影响。在美国确定德国重建的政策后,国防部主张积极推进,而美国国务院害怕影响与法国的关系,希望增强法国非共左翼政治势力的力量。但其对美国落实具体政策的主要限制和如何运作的事宜论述略显不足。

此外,还有弗雷德里克·博佐(Frederic Bozo)著的《两种欧洲战略——戴高乐、美国和大西洋联盟》一书[2]。该书考察 1958—1969 年法国与美国、法国与北约的关系,提出富有创见的观点,作者认为戴高乐的目标不能仅仅被看作是狭隘的民族主义;美国对戴高乐抗美独立的要求逐渐采取了灵活的迂回态度;戴高乐主张法国退出北约军事一体化组织的目的不是要破坏联盟,而是要加强它。该书的一个缺点对北约战略之争论述有余,而对美国要领导欧洲的战略和戴高乐要控制自己安全命运的欧洲观之比较不足。

亚历山德·布洛基(Alessandro Brogi)撰写的《面对美国——冷战中美国与法国和意大利的共产主义》[3],该著作可谓美国国内研究美法关系的最新专著。作者主要关注两个问题:第一是美国对西方联盟的管理问题,第二是法国和意大利共产主义运动的反美主义的有效性问题,并对法国和意大利两国进

---

[1] Irwin Wall: *The United States and the Making of Post War*, New York: Cambridge University Press, 1991.

[2] Frederic Bozo: *Two Strategies for Europe—De Gaulle the United States and the Atlantic Alliance*, New York: Rowman & Littlefield Publishers.Inc, 2001.

[3] Alessandro Brogi: *Confronting American—The cold war Between the United States and the Communist in France and Italy*, The University of North Carolina Press, 2011.

行比较研究。

2. 关于美法关系的通史类著作

1994 年查尔斯·科根（Charles G.Cogan）撰写的《最老的联盟，被保护的朋友——1940 年以来的美国和法国》①全面反映不同时期美国与法国在德国、苏联、大西洋联盟的分歧和双方的冲突过程，引用大量的美国解密档案弥补了此前研究的缺陷。查尔斯·科根虽然以专题形式来论述，但观点方面乏善可陈，史实论述略显薄弱。不过，这本著作至少有两点值得肯定。第一，利用了美法两国档案，虽然法文用得不多，但毕竟开启多国档案比较研究的先河；第二，为美法分歧提出一种新的解释，认为美法冲突的背后是两种"普世主义"的对抗，每一方都认为它的国家具有普世价值，都认为追求自己国家利益与普世利益是一致的。

还有约翰·纽豪斯（John Newhous）的《戴高乐和盎格鲁—撒克逊》②一书，该书重点探究了法国、美国和英国在戴高乐重返政权前后共 7 年的时间里三国间关系。研究材料大多来源于口述史，即与美国、法国、英国政府各级相关官员的私人会谈纪要。这是论述戴高乐对美英外交的重要著作，作者广泛利用当事人回忆录、媒体文章等公开记录，并在美英进行采访，也接触了部分未解密的资料，因而该著作有重要的史料价值。该书认为，不可能用美英从第二次世界大战以及战后积累的经验同戴高乐进行接触。戴高乐坚信国家受地理、历史而不是意识形态所影响，国家利益是外交政策的永恒现实，如果苏联能与巴黎的德国政策一致，法国就可以作为美苏之间的平衡。作为口述史的重要著作该书文笔流畅，体现笔者敏锐的观察力，是研究美国对法国政策的有利补充，是这一时段研究的代表作。

其后出版的德里克·科尔特曼（Derek Coltman）的通史性著作《法国与美国：从开始到现在》③采用上面著作的部分观点。作者认为两国一直对对方存

---

① 　Charles G.Cogan, foreword by Stanley Hoffmann: *Oldest Allies, Guarded Friends: The United States and France since 1940*, Connecticut: Westport, 1994.

② 　John Newhous: *De Gaulle and the Anglo-Saxons*, New York: the Viking Press, 1970.

③ 　Derek Coltman: *France and the United States: from the Beginnings to the Present*, Chicago and London: The University of Chicago Press, 1978.

在某种"吸引"，从这个角度，可以说美法存在"特殊关系"。这一提法比较新颖，但全书内容却不能为这个结论提供有效的证明。而且缺乏创新之处和清晰的线索，另外在材料使用、结构布局、观点方面，也存在不足。

（三）在新冷战史研究方面涉及美国对法国文化政策的著作

新冷战史的研究中，学者逐渐把目光投向社会和文化领域，关注美国如何传播美国文化以增强其软实力。这方面最新成果是贾尔斯·斯科特（Giles Scott）于 2008 年出版的《帝国的网络——美国国务院"外国领导人计划"在荷兰、法国和英国的运用（1950—1970）》。① 作者从全球视野关注"外国领导人计划"的历史和政治背景，及其在荷兰、法国和英国三个主要国家的运用，来揭示 20 世纪 50、60 年代美国的软实力所发挥的作用。作者认为交流计划从 19 世纪以来一直是美国外交关系的一部分，但直到第二次世界大战结束后，美国政府才大规模实施该计划以影响国外公众来支持其战略目标。这本书着眼于该领域美国国务院最有影响的"外国领导人"计划，考察其背景、组织和目标。该方案（现仍作为国际访问者领袖计划运行）通过美国大使馆选择并邀请有才能的、有影响的政治领袖访问美国，让其广泛了解美国的态度和意见。并且该书实时跟踪该计划在三个主要跨大西洋盟国实施；计划人员的选定及原因；目标群体在一段期间后如何转为支持美欧发展关系。其最大的特色是为美法关系研究提供一个独特和深刻的视角。

2005 年，布莱恩·安格斯·麦肯齐（Brian Angus McKenzie）出版《重塑法国：美国化、公共外交和马歇尔计划》②，作者以马歇尔计划在法国的实施作为个案研究。为赢得顽固法国人的民心，美国把其作为公共外交的一种形式，通过发行书籍，举办展览和制作电影等方式向法国民众传播美国的生产方式和消费文化。作者把马歇尔计划看作是美国试图重新安排欧洲社会，抵制共产主义和保护国家利益的宣传行动。但作者认为马歇尔计划作为公共外交的结果是事与愿违，短期内美国不能实现这"神话般的期望"，法国民众最后根据

---

① Giles Scott: *Networks of Empire: the US State Department's Foreign Leader Program in the Netherland, France, and the Britain* 1950–1970, Belgium Brussels: Peterlang, 2008.

② Brian Angus McKenzie: *Remaking France: Americanization, Public Diplomacy, and the Marshall Plan*, New York: Berghahn Books, 2005.

自己的经验和价值观对美国文化进行了抵制和改造。该著作选取角度新颖，逻辑清楚，全文流畅，能利用原始档案对公共外交进行考察，显示美国如何利用经济和政治实力传播美国政府信息的"文化转移"这一特殊的文化现象。也顺应了美国国内学术界把马歇尔计划视为美国全球战略一部分来重新考证的趋势。

此外，理查德·库索尔（Richard kuisel）的《诱惑法国：美国化的窘境》①关注战后尤其是80年代与90年代法美之间的政治文化关系。他认为，法国面对美国大众文化的入侵，既没有丧失独立，也没有消除法国的文化认同，而是开始有选择地接纳和改造。

总之，新冷战史方面学者对这一问题进行的详尽的研究，无论是提出问题的方式还是切入的角度，以及论述中资料和理论方法等方面都不断推陈出新，为传统外交史研究范式带来新的解释框架。

（四）在关于非殖民化问题研究中涉及美国对法国政策的著作

第二次世界大战后世界非殖民化运动蓬勃发展之际，法国竭力保持在殖民地的统治，先后进行了两场殖民主义战争——印度支那战争和阿尔及利亚战争。这就与美国标榜的反殖民主义对外政策不可避免地发生了碰撞。因此，全盘审视这一时期美法同盟关系，美国对法国殖民地的政策就是一个十分重要而且无法回避的课题。国外学者十分关注这一问题，试图从不同角度深入解读美国政府在法国两场殖民战争中所扮演的角色和这一特定历史中的决策过程及遭逢的困境，了解他们的不同观点更有助于我们深刻认识美法同盟的本质。

欧文·沃尔（Irwin M.Wall）的《法国、美国和阿尔及利亚战争》②一书认为："阿尔及利亚是美国认为可以接受第三世界革命的很好的例子。"作者考察关于1954年到1962年反对法国殖民统治的阿尔及利亚起义的美国和法国政府内部不同观点。指出艾森豪威尔政府认为阿尔及利亚民族独立是不可避

---

① Richard kuisel：*Seducing the French：The Dilemma of Americanization*，Berkeley：University of California Press，1993.

② Irwin M. Wall：*France，the United States，and the Algerian War*，Berkeley：University of California Press，2001.

免的,最大的优点是非共产主义领导运动。100万生活比较富裕的法国定居者与800万贫困的阿尔及利亚穆斯林就决定了该问题在法国看来不仅是殖民问题,同时也是法国内部问题的一部分。法国政策制定者对美国盟友要求谈判结束统治的压力极为不满。但本书不足之处是对戴高乐执政期间的章节论述较为薄弱,认为戴高乐把法属阿尔及利亚作为建立法国主导的"泛欧非"联盟的关键,推动法国重获大国地位。这一论述虽有新意但论证不够充分。戴高乐虽认识到其独立不可避免,但坚持其独立要渐进地实现,这主要是因为来自法国军队、欧洲裔定居者和国内保守势力等方面的抵制。作者夸大阿尔及利亚和美国在戴高乐外交目标中的重要性,错误地得出阿尔及利亚是法国退出北约的主要因素。法国接受阿尔及利亚独立是由于不能得到美国的支持。这些看法有失偏颇。

另一涉及非殖民化问题的著作是2002年来自威尔士大学的马丁·亚历山大(Martin Alexander)编著的论文集《法国和阿尔及利亚战争——战略、实施和外交(1954—1962)》[1]。该论文集从战略实施和外交两个方面汇编的论文,全方位多角度论及阿尔及利亚战争。

圣地亚哥大学副教授凯瑟琳·斯莱特(Kathryn C.Statler)在《代替法国——美国干涉越南的起源》一书中[2],作者利用大量的法国、美国和英国档案材料试图把法国与美国关系放在越南战争背景下加以论述,阐述了美国如何逐渐从法国那里延续越南战争。通过关注1950—1963年期间,深陷阿尔及利亚和印度支那两场殖民战争需要美国援助的法国,逐渐将目标转变为防止共产主义在越南的渗透这一变化,与美国逐渐形成共同的目标:对抗越南引发的暴动,维持西方影响保持越南不受到共产主义的控制。但是美国和法国却按照根本不同方式进行,几乎没有任何合作。作者把从法国到美国的转变分为三个阶段:第一阶段是法国和美国在越南的伙伴关系和寻求联盟一致性。1950—1954年美国对法国援助逐渐达到顶峰,艾森豪威尔政府希望阻止共产

---

[1]　Martin Alexander：*France and the Algerian War 1954-1962：Strategy Operations and Diplomacy*，London：Frank Cass Publishers，2002.

[2]　Kathryn C.Statler：*Replacing France：The Origins of American Intervention in Vietnam*，Lexington：University Press of Kentucky，2007.

主义越南的出现,但同时又烦恼他的决定会支持殖民盟友被发展中国家视为教唆犯。但日内瓦会议上议程的冲突标志两国寻求"共同战略"的行为最终失败。第二阶段是法国寻求维持在越统治,而美国坚持由美国人来管理。美国公开认为法国不能维持越南的稳定。两国关系逐渐对立。第三阶段是法国和美国在 1956—1961 年发起的文化、经济和宣传活动,宣传各自的价值观和问题,发挥"软实力"战术来得到越南对其心理上的同质而取得最后的胜利。艾森豪威尔以为替代法国,美国就可以实现越南稳定和经济上的繁荣,最终证明这不过是美国一厢情愿的想法而已。

　　涉及美国和法国非殖民化问题的博士论文有两篇。一篇是丹尼尔·伯恩(Byrne Daniel)博士的论文《沙海中漂流:美国对阿尔及利亚非殖民化的外交政策(1942—1962)》①,该论文重点考察了美国对阿尔及利亚战争政策的发展和落实,强调美国政策对非殖民化的影响和美国政策的后果。通过国家安全档案和总统图书馆的文件,结合影响政策制定者决策和不决策的主要思想和理论,对美国政策制定的过程做出细致的论证。即便美国在第二次世界大战期间直接介入北非的事务,但美国政策制定者面对阿尔及利亚民族主义现状,发现自己不能或不愿制定结束法国殖民帝国的清晰和通盘的政策。随着阿尔及利亚针对法国殖民主义武装斗争的出现,这些问题更成为焦点。美国关于遏制、非殖民化和第三世界的民族解放运动的政策在阿尔及利亚问题上汇合。战争持续时间较长考察美国外交政策的连续性、柔韧性和从艾森豪威尔到肯尼迪政府的变化。尽管冷战和遏制政策是美国政策制定者的主要考虑,不结盟运动、泛阿拉伯主义、泛非主义和非洲社会主义的挑战减少了苏联对北非和阿尔及利亚的直接影响。在面对这些挑战和一系列全球危机时,美国面对非殖民化政策保持"令人不安"的连续性。美国反复思考政策是避免做出决定而得过且过。文章考察这一政策的原因和对阿尔及利亚战争和第三世界的影响,并试图从重要历史时期总结出经验教训。

　　欧仁妮·玛格丽塔(Eugenie Margareta)博士的论文《达成共识:越南战争

---

　　① Byrne Daniel:*A Drift in a Sea of Sand*:*The Search for United States Foreign Policy toward the Decolonization of Algeria*,*1942-1962*,Georgetown University,2003,AAI3114022.

背景下美国与法国,英国和联邦德国的关系(1961—1968)》①,集中笔墨探讨美国与其盟国英国、法国和西德在越南战争上的争论,并以此为分析联盟内部关系的框架。作者认为,越南问题让大西洋联盟关系紧张,显示四国各自不同的利益,英法德三国都严重误解了美国在越南的战略,因为他们对冲突性质存在不同看法,并对美国在南越成功机会持悲观态度。同等重要的是欧洲害怕美国从欧洲退出,东南亚的冲突可能演变为主要的甚至可能是场世界大战。随着美国在越南的升级,欧洲的安全可能因此受到影响。欧洲三国虽担心但不能形成一致的政策来影响美国决定。肯尼迪和约翰逊总统不能成功地赢得欧洲对美国越南行动的帮助。欧洲狭隘和负面的作用促使美国采取单边行动。没能制定关于美国参与越南的统一政策表明欧洲国家外交政策制定上的固有缺陷——受到民族主义和利己主义的影响。四国意识到为了成功实现全球战略,他们必须增进理解,制定出更好服务与联盟共同利益的互惠政策。

（五）在论及美法关系的中文译著方面成果较为丰富

涉及美法关系的译著有法国国家科学研究院的研究员菲利普·罗杰的《美利坚敌人——法国反美主义的来龙去脉》②,为理解美法矛盾提供新的思考角度。美法两国从未发生战争,但并不妨碍法国成为一个反美主义最强烈的国家。这种极为有悖常理的现象只能用历史和文化层面上的法国反美主义来解释,并还原其争论的逻辑。本书大量介绍了法国在过去200年里各种对美国政治社会、经济制度、文化、生活方式、对外政策等方面批判的思潮。作者归纳了反美思潮的一个特点,即法国从19世纪起无论在左派、右派、激进派、改革派还是保皇派中都能找到反美言论。有的出于法国国家和民族利益,有些也是误导和荒谬的。论及当代美法关系的著作有两部:一部是法国的多米尼克·德维尔潘③的《鲨鱼与海鸥——法国与美国的天下争锋》,一部是美国

---

① Blang, Eugenie Margareta: *To Urge Common sense on the Americans: United States' Relations with France, Great Britain, and the Federal Republic of Germany in the Context of the Vietnam War, 1961-1968*, the College of William and Mary, 2000, AAI9989342.

② [法]菲利普·罗杰:《美利坚敌人——法国反美主义的来龙去脉》,吴强、沈孝泉、王晓郡等译,新华出版社2004年版。

③ [法]多米尼克·德维尔潘:《鲨鱼与海鸥——法国与美国的天下争锋》,马胜利译,广西师范大学出版社2006年版。

的罗伯特·卡根的《天堂与实力——世界新秩序下的美国与欧洲》①。这两本译著对美法分歧的深刻原因都作出各自不同的解释。对本文在分析美法矛盾深刻特性上提供极大的思考空间。此外还有理查德·库索尔的《法兰西道路——法国如何拥抱和拒绝美国的价值观与实力》主要探讨了法国如何在美国文化入侵之际捍卫本民族文化，以及为何拒绝美国的价值观而坚持自己的道路。②

国外学者对于"美国对法国的外交政策"的探索，为我们的后续研究提供了宝贵的财富。他们不仅对美国的法国政策做了相当全面和深入的探讨，并且在解释框架和研究方法上不断更新，鉴于美法问题的涉及面较广，英美学者能够广泛汲取文化研究、政治学和社会学等社会科学的理论和方法。国外学者对主题的厘定，解密档案的收集和对事件的解释等方面各展所长，极大地推动了这一主题的研究。

三、国内史学界研究述评

与国外相比，中国学者对该主题的研究起步较晚，但近年来也取得了丰硕成果。中国学者在多角度展现不同时期美法关系方面作出有益的探索。开始改变过去著作视角单一、立足宏观而缺乏微观探讨和利用原始档案材料不足的状态。20世纪90年代初，随着我国学者对美国的欧洲政策方面关注程度的不断提高和研究的不断深入，关于冷战史的著作和美国外交政策的专著中部分章节内容开始涉及美国对法国政策或者美法关系发展。如资中筠编的《战后美国外交政策史——从杜鲁门到里根》③开始关注法国戴高乐执政时期对美国外交政策的种种挑战，对了解美国对法国政策具有重要参考价值。

我国学者对美国对法国政策的相关著作和论文主要集中于以下几个方面：

（一）关注美国对欧洲政策的学术成果

具有代表性的是2007年出版的许海云著《锻造冷战联盟——美国"大西

---

① ［美］罗伯特·卡根：《天堂与实力——世界新秩序下的美国与欧洲》，肖蓉、魏红霞译，新华出版社2004年版。

② ［美］理查德·库索尔：《法兰西道路——法国如何拥抱和拒绝美国的价值观与实力》，言予馨、付春光译，商务印书馆2013年版。

③ 资中筠编：《战后美国外交政策史——从杜鲁门到里根》，世界知识出版社1994年版。

洋联盟政策研究"(1945—1955)》①,其中散见美国和法国在大西洋联盟中的双边关系的处理和美德法围绕大西洋联盟问题的博弈。李昀著《经济合作署与战后初期西欧重建(1947—1951)》②一书,以西欧重建中美国政府、企业界和劳工合作为切入点,其突出之处是从行政机构、立法部门和利益团体之间的多元互动来探讨欧洲复兴计划议案的形成以经济合作署的建立。并且作者关注经济合作署在西欧国家推行自由贸易的举措,修改欧洲内部支付协定,成立欧洲支付同盟和支持欧洲煤钢联营谈判等举措,营造一种良好的经济环境。

以美国对欧洲政策作为视角的学术论文较多,虽集中于欧洲一体化问题,但侧重点各有不同。比较有代表性的有赵怀普的《美国缘何支持欧洲一体化?》在回顾战后从杜鲁门到克林顿历任总统对欧洲一体化的支持,认为三个因素促成美国作出这一抉择,"第一,是通过一体化的方式将西德对平等地位的要求与欧洲遏制西德的需要结合起来可能是欧洲一体化最深层的原因;第二,追求一个理性的、有效率的和有助于减轻美国负担的欧洲;第三,在欧洲推广美国模式"③。张福财的《试论战后美欧关系发展演变及欧洲联合一体化问题》一文认为,"统一、强大的欧洲是美国由世界一隅走向全球化的需要。因此美国全力以赴地经营着美欧关系,随着国际局势的变化,调整着其对欧政策。欧洲一体化进程的每一阶段都受到美国的对欧政策的影响"④。陈六生、严双伍的《美国与欧洲一体化(1942—1957)》一文提出,"美国对早期欧洲一体化态度和政策经历了由反对到谨慎支持再到积极介入的转变。作为一种重要的外部动力,美国的政策对早期欧洲一体化的顺利进行起到了不可忽视的推动作用"⑤。汪波的《美国支持西欧一体化的动机分析》一文则提出,美国

---

① 许海云:《锻造冷战联盟——美国"大西洋联盟政策研究"(1945—1955)》,中国人民大学出版社 2007 年版。

② 李昀:《经济合作署与战后初期西欧重建(1947—1951)》,中国社会科学出版社 2014 年版。

③ 赵怀普:《美国缘何支持欧洲一体化?》,《世界历史》1999 年第 2 期。

④ 张福财:《试论战后美欧关系发展演变及欧洲联合一体化问题》,《北方论丛》2002 年第 1 期。

⑤ 陈六生、严双伍:《美国与欧洲一体化(1942—1957)》,《武汉大学学报》(人文社科版)2003 年第 1 期。

处于"从政治上维持西欧稳定进而采纳美国的模式。在经济上为了推动西欧的经济发展使美国得以摆脱对西欧的沉重负担;在安全利益上,通过西欧一体化来加强对苏联和德国的双重遏制"。①

（二）关注法国与西欧主要大国关系的学术成果

贾文华的《法国与英国欧洲一体化政策比较研究——欧洲一体化成因与动力的历史考察(1944—1973)》是较为系统和深层次研究法国一体化政策的专著,书中部分借鉴历史学派的约翰·扬1982年博士论文的基础上出版的《英国、法国与欧洲联合 1945—1951》的一些观点,并创新性地把 20世纪60—70 年代英国对欧洲一体化政策演变的进程纳入考察内容,通过法国和英国一体化政策的对比来考察欧洲一体化的成因和动力。②

关于法德和解,主要有武汉大学张建的博士论文《德法关系与欧洲一体化进程研究》,论文以德国为视角,对 1945—1993 年德法关系进行系统和详尽的梳理,作者提出的主要观点是:"德国和解并非法国初衷,只是在冷战和美国压力下的举措。虽提出舒曼计划和普利文计划,只是两害相较取其轻的考虑。德法合作及欧洲一体化增加法国在国际舞台上的分量,部分满足了振兴法兰西不受美苏控制的愿望。"③文章不足之处是作者忽视了法国在法德和解问题上的主动性和必要性。另外,朱正梅的《论法国"普利文计划"的失败》一文主要关注法国普利文计划的提出,通过与舒曼计划的比较分析被否决的原因和对国际政治的影响。作者认为:"该计划虽为法国对欧政策的重要内容。失败的主要原因,首先在于法国对德国的恐惧、受冷战的制约和美国的压力。其次,普利文计划是要实现超国家的防务军事一体化,属于政治领域,触及了国家主权的核心部分,从理论和实践上看,这个计划都为时过早。普利文计划的超国家性质是其在法国失败的根本原因。最后,普利文计划在提出、修改到6国签署欧洲防务共同体条约的过程中,谈判脱离了法国的控制,西德逐

---

① 汪波:《美国支持西欧一体化的动机分析》,《武汉大学学报》(人文社科版)2003 年第 3 期。

② 贾文华:《法国与英国欧洲一体化政策比较研究——欧洲一体化成因与动力的历史考察(1944—1973)》,中国政法大学出版社 2006 年版。

③ 张建:《德法关系与欧洲一体化进程研究》,博士学位论文,武汉大学,2003 年。

渐占优势。另外,东西方关系暂时缓和,这使重新武装西德以加强西欧防务显得不那么迫切。"①总之,作者较为全面地分析了计划失败的内外因素,成为研究法德和解发展的重要阶段性成果。胡利胜的文章《法德和解历史进程的演变》主要从法国外交政策的变化来探讨法德和解的原因,作者提出,"法国战后主张肢解德国,但随着国际形势的发展逐渐缓和同德国的关系,标志法国从独立自主的外交政策转向新的外交政策,完成了法德关系的和解进程,两国由近百年的宿敌终于变为朋友"。②吴友法和梁瑞平的文章《德法和解是早期欧洲一体化的基石》重点关注法德和解对于欧洲经济共同体的意义,重点考察了法德和解的国内、国际和个人因素的作用,作者认为:"从国内因素讲,内因就是德法两国经济、政治上的相互需求;外因是战后国际形势的发展变化;阿登纳和戴高乐在德法和解过程中发挥的个人作用。"③林鲁卿的文章《巴黎协定:西德重新武装及其对欧洲政治格局的影响》重点关注了美国与巴黎协议的签署之间的关系,作者提出,"美国为重新武装西德,拉入北大西洋公约组织,炮制了西方九国《巴黎协定》。该'协定'使西德获得主权,以一个与英、法平等地位的大国重新出现在欧洲政治舞台上,成为美国在西欧的重要盟国"。④

（三）论述法国外交政策的专著和学术论文

1993 年张锡昌、周剑卿著《战后法国外交史（1944—1992）》⑤详细记录了 1944—1992 年间法国外交政策思想和外交实践的发展变化,尤其是 1958 年戴高乐重新执政后,法国外交实现了对战后世界的适应,对戴高乐时期法国独立抗美政策进行较为详尽的论述,涵盖法国独立核政策,改革北约的主张、法国的经济政策以及法国在第三世界的主要政策等方面的内容。所以在考察战后法国基本外交政策时《战后法国外交史》是不可多得的经典之作。吴国庆的《战后法国政治史（1945—2002）》是国内系统介绍战后至 2002 年法国政治

---

① 朱正梅:《论法国"普利文计划"的失败》,《世界历史》2003 年第 5 期。

② 胡利胜:《法德和解历史进程的演变》,《北方论丛》1999 年第 2 期。

③ 吴友法、梁瑞平:《德法和解是早期欧洲一体化的基石》,《武汉大学学报》（人文社科版）2002 年第 5 期。

④ 林鲁卿:《巴黎协定:西德重新武装及其对欧洲政治格局的影响》,《首都师范大学学报》（社会科学版）1996 年第 5 期。

⑤ 张锡昌、周剑卿:《战后法国外交史（1944—1992）》,世界知识出版社 1993 年版。

生活的代表作之一。该书以时间为线索,对战后法国历任总统任期的政治生活特征进行介绍,也介绍了法国执政党制定和出台内外政策的背景,推行内外政策的过程,比如介绍了戴高乐外交、经济和社会的政策。关于法德和解,作者认为:"舒曼计划出台的推动因素:一是法国冶金工业发展对鲁尔煤炭的需求;二是通过共同管理西欧的煤钢来控制联邦德国工业的发展方向;三是阿登纳对法德关系改善的积极作用。"①陈晓红的《戴高乐与非洲的非殖民化研究》一书,以法属非洲殖民地和阿尔及利亚这两个案例为视角考察了戴高乐的非殖民化政策,探究了戴高乐执政时期在非洲实施非殖民化的动因及过程,特点和后果。作者把非殖民化放在全球的背景下考察,重点论述法国作为殖民宗主国与其殖民地非洲民族主义运动的互动关系。② 但缺乏对阿尔及利亚战争的外部因素分析。论述法国非殖民化问题的代表作还有李维的《试论戴高乐的阿尔及利亚非殖民化政策的两重性》一文。该文对戴高乐的阿尔及利亚问题的处理原则、具体实践以及与非洲殖民地相关问题进行细致研究,提出"维护法国对阿尔及利亚的控制是戴高乐非殖民化政策的重要方面"。③ 2014年复旦大学金重远教授集近50年研究心得出版《法国现当代史》一书。该书覆盖了20世纪法国的方方面面,给我们展示了法国丰富的历史和灿烂的文化等内容。冯亮的《法兰西战略文化》④是国内首次从战略文化视角研究冷战后法国对外战略的成果。作者提出法兰西战略文化在法国战略制定者和政府决策者中得到内化与高度认同,在冷战后法国历届政府的对外战略政策和行为中得到稳定的延续和传承。

(四) 注重考察美法关系的主要学术成果

最近几年中国学者开始逐渐使用一手材料,充分利用美国、法国等国的原始档案,国内研究进入新的阶段。研究内容上强调专题研究,史料使用上、研究视角上逐渐从法国视角转向美国视角来探讨美法关系。著作类中论及美法关系的国内第一本专著是1997年严双伍和胡德坤所著的《第二次世界大战时

---

① 吴国庆:《战后法国政治史(1945—2002)》(第二版),社会科学文献出版社2004年版。
② 陈晓红:《戴高乐与非洲的非殖民化研究》,中国社会科学出版社2003年版。
③ 李维:《试论戴高乐的阿尔及利亚非殖民化政策的两重性》,《世界历史》1996年第6期。
④ 冯亮:《法兰西战略文化》,社会科学文献出版社2014年版。

期的美法关系》①，该书标志着国内学术界开始关注美法关系的发展。随后该书的作者之一严双伍又发表《二战时期美法矛盾成因析考》一文，该文认为："美法在二战时期的分歧产生的原因是多方面的，主要包括美国对夺取战后世界霸权的战略追求，削弱孤立英国、防止英国与己争霸的考虑；控制法国殖民地、属地的意图，对法国政治现实和未来走向的判断失误；信息不全、情报不确导致决策的盲目性以及罗斯福和戴高乐之间不和谐的个人关系等因素。"②

国内论文涉及美法关系较多，比较有代表性的有刘得手的《法美分歧原因的历史考察》一文，该文认为："二战结束以来，法美关系一直呈现出不太和谐的特征。究其根源是二战赋予了法美两国截然不同的心态，法国人的屈辱感与美国人的自豪感形成了他们之间巨大的心理鸿沟，两者之间在目标上的冲突，虚幻的平等伙伴关系也使他们的分歧在所难免。"③温强的《浅析肯尼迪政府时期美法在支付领域的矛盾》一文对美法经济领域的关系进行重点考察，认为："布雷顿森林体系是美法支付矛盾产生的历史根源，以美元危机和美国黄金外流为中心，两国在联盟方针和冷战战略上展开激烈较量，美国政府内就如何解决美法支付矛盾曾有过激烈辩论，肯尼迪政府最后以从欧洲撤军相要挟，迫使戴高乐在弥补美国赤字安排上让步，美法在支付领域的矛盾暂时得以缓解。"④李义芳和严双伍的《第一次印度支那战争与美法关系的变化》一文认为："在第一次印支战争期间，围绕着战争目标和各自利益问题，美法双边关系经历了一个发展演变的过程。在1949年以前，美国基本采取观望态度，法国独自作战；新中国成立后，美国逐步插手印支事务，对法实行经济军事援助，美法关系比较密切；1954年，随着战争结局的明朗，美国渐有取代法国之势，法国对美离心倾向日益明显。"⑤但该论文主要从美法关系的互动上来考察，认为"美法关系也由最初的彼此认可、中期的相互合作演变为最后的矛

---

①　严双伍、胡德坤：《第二次世界大战时期的美法关系》，武汉大学出版社 1997 年版。
②　严双伍：《二战时期美法矛盾成因析考》，《武汉大学学报》（人文社科版）2001 年第 4 期。
③　刘得手：《法美分歧原因的历史考察》，《欧洲研究》2004 年第 6 期。
④　温强：《浅析肯尼迪政府时期美法在支付领域的矛盾》，《美国研究》2006 年第 3 期。
⑤　李义芳、严双伍：《第一次印度支那战争与美法关系的变化》，《法国研究》2009 年第 4 期。

盾激化,终于导致法国不顾美国反对从印度支那撤军"。与其相类似的还有赵学功的《美国与第一次印度支那战争》一文则关注的是美国对印度支那和对法国的政策制定,该文认为:"1946—1954 年第一次印度支那战争期间,出于东亚冷战和加强欧洲合作的双重需要,美国对印度支那的政策不断进行调整,从开始的所谓'中立'逐渐转向对法国的全面支持,不仅为法国在印度支那的殖民战争提供了大量经济、军事援助,而且愈来愈表现出欲在该地区取代法国的倾向。美国对第一次印度支那战争所奉行的政策产生了严重后果,让美国更深地陷入越战泥潭。"①前述两篇文章最大共同点都认为美国对印度支那的政策从最初的中立立场逐渐转变为将法国取而代之的态势。

论及美法关系论文的还有王新谦的《马歇尔计划与战后法国政治中右化》,该文立足于研究美国的经济援助对法国内政影响,认为"美国通过积极插手战后法国内部事务,促使法国共产党被赶出联合政府。在马歇尔计划的鼓舞下,法国建立了亲美的中右翼政权"②。周乾的《二战期间美国对自由法国政策的演变》一文则关注第二次世界大战时期美法关系的发展,作者提出:"美国与自由法国之间多次发生激烈冲突,美国阻挠自由法国在《联合国家宣言》上签字,阻挠自由法国武装夺取维希政权控制的西半球岛屿,在法属北非扶植亲美势力,拒不承认戴高乐的抵抗运动领袖地位,拒不承认戴高乐为首的法国临时政府为法国唯一合法政府。"③该文可以帮助我们深入理解戴高乐的第二任期为何选择抗美独立的政策。

（五）关注美国对法国政策的学术论文和学位论文

姚百慧的博士论文《应对戴高乐主义:美国对法国政策(1958—1969)》是目前研究戴高乐时期美国对法国政策的最新成果。该文主要考察在面对戴高乐主义的挑战时美国的决策过程、推行政策以及效果,认为:"美法维持同盟既有利益纠葛,也有意识形态因素。动荡的同盟是美法关系的基本特征。美国对戴高乐主义的应对政策,基本取得了成功。而戴高乐主义,并未取得重大

---

①　赵学功:《美国与第一次印度支那战争》,《美国研究》2003 年第 4 期。

②　王新谦:《马歇尔计划与战后法国政治中右化》,《史学月刊》2006 年第 8 期。

③　周乾:《二战期间美国对自由法国政策的演变》,《安徽大学学报》(哲学社会科学版) 2000 年第 6 期。

成功，它只是实现了独立，而没有实现伟大。"①该论文虽然探讨了美国对戴高乐的政策，但更多是从双边关系角度来考察肯尼迪和约翰逊政府时期的应对之策。其中美国对中法建交问题的政策是国内学界对该问题的首次关注。

美国对法国核政策是美国对法国政策的研究热点。涉及这一选题的成果中杨丽娟的硕士论文《美国对法国发展核武器计划的情报评估及对策（1946—1974 年）》提出美国一直关注法国核试验的研制，认为，"确保核垄断地位及其在西方联盟内部的统治权威是美国制定对法核政策的出发点，阻止法国发展核力量是美国的一贯方针"。作者进一步提出："阻止未果的前提下，美国转而力图控制法国核力量，以期淡化其核武器的独立性。为最大限度地将法国团结在美国周围，有效缓解美法矛盾，美国不得不做出某种妥协，在秘密的前提下与法国进行单向性的核技术合作，帮助法国发展核武器。"②此外，姚百慧有三篇论及美国对法国政策的文章：《美国对法国核政策演变论纲》③《艾森豪威尔政府与多边核力量计划的起源》和《艾森豪威尔政府援助法国发展核潜艇问题之研究》④分别对战后较长历史时期和艾森豪威尔时期的美国对法国政策提出自己的看法。值得一提的是，作者考察了其他学者关注不多的艾森豪威尔政府执政末期对多边核计划的最初设想，提出："1959—1960 年，艾森豪威尔政府提出了北约多边力量计划，旨在建立一支美国控制下的北约多边核力量，是多边核力量计划的蓝本。美国原有的核政策陷入困境是这一计划出台的基本背景，美法关系的恶化是美国最终采纳多边力量计划的促进剂。"⑤

最近，美国对法国前殖民地的政策研究逐渐引起我国学者的关注，如房建国的《美国对阿尔及利亚战争政策研究》提出："美国在战争期间根据形势的

① 姚百慧：《应对戴高乐主义：美国对法国政策（1958—1969）》，博士学位论文，首都师范大学，2008 年。

② 杨丽娟：《美国对法国发展核武器计划的情报评估及对策（1946—1974 年）》，硕士学位论文，东北师范大学，2008 年。

③ 姚百慧：《美国对法国核政策演变论纲》，《首都师范大学学报》2009 年第 2 期。

④ 姚百慧：《艾森豪威尔政府援助法国发展核潜艇问题之研究》，《国际论坛》2007 年第 6 期。

⑤ 姚百慧：《艾森豪威尔政府与多边核力量计划的起源》，《首都师范大学学报》2010 年 3 期。

变化在不同阶段采取了不同的政策:从起初的'消极的中间偏右'到后来积极而主动地充当阿尔及利亚问题和平解决的催化剂。"在考虑冷战对美国政策的影响时作者认为:"虽然苏联因素并没有直接介入阿尔及利亚战争,但'冷战思维'这一指导思想始终操纵着美国决策人在阿尔及利亚问题上的立场和态度。"①文章较为细致地梳理了阿尔及利亚问题的由来,同时关注苏伊士运河危机、突尼斯武器危机和萨吉埃特危机对美国制定阿尔及利亚战争政策的影响。该论文堪称目前论述美国对阿尔及利亚战争最为系统的论文。但不足的是作者忽视冷战之外其他因素如观念因素对美国政策的影响,同时肯尼迪执政时期的美国的基本政策和阿尔及利亚解放后美国对阿尔及利亚的政策论述不足。

部分学者对美国在军事防务领域方面对法国的政策进行深入分析,主要围绕法国退出地中海舰队和法国提出建立三国理事会的建议这两个问题。《1959年法国从北约撤出地中海舰队事件初探》提出:"1959年3月6日,法国宣布收回其隶属北约的地中海舰队。北约军事一体化的发展与法国要求独立外交之间的矛盾是这一事件的基本原因,美国不愿意满足戴高乐'九月备忘录'的要求和在联大的投票表决是事件爆发的导火线。由于美国的应对失误,该事件最终以法国从北约撤出地中海舰队而告终。戴高乐在一定程度上实现了其防务独立的诉求。"②《艾森豪威尔政府对法政策研究——关于"三国理事会事件"的历史考察》是以1958年9月17日戴高乐向艾森豪威尔和麦克米伦提交的备忘录为主线,探究法国在要求建立美英法三国理事会问题上与美国的拉锯战。作者认为美国是出于"担心其他北约国家和亚非国家的不利反应",拒绝了法国的要求。③

马克斯·韦伯曾说过"政治是一块坚硬而磨人的人造板,它需要激情和洞察力"。在新的历史条件下,对外政策史研究面临多重责任,本书对这个领域种种问题的阐释,只是希望打开思考美国对法国政策这一问题的一扇窗,为外交政策史研究助力。

---

① 房建国:《美国对阿尔及利亚战争政策研究》,世界知识出版社2012年出版。
② 姚百慧:《1959年法国从北约撤出地中海舰队事件初探》,《唐都学报》2008年第5期。
③ 姚百慧:《艾森豪威尔政府对法政策研究——关于"三国理事会事件"的历史考察》,《历史教学》2007年第10期。

第一章 杜鲁门政府时期:美国对法国政策的初步形成

第二次世界大战结束后,美国作为世界舞台上举足轻重的角色,开始凭借其雄厚经济、军事实力,力图按其自身想法重构符合自身利益的世界格局。欧洲传统强国的衰落已是不争的事实,这为美国提供了绝佳的战略机遇。随着冷战大幕的拉开,美国将意识形态相同的西欧各国团结在自己的旗帜之下,强调集体安全,以共同遏制苏联势力在欧洲的蔓延。战后欧洲经济形势的恶化促使美国考虑的当务之急是挽救欧洲经济,同时,还要确保美国的经济优势,这是战后初期美国对欧洲政策战略考量的出发点。同时我们也应看到美国对欧洲战略的地缘政治考量和意识形态基础。具体就美国对法国政策而言,正是美国对美欧经济关系整体构思的重要一环。也就是说,美国是在对欧总体冷战战略的基础上,杜鲁门总统才拟定确立了对法国的政策基调。所以当美国国会通过1947年对外援助法时,杜鲁门明确提出了向法国提供经济援助的基本原则。随后法国总理对美国的访问大大促进了两国关系的发展,战后美国对法国政策也就初露端倪。应当看到,战后初期美国对法国政策主要侧重点在经济政策方面,这是本章考察的重点内容。

第一节 冷战与美法同盟关系的确立

从美国建国后的外交实践来看,结盟战略并非美国外交的传统。总体上,美国的外交实践更倾向于不结盟的政策。就像美国华盛顿总统在离任时所说的：“欧洲经常发生争执，其原因基本上与我们毫不相干。所以，如果卷入欧洲事务，与他们的政治兴衰人为地联系在一起，或与他们友好而结成联盟，或与他们敌对而发生冲突，都是不明智的。”①第二次世界大战的结束，不仅伴随着超级大国美国的全面崛起，随之而来的美苏冷战更促使美国一改和平时期与他国不结盟的传统做法，开始通过缔结北大西洋公约等多边安全条约，建立欧洲范围内的同盟网络。这一重大战略的转变是美国面对国内外安全环境，基于威胁认知做出的抉择，从而开启战后美国与欧洲盟国之间的政治博弈。美国与法国的关系因此也发生了根本性的转变。

一、美国同盟战略出台的背景

战后美国经济发展的实际状况以及美、欧之间政治经济关系发生了深刻变化。正如丘吉尔所讲的“此刻美国位于世界之巅”②。它开始以全新的方式参与国际政治，并着手确立由其主导的国际秩序。

战争给美国带来空前的繁荣，作为“民主国家的兵工厂”，美国的“生产奇迹”达到令人难以置信的程度。美国的国民总产值在 1939 年是 860 亿美元，5 年后这一数字攀升到 1987 亿美元。美国制造了世界上 45% 的武器、约 50% 的工业产品，世界上 2/3 的船舶是由美国建造，美国对外贸易额占世界贸易总额的 1/3，每年高达 140 亿美元。③ 总之，美国拥有几乎世界一半的经济产出，拥有无与伦比的军事力量，从而在政治上也就形成了主导世界的能力。我们来看下面的图表，其中 1953 年的美国工业产出大大高于其他国家，占世界的份额也达到最高值，形象地揭示了战后初期世界经济力量的对比。

---

① ［美］乔治·华盛顿：《告别词》，载美国驻华大使馆新闻文化处编：《美国历史文献选集》，1985 年，第 74—75 页。转引自王缉思、牛军主编：《缔造霸权：冷战时期美国战略与决策》，上海人民出版社 2013 年版，第 302 页。

② Peter Doignan and L.H.Gann：*The USA and New Europe*，1945–1993，Cambridge：Blackwell Publishers，1994，p.27.

③ 李庆余：《美国外交史——从独立战争至 2004 年》，山东画报出版社 2008 年版，第 162 页。

表1-1　世界工业产出的相对份额(1938—1973)①　　　(单位:%)

年份\国家	1938	1953	1963	1973
英国	10.7	8.4	6.4	4.9
美国	31.4	44.7	35.1	33.0
德国	12.7	5.9	6.4	5.9
法国	4.4	3.2	3.8	3.5
苏联	9.0	10.7	14.2	14.4
意大利	2.8	2.3	2.9	2.9
日本	5.2	2.9	5.1	8.8

随着美国的经济实力和地位的重大变化,美国与欧洲之间的经济关系发生巨大变化。战后一个根本性的战略现实就是:美国与欧洲主要大国之间存在的实力差距已经进一步扩大。第二次世界大战期间欧洲国家为了打赢战争频频与美国签订军事订单,无形中财富的天平倾向到了美国一边。正如有学者指出的那样:"美国就像贪婪的高利贷者一样大发战争横财,把基督教的、人道主义的、中立主义的说教和发战争财巧妙地结合在一起。"②当时美国的外交官员已深刻认识到了美欧之间这种巨大的实力差距。如乔治·凯南在1948年提交国务院的一份关于美国外交政策的重要评估中指出:"我们只有世界人口的6.3%,却拥有世界财富的50%左右。下一个阶段我们真正的任务是,设计出确保我们的实力优势而不会损害我国安全的一种关系模式。"③

与美国相比,战前的两个欧洲强国英国和法国已经衰落。不管丘吉尔有多么顽强,不管戴高乐有多大的雄心,英国和法国的崩溃已经是大势所趋。欧洲在经济总体上已走向衰落。英国学者哈罗德·拉斯基在1947年撰文表达

---

① Paul Bairoch:"International Industrialization Levels From 1975 to 1980", *Journal of European Economic History*, Vol.11, No.2, Fall 1982, p.304.

② [美]约翰·伊肯伯里:《大战胜利之后》,门洪华译,北京大学出版社2008年版,第150页。

③ Doc 89, "Memorandum by The Director of The Policy Planning Staff to The Secretay of State and Under Secretary of Stat", February 24, 1948, FRUS 1948, Vol.1, p.524.

了对美国支配性实力的看法："今天，千百万欧洲人和亚洲人都意识到，他们的生活质量和生活节奏都有赖于华盛顿作出的决策。这些决策的明智与否将决定下一代人的命运。"①可见，传统的由欧洲国家主导世界格局的时代已经终结，美国已开启了建立符合自己长远利益的，并在政治、经济领域全面主导西方世界的新格局。

另一方面，战后崛起的另一全球性主导力量就是苏联。苏联虽然在战争中损失惨重，经济绝对实力不及美国，但影响力与美国不相上下。战争中它彰显的强大军事能力更让人不容小觑。战后苏联军队人数虽减少三分之二，但仍"保留了175个师，2.5万辆坦克和1.9万架飞机，武器生产实力也十分强大，这使苏联在常规武装方面显示出对美国的优势"②。同时苏联在战后"意识到要善待亚洲、欧洲和世界其他地区显著兴起的共产主义运动。准确来讲，虽然斯大林对国外共产主义的评价很低，而且不认为欧洲的社会主义政党能取得政权。然而他又让美国和其他观察者很容易相信，苏联正在精心策划一场以在世界各地建立共产主义政权为目标的运动"③。战后各国力量对比表明世界格局进入美苏对峙的两极格局。欧洲经济和政治的中心地位被打破。世界成为美国和苏联争夺霸权、传播各自价值观和意识形态的舞台。

1946年年初，美国内部关乎国家未来和对苏战略的辩论逐渐让位于"冷战共识"。1946年9月24日杜鲁门助理克拉克·克里夫德（Clark Clifford）提交了标题为《美国与苏联关系》的研究报告，报告指出，"如果我们发现在解决世界问题时，不可能取得苏联的合作，我们就应该准备与英国和其他西方国家联合起来，努力缔造我们自己的世界"。"一切目前未纳入苏联势力范围的国家在他们反抗苏联斗争中，均应该得到慷慨的经济援助和政治支持。"④这份

---

① ［美］约翰·伊肯伯里：《大战胜利之后》，门洪华译，北京大学出版社2008年版，第154页。

② Paul kennedy: *The Rise and Fall of the Great Power*, NewYork: Vintage Books, 1987, pp.357-358.

③ ［美］威廉·麦克尼尔：《世界史——从史前到21世纪全球文明的互动》（第四版），施诚、赵婧译，中信出版社2013年版，第459页。

④ 刘同舜主编：《冷战、遏制和大西洋联盟》，复旦大学出版社1993年版，第67、68页。

报告整合美国政府处理国家安全问题主要机构国务院、参谋长联席会议、中央情报局、国防部的观点。可见,此时杜鲁门政府内部对于苏联威胁性的评估已基本达成共识。

1947年3月12日,杜鲁门在国会发表国情咨文,敦促国会批准向希腊和土耳其提供4亿美元的援助。杜鲁门的这一思想被称为杜鲁门主义,这标志着美苏冷战的开始。1947年年初欧洲经济进一步恶化,2月3日《纽约时报》头版头条关注欧洲的法国、德国和意大利等国家经济困境。比如法国每人每天食物摄取热量为1500—1800卡路里,远远低于生存的基本需求。这种情况直接导致法国黑市的猖獗。① 4月21日美国国务院、陆军部和海军部组成的三部协调委员会向杜鲁门提交一份报告。报告系统介绍了欧洲国家在煤炭、粮食、燃料和黄金储备等方面的情况,分析这些状况可能产生的不良政治后果。尤其从抵抗苏联的立场出发,强调援助欧洲的重要性。在他们看来,"苏联在德国问题上强硬主要是看到西欧经济的困境只依靠美国的力量似乎是不够的,西欧需要苏联施加援手。那时整个西欧恐怕就会奉行亲苏政策。而美国就是要阻止混乱和集权主义的扩张"②。1947年6月5日马歇尔计划出台。这一计划确立了美国援助欧洲的基本原则。至此,美国"天定命运"与欧洲事务联系在一起。

1947年7月,时任美国国务院政策计划办公室主任凯南在《外交》季刊上发表署名"X"的文章,明确阐述了"遏制"思想。遏制战略正式成为美国对苏联政策的核心。建立针对苏联的大西洋联盟成为构建对苏遏制战略中的重要一环。杜鲁门主义和马歇尔计划表明美国首先从经济和政治层面着手发展大西洋关系。按照国际关系理论学者乔治·利斯卡和威廉·赖克的观点:"在组成同盟以实现某种预期目标时,决策者要权衡一下同盟的利弊得失,认识到收益超过成本时,国家才会做出决定结成同盟。"即"每个国家都会认真思考

---

① Thomas Hamilton:"*World Food Survey Shows Where Aid Still Is Needed*",New York Times,February 3,1947,p.10.转引自李昀:《经济合作署与战后初期西欧重建》,中国社会科学出版社2014年版,第26页。

② "Report of the Special Committee of the State-War-Navy Committee",April 21,1947,FRUS,1947,Vol3.Washington DC:United States Government Printing Office,1972,pp.204-219.

单独行动同成为同盟成员所获得的边际效益的差异"。同盟的内聚性最终"取决于内外压力之间的关系，取决于每个盟国应得利益与应负责任的比率"。① 根据这一理论，战后初期的美国看到国际体系本质上是自助体系，在这个体系中，美国通过正式和非正式的安排与西欧进行合作，以增进该地区的安全，防范可能对西方世界构成威胁的行为体即社会主义的苏联。美欧同盟成立的条件基本成熟，第一，美国国内外压力的激增：政府内部对苏联威胁的评估和开始实施遏制战略已经达成共识，法国等西欧国家共产主义势力发展对美国造成的威胁认知逐渐上升。第二，应得利益与应负责任的权衡：长远目标下是为美国主导的多边贸易体系的运行创造条件的利益远高于对西欧援助承担的责任。因而，杜鲁门主义和马歇尔计划则成为美国在西欧确立大西洋联盟战略的先导。随着国际形势急遽变化，美国对苏联威胁认知进一步提升，建立军事同盟逐渐成为美国外交的首选。

二、北约的建立与美法同盟关系的确立

战后初期，美英苏三国战时同盟破裂，欧洲对抗格局深入发展，客观上使法国的国际地位得到极大加强。走向区域化和分割化的欧洲更需法国的积极参与和支持。冷战同盟的建立也成为欧洲国家与美国不断进行博弈的过程。从 1947 年开始美国明确了大西洋联盟政策，将重点聚焦在美国与盟国的军事安全方面的合作。关于西欧的联合，早在 1944 年初，英国的达夫·库伯就向英国外交部提议，建立英法同盟，该提议为战后建立任何形式的西欧联盟打下基础。英国和法国率先走出了区域联合的第一步。随后由美国主导的北大西洋公约组织的建立标志美国完成欧洲范围内对苏联的社会主义阵营军事的合围之势，美法同盟关系也随之确立。

战后初期，法国急需建立同盟来提高法国的国际地位。不过在对待德国问题、法国在中东统治和国内共产主义势力三个问题上与美英存在分歧。尤其当时法国内阁主要为共产党、社会党和人民共和党三党联合组阁，奉行较为

---

① ［美］詹姆斯·多尔蒂、小罗伯特·普法尔茨格拉夫：《争论中的国际关系理论》（第5版），阎学通译，世界知识出版社 2003 年版，第573页。

强硬的对德政策，主张"莱茵地区和鲁尔矿区应脱离德国，因为这些地区是德国军事工业的基础；反对在德国建立一个中央集权的国家，一旦建立就意味着易陷入苏联的控制"①。在法国看来，没有鲁尔，德国就不可能再度崛起并威胁法国。随着局势的发展最终美国、法国和英国达成基本认同：联合西德并整合到西方阵营里。1946年美英政府采纳这一政策，但是法国政府内部由于共产党的反对而陷入停滞状态。1947年4月社会党人拉马迪埃组阁，他驱逐共产党人离开内阁，这标志法国公开接纳西方战略，在东西方的拉锯战中最终站到美英阵营，转而把苏联视为国家的主要威胁，甚至在涉及德国未来的问题上与苏联产生分歧。

法国政策制定者接受西方集体安全体系的安排的第一步就是于1947年3月4日与英国在敦刻尔克正式签订《英法同盟互助条约》。该条约虽把如何对待德国潜在威胁的问题作为重要内容，他们目标却是直指苏联。"法国也好英国也好在西欧防务还十分脆弱的情况下都不愿惹恼苏联，如果没有西欧其他成员的支持，该条约性质不过是外交和政治性的，而不是战略的计划。"②对美国来讲，欧洲联合虽不是美国十分中意的，但毕竟为美欧双方应对欧洲冷战斗争提供一种新的政治与安全选择，更为日后西欧联合实践的进一步发展提供一种新的政治和安全选择。对法国来讲，英法两国能够订立联盟条约，参与对战后德国的处置，会为法国获得永久性的安全保障提供某种可能，并能参与欧洲政治与安全重大事务，但同时法国领导者也怀疑，英国在处理德国问题上向法国提供何种帮助。③

1947年11月，四国外长会议在伦敦举行，苏联对德国的强硬政策标志东西方的最终决裂。西方国家认为应尽快建立西德政权，同时组织力量抵制苏联势力，防止苏联对西欧报复性行为。英法十分清楚没有美国的安全保证，单凭英国和法国的力量不足以抵抗苏联的进攻。美国的核力量就成为唯一可以

---

① Michael Crestwell：*A Question of Balance：How France and The United States Created Cold War Europe*，London：Harvard University，2006，p.8.

② John Baylis："Britain and Dunkirk treaty：the origin of NATO"，Journal of Strategic Studies Volumen 5，1982，pp.235-247.

③ 徐海云：《铸造冷战联盟——美国大西洋联盟政策研究（1945—1955）》，中国人民大学出版社2007年版，第115页。

利用的资源。外长会议期间英国外交大臣贝文（Ernest Bevin）和法国外长皮杜尔（Georges Bidault）探讨如何把美国吸纳入英法的组织中。1947 年 12 月 17 日贝文提出："必须建立一个包括美国在内实际上是西方世界内的非正式联盟。"①

另一方面，美国为解决德国问题，于 1947 年 12 月 4 日通过萨尔宪法，规定萨尔在经济上并入法国，建立自治机构，最高权力归法国，对外关系和防务也交由法国管理。1948 年 2 月美英法三国签订萨尔协定，同意萨尔在经济上并入法国。法国外长此时表态，如果鲁尔问题和对德问题一并考虑，那么法国政府就同意西方占领区实施合并。

1948 年 2 月，捷克斯洛伐克"二月事件"爆发。法国领导者认为这是苏联试图控制西欧的一次冒险。3 月 4 日法国外长皮杜尔向美国提交三份备忘录，迫切希望在美国、英国和法国之间建立军事同盟。美国"为了防止法国国内共产主义势力把建立联盟的消息传递给苏联，就回应说欧洲应首先组织自己的防御"②。为了得到美国提供核保护伞的承诺，英国、法国和比利时、荷兰、卢森堡加快合作步伐。1948 年 3 月 17 日五国外长签订为期 50 年的经济合作与共同防御侵略的《布鲁塞尔条约》。实际上，《布鲁塞尔条约》是象征意义大于实质，它表明欧洲的防务合作踏出关键性一步。

1948 年 3 月 22 日至 4 月 1 日，美国、英国、加拿大三国代表在华盛顿五角大楼举行秘密谈判，就建立大西洋安全体系问题进行讨论，并在会议备忘录的基础上通过"五角大楼文件"。会议经过讨论决定扩大布鲁塞尔条约组织，把瑞典、挪威、丹麦、冰岛和意大利等国吸收进来，并邀请各国代表举行会议，缔结一项北大西洋区域防务协定。

1948 年 4 月 13 日，美国国家安全委员会出台"关于美国支持西方联盟和其他相关自由国家的报告"。与五角大楼文件相比，这份文件更能代表美国政府对大西洋防御安全事务的认识，文件指出："美国将以互相的军事理解为基础，在欧洲国家一方采取坚定的行动的时候，我们也将坚定承诺扩大军事等

①　Nicholas Henderson：*The Birth of NATO*，Colorado：West-view Press，1983，pp.1-2.

②　Michael Crestwell：*A Question of Balance：How France and The United States Created Cold War Europe*，London：Harvard University，2006，p.11.

形式的支持,但美国也需要从欧洲国家获得相应支持的保证。"①很明显,美国更强调与欧洲之间应该互相实施军事支持,明确提出美国在大西洋防御安全政策中的决定性作用,对布鲁塞尔条约和美国主导下的大西洋条约加以区分。

1948年7月6日,美、加、英、法、比、荷、卢七国在华盛顿举行会议,讨论北约的建立问题。1949年4月《北大西洋公约》得到各国同意和批准,欧洲最大的同盟体系——北约最终建立。

北约是美国历史上在和平时期建立的第一个真正意义上的军事同盟。在起草和讨论《北大西洋公约》草案的过程中,1949年1月接替马歇尔出任国务卿的艾奇逊曾向共和党参议员范登堡解释说,公约的"最大目的"在于对苏联起到一种"威慑"作用。而且"如果没有这样的公约,法国人是否能够接受盟国对德国直接控制的必然减弱和盟军的逐渐减少,是颇值得怀疑的"。②

的确,北约的建立仍不能满足法国这个西欧防务中较弱国家的所有要求。条约签署是一回事,调动人力和物力把想法变为现实是另一回事。尽管公约第5条规定"当成员国遭受入侵时,所有缔约国成员都将给予军事和经济上的援助",但这一条款中对于攻击的回应存在模糊性。如果法国遭受攻击时,美国根据该条约采取外交方面而不是军事方面的手段也是符合规定的。相比之下,第3条关于"自助和互援抵抗武装攻击"更为法国所看重。他们希望经济和军事援助把美国的利益与法国等受援国的利益紧密地联系在一起。法国也会获得资金重新构建军事设施,填补印支战争的巨大消耗。

1949年9月,北约大西洋理事会、防务委员会和军事委员会宣布成立。12月1日北约防务委员会提出了"北大西洋地区防御战略概念"的文件,即DC-6号文件。该文件明确提出了北大西洋地区建立统一防御的问题,地面部队的核心由欧洲国家提供,核保护伞则由美国提供。③ DC-6号文件无论在

---

① "Report by the Executive Secretary of the National Security Council to the Council", April 13,1948,FRUS.Vol Ⅲ,pp.85-88.

② 王缉思、牛军主编:《缔造霸权:冷战时期的美国战略与决策》,上海人民出版社2013年版,第312页。

③ "Strategic Concept for Defense of the North Atlantic Area", FRUS, 1949, Vol. Ⅳ, pp.353-358.

战术上还是在战略上,都大大提高了欧洲与美国的军事合作的高度,在整合北大西洋防御安全思想方面发挥了重要作用。但是,DC-6号文件本质上只是一个在国家协作原则下较为宽泛、松散、低效的集中。面对这些积极的举措,法国认为不确定性还是存在的。法国此时最为关心的问题就是美国开始秘密计划重新武装德国问题。一旦美国撤回在西德的部队,就会让法国来承担后果。而美国的空中力量是支持盟友的基本手段,所以法国等欧洲国家希望美国能再次确认对欧洲防务的承诺。

在北大西洋理事会的建议下,美国参谋长联席会议进一步修改计划,于1950年1月26日制定了更为明确的军事行动方案与战略目标,提出了"前进防御"政策(Forward Defense),该政策是北约军事委员会下常设小组拟定防御计划的中期计划(the Medium-Term Plan)的一个分支。"北约将尽快建立一支用于抵制侵略和确保西欧防务、有统一指挥的一体化部队。该计划大概需要90个预备部队,其中54个将部署在中部地区,计划到1951年7月前准备95个师556艘舰艇和9000架飞机。"[1]

在某种程度上说,这一计划的出台标志美国区域性安全战略在一定程度上实现与美国全球安全战略的转化。外因在于冷战对抗下大西洋联盟自身防御安全的利益诉求,内在动力来自美国冷战思维下军事与政治的对抗思想。美国和法国防御安全战略也在北约的框架内逐渐接进,两者日渐走向重叠。美法两国在北约的战争计划和防御战略下建立的紧密同盟关系,对北大西洋联盟政治—军事架构的深层次发展,对于美国大西洋联盟战略的实践,都具有重要意义。

还必须看到的是,对美国而言,法国仍然具备其他国家不具备的一些优势条件。法国地处欧洲大陆西南部,西面是比斯开湾,西北面临英吉利海峡和多佛尔海峡,东南方向濒临地中海并与摩洛哥接界,其他三面连接陆地,分别与卢森堡、比利时、西班牙、意大利、德国、瑞士等国接壤,领土大致呈六边形。法国是沟通北海和地中海的陆上桥梁,是西欧通往南欧、北非和亚洲的交通要

---

[1]　Michael Crestwell: *A Question of Balance: How France and The United States Created Cold War Europe*, London: Harvard University, 2006, p.13.

冲,而且是欧洲大陆各国同南、北美洲之间交往的途经之地。法国地理位置的中心格局为其发展提供了天然的地缘优势,就像法国地缘政治学者维达尔在其著作《法国东进》中写道:"法国的天赋使命,是既要维护其地理上的完整,又要充当中欧与西欧间联系的纽带。"①战后德国沦为战败国,西德已被美国控制,因此美国要想控制欧洲大陆,必先控制法国,只有控制法国,才能全面掌控西欧。所以,战后美国十分重视位于西欧地缘政治的心脏地带的法国,因为它的地缘战略位置直接关系到美国在欧洲的战略利益和政治利益。如果位于北大西洋东岸,更兼连接大西洋到地中海的交通要道的法国,不幸落入苏联的控制或者法国政府由苏联控制的共产主义政党执政,不仅会产生连锁反应,也会使美国进退失据,面临困守美洲大陆、孤立无援的境地。因此美国把法国视作进可攻退可守的反苏前沿阵地,是全面控制西欧的地缘政治战略基石。

总之,战后新国际结构质变的情况下苏联的崛起对美法同盟关系的确立产生了关键性的影响。美国、苏联、法国的能力差异和美法对苏联意图的判断决定它们之间的关系和国际关系的未来走向,法国最终卷入冷战的旋涡。

第二节　美国杜鲁门政府的法国意象研究

一国对他国的基本意象是判断一国对他国政策的重要视角。作为重要的干预性变量,法国意象的变化影响着美国对法国政策的发展。借鉴认知心理学的意象理论以及美国解密档案,我们可以发现美国战后对法国的政策与对法国意象之间的相互关系,厘清美国杜鲁门政府如何根据意象来进行决策。敌人意象和退化意象相互交织,为美国政府确定战后相关利益和目标等方面都发挥不可忽视的作用。

意象是指事物或事件的一种知识表征,是认知者对形势进行处理并输入

---

① 周保巍、成键编:《欧盟大国外交政策的起源与发展》,华东师范大学出版社2009年版,第74页。

认知系统的重要环节。在国际政治中主要指决策者对其他行为体的认识。战后初期杜鲁门政府提出对法国的政策正是基于法国形势在美国决策者头脑中的反应,通过对信息的接受和处理,最终形成敌人意象和退化意象相互叠加的多层次的战略认识意象。这些意象基本限定了杜鲁门政府对法国的外交目标和政策的选择。

一、国际政治中的意象概念

认知心理学中的意象问题是一个古老的心理学问题,它在人的心理活动中的地位早就受到哲学家和心理学家的注意。两千多年前亚里士多德就曾提出"概念来自意象"的观点。到了17—18世纪英国经验主义哲学家休谟把人的经验分成两种:印象和观念。认知心理学兴起后,意象问题又重新恢复了它在心理学中的重要位置,同时也成为国际关系理论中决策理论的重要部分。美国学者詹姆斯·多尔蒂把意象定义为"认知的构建,也就是形势在头脑中的反应"①。亚历山大·乔治也认为"意象是一个国家对其在国际政治斗争中对手的本质特征的认识"②。

意象是认知者对对象即认知客体的主观认知,而非客观事实,其基本特征主要体现在三个方面:第一,抽象性,认知主体对认知客体的不同具体形式存在的刺激特性的概括;第二,易变性,保存在头脑中的意象常常由于人的知识经验的影响而发生变形;第三,可操作性,人可以在头脑中操作和控制意象,对它进行加工,就像人通过外部动作可以操作和控制客观事物一样。③

学者理查德·赫尔曼和迈克尔·菲斯凯勒认为:"确定决策者如何从经验出发来认识形势,理解刺激,以及进行选择是相当重要的。"认知过程中形成的因果关系包括许多因素,如决策者对另一方威胁的性质和程度的界定,对方实力的认识,以及行为规范的判断,决策单位的结构,信息接收和处理,决策

---

① [美]詹姆斯·多尔蒂、小罗伯特·普法尔茨格拉芙:《争论中的国际关系理论》(第5版),阎学通译,世界知识出版社2003年版,第637页。

② Alexander George, *Deterrence in American Foreign Policy:Theory and Practice*, New York: Columbia Press, 1974.

③ 张必隐主编:《认知心理学》,浙江教育出版社2004年版,第238页。

者从其主要顾问那里得到的建议和决策者的个人特点，等等。赫尔曼和菲斯凯勒认为国家领导人根据对他国的实力评估，对象的文化和行为规范以及是否构成威胁来进行分类，提出五种不同的战略认识的意象理论：第一种战略认识是"敌人意象"即把其他国家视为威胁，第二是"退化意象"，在这种意象里，一个自称具有优秀文化优越性的国家认为另一个国家为其提供了可利用的机会；第三是"殖民意象"，这种意象把别的国家看成弱小和文化低劣的国家；第四是"帝国主义意象"，它和殖民意象形成鲜明对照，认为它受到了某个比它强大，但文化上并不具备优越性的国家的威胁；第五是"盟友意象"，在这种意象中，一个国家认为加强使双方都获利的联盟和合作最为重要，即使它和盟友在实力和文化上具有较大差别。① 基于上述理论，冷战期间杜鲁门政府的法国意象，既体现美国决策者对法国共产党威胁性的界定，又有对法国国家实力的评估，更是对苏冷战背景下加强与法国合作的需求，敌人意象、退化意象相互交融，共同奠定了杜鲁门政府对法国政策的逻辑基础。

二、杜鲁门政府的法国意象

鉴于法国重要的地缘位置，美国十分关注战后法国的发展状况，旨在加强与法国的关系，以建立有效的联盟体系来对抗苏联。战后初期杜鲁门政府提出对法国的政策正是基于法国形势在美国决策者头脑中的反应，通过对信息的接受和处理，最终形成敌人意象和退化意象相互叠加的多层次的战略认识意象。

（一）敌人意象

法国的敌人意象作为美国决策者认知体系的重要部分，体现出美国出于自身国家安全，而对法国政治局势作出的负面的认知判断，主要表现为对待法国共产党的抵牾情绪。战后的两极格局和两种思想观念的较量共同导致了东西方冷战的起源②，权力斗争和意识形态成为当时美国在西欧布局的主要考

---

① ［美］詹姆斯·多尔蒂、小罗伯特·普法尔茨格拉芙：《争论中的国际关系理论》（第5版），阎学通译，世界知识出版社2003年版，第637—638页。

② 王缉思、牛军主编：《缔造霸权：冷战时期的美国战略与决策》，上海人民出版社2013年版，第7页。

量。凯南在提出遏制苏联的理论后,曾一度批评美国国务院忽视法国的作用,强调法国在遏制苏联的过程中必然扮演着重要角色。同时美国国会部分议员也认为:"法国对西欧安全的重要性不能被忽视。它是西欧的关键,是西方自由国家实行民主体系的基础。"①可见,杜鲁门政府抵制共产主义思想和社会主义制度的共识既是冷战所造成的,又被冷战所固化,转而成为冷战的动力,并最终促使美国逐渐确立了法国共产党的"敌人意象"。

1946 年 1 月 24 日,法国进入社会党、共产党和人民共和党三党联合执政时期,法国共产党逐渐进入杜鲁门政府的视野。三党联合政府初期面临的第一个重大问题就是建立新的政体,随后制宪会议提出宪法草案,建立国民议会,作为法国最高的权力机关。1946 年 11 月 10 日第一届国民议会的全国选举中,法国共产党获得空前的胜利,共得 28.6% 选票,在议会中占有 182 席,确立第一大党的地位。② 法共踌躇满志,认为可以凭借自己的力量缔造一个崭新的法兰西。多列士对英国《泰晤士报》记者发表谈话称:在法国可以"预见到和俄国共产党人所遵循的不一样的另一条通向社会主义的道路"③。法共成为第一大党的事实迫使美国把稳定法国国内的局势、协助法国政府清除苏联在法国的影响视为危急的事件来解决。

美国重视法国的"民主堡垒",确立对法共的"敌人意象"的原因在于:

第一,从经济影响来看,法国共产党控制的政权可能奉行民族主义的经济政策,美国驻法国大使戴维·布鲁斯(David Bruce)认为"经济民族主义预示着向 20 世纪 30 年代那种权力政治的回归,欧洲可能回到其历史上最为封闭的那种经济自给自足状态中去"。比如制定国家指导下的计划经济、采取进口限制措施、实施外汇管制等。这些政策势必对美国经济会产生不利的影响。更为重要的是,法国如果成立共产党政权就可能与苏联签订双边贸易协定并逐步被纳入苏联的轨道,后果将是出现苏联控制下的"大陆体系",该体系会

---

① U.S.Congress,"The French Crisis and Interim Aid:Preliminary Report Two Subcommittee On France and The Low Countries",November,1947,p.3.USCSS.

② U.S.Congress,"The French Crisis and Interim Aid:Preliminary Report Two Subcommittee On France and The Low Countries",November,1947,p.5.USCSS.

③ 金重远:《法国现当代史》,上海社会科学出版社 2014 年版,第 204 页。

把美国在经济上从西欧排挤出去。正如威尔·克莱顿所言:"如果失去欧洲市场的话,那么我们将不得不重新组织和调整我们国家的全部经济生活。"①

第二,从政治影响来看,美国认为法国共产党是所有欧洲国家共产主义政党中表现最为活跃的,成为法国第一大党所引起的"政治动荡"将直接影响美国的利益。因为法国国内的政局直接关系到其对外行动能力,增加法国未来发展的变数,甚至影响对外政策的方向,这样将会极大地改变欧洲的地缘政治走向,进而影响世界力量的格局,最终威胁美国国家安全。

总之,美国决策层认为法国共产党相关政策都对美国利益构成威胁,比较符合敌人意象的构成,这种敌人意象为美国重视法国社会党,以牵制法共、孤立法共,干涉法国内部事务的强硬行为提供了某种合理性解释。

(二) 退化意象

战后法国的退化意象主要是指美国政府对法国经济现状的诠释,即饱经战祸的法国当时处于经济极端困难时期,物资短缺,贸易失衡。这种现状为美国提供了可利用的机会。退化意象使得杜鲁门政府源源不断地在财政和物资上支持法国,促使法国缓和其对德政策。

1947 年 10 月 10 日,美国政府的《欧洲过渡时期援助计划》和 1947 年 10 月 25 日国会通过了《法国的危机和过渡时期援助》。② 这两份报告就法国经济出现危机的原因,食物短缺具体种类及其各自情况,法国贸易面临的具体困境等情况作出具体的说明。大体上,美国主要从以下几个角度判断法国的退化意象。

首先,经济的退化。按照美国估计"由于战争的破坏和入侵者的掠夺法国损失大约高达 2100 亿美元,这还没有考虑由于原材料的缺乏和经济关系总体混乱所带来的资本情况恶化"。法国战后工业仅相当于战前的 3/5。从横向看,法国受损情况较重。根据法国政府提供的统计数据,在物质损坏方面,

---

① [美]克里斯托弗·莱恩:《和平的幻想:1940 年以来的美国大战略》,孙建中译,上海人民出版社 2009 年版,第 138 页。

② U.S.Congress, "The French Crisis and Interim Aid: Preliminary Report Two Subcommittee on France and the Low Countries", November, 1947, Serial Set Vol.No.11123, Session Vol.No.6 80ᵗʰ Congress, 1ˢᵗ Session, H.Rpt.1146.USCSS.

估计法国境内 1/22 建筑被彻底摧毁或损坏,而其他国家受损规模则较轻,比如荷兰是 1/25,比利时是 1/38,英国为 1/65,法国的受损比例高意味着建设成本要大于其他国家,无形中加重法国经济负担。

其次,国内物资供给的退化。"二战"后法国物资短缺主要是在食物和燃料上。"这些物资的短缺严重影响法国经济的恢复,如不解决甚至存在造成经济衰退不可逆转的严重后果。"食品的短缺主要集中在谷类和动植物油不足上。"1947 年法国小麦产量为历年来最低,估计只相当往年产量的 50% 左右,为保证人们的基本生活需求,必须从国外进口一定数量的小麦,大约平均每月需进口 16 万吨才能满足每人每天 200 克最低面包供应量。"①由于面包是法国日常饮食中的主要食物,所以小麦的短缺对法国正常运转十分不利。"为了提高在战争期间严重退化土壤的产出能力,法国在农业方面氮肥变得极度短缺。"②另外,燃料短缺以煤炭为主。煤炭被认为是法国工业恢复过程中的必要资源。法国为了努力提高国内煤炭产量,甚至通过招募外国熟练劳工等办法提高产量。即便如此"法国生产能力不能满足全国所需煤炭总需求量的 2/3 的生产量"。因而,煤炭进口就成为法国工业生产的重要生命线,除此之外法国也需要大量的石油和石油产品。这些都需要通过进口才能满足最低需求量。美国的一些议员认为,"为了解决物资的短缺问题,法国政府在 1947 年 8 月强制进行缩减美元购买计划的方案。但是如果 1948 年 1 月之前不能提供法国基本原材料供应,这将意味着法国工业产品产量还会减少 50% 左右"③。这对法国经济更是雪上加霜。

最后,贸易的退化。美国认为战后法国贸易困难主要是由以下几个因素造成:第一,法国殖民地既是主要出口地,又是原材料进口地,政治动荡造成法属非洲的劳力和资本的短缺严重,限制了殖民地的贸易能力;第二,法国战前出口到欧洲邻国的产品主要属于非生活必需品,战后各国购买力处于疲软时

① U.S.Congress,"The French Crisis and Interim Aid:Preliminary Report Two Subcommittee On France and The Low Countries",November,1947,p.9,USCSS.

② U.S.Congress,"The French Crisis and Interim Aid:Preliminary Report Two Subcommittee On France and The Low Countries",November,1947,p.10,USCSS.

③ U.S.Congress,"The French Crisis and Interim Aid:Preliminary Report Two Subcommittee On France and The Low Ccountries",November,1947,p.6,USCSS.

期;第三,高估的法郎提高出口物资的价格,极大限制了法国商品销往拉丁美洲、美国和加拿大市场;第四,法国复杂心理造成法德经济关系的隔绝,美国认为"这两个国家尽管存在传统的政治敌对,经济间联系一直是比较密切,而且德国一直是法国主要的物资供应者和商品销售市场。但是对于德国生产能力和消费能力重新恢复,法国的心理是复杂的:既要警惕德国战争潜力的重建,又希望其带动法国经济尽快复苏"①。

鉴于此,美国决策者感到,法国的退化意象为美国实施"软硬兼施"的策略提供了某种契机。一方面,他们能以经济援助之名促使法国政府从经济上的依赖逐渐转变为政治上的依赖,进而影响法国对德国的政策等。另一方面,美国在获得"援助"美名的同时又实现了自己剩余产品的海外销售,一举达到经济、政治的双赢目的。

随着冷战的开始,权力斗争、意识形态以及地缘政治等因素都不同程度地影响着美国对法国的决策。美国对法国持有的两种意象,即对法国共产党的敌人意象,对法国持有的退化意象,成为战后初期主导性的意象。它反映杜鲁门政府对法国经济和政治现实的理解,对美国的法国政策产生深刻的影响。

"敌人意象"让美国政府及时加强和协调信息交流,抵制法共宣传,重视法国社会党以形成对法国共产党的牵制。1946年初法国社会党人勃鲁姆奉命出使美国争取经济援助时,美国驻法国大使卡弗里提醒国务院应尽快向法国提供优惠的贷款,从而加强勃鲁姆在法国政界中的地位。"在1946年期间,可以经常看到美国大使馆渐渐地、越来越多地卷入法国的政治生活中,到了1947年美国大使馆则更是以中心角色的身份出现在法国的政治舞台上。"②1947年法国社会党人拉马迪埃领导的内阁为了清除共产党人做了大量的准备工作。5月7日也就是法共被驱除出政府的第二天,受美国控制的国际复兴银行便向法国提供了2.5亿美元的贷款,这笔贷款法国已申请了一年多,到此时才如愿以偿。《纽约时报》曾一针见血地指出:"如果美国不利用自己的

---

① U.S.Congress,"The French Crisis and Interim Aid:Preliminary Report Two Subcommittee On France and The Low Countries",November,1947,p.7.USCSS.

② 英国《当代史杂志》1984年第10期,第734页,转引自金重远:《法国现当代史》,上海社会科学出版社2014年版,第208页。

强大和自己的资源来鼓励法国的温和派和自由主义分子,以便建立与美国的命运和法国的前途都有切身利害关系的那种秩序的话,那么从美国方面来说便是愚蠢和极端短视的了。"①

"退化意象"为美国实施"软硬兼施"的策略、迫使法国不断调整德国政策提供了可能。法国本来坚决反对在德国建立一个中央政府,1945 年 8 月,法国外长皮杜尔就声称:"我们根本不愿意听到有人谈论在德国建立一个中央行政机构。"然而在马歇尔计划宣布后,皮杜尔的态度就有了 180 度的大转变,1946 年 7 月 1 日美国国务卿贝尔纳斯在巴黎四国外长会议上发表《关于为德国的经济统一建立集中管理的声明》。为了促成法国支持该建议,表示只要法国在此问题上让步,便能在萨尔地区获得所需的利益。此后美国不断用煤炭供应和萨尔经济开发问题作为诱饵,并承诺当德国煤炭日产量达到 37 万吨时,法国便可以在德国煤炭出口总额中占有 28% 的份额。从此法国对德政策开始软化。在鲁尔问题上,曾坚持鲁尔国际化的法国最后只要求建立国际机构来对其进行管理。1949 年 4 月 8 日美英法占领区合并,4 月 28 日鲁尔国际管制机构正式宣告成立。鲁尔问题的解决促成法国放弃原有的对德立场,最终完全与美英同步。1950 年 7 月 3 日,美国国家安全委员会通过 NSC71/1 号文件,确立美国的西德政策和欧洲政策是"最大和尽快实现德国同西方的合作,承认西德对增强西方力量的必要性"②。从此,美国促进法德关系和平发展的政策,逐渐得到法国的接受。可见,法国既要获得美元,又要牵制德国,两者显然不可兼得,只得取其一,在对德问题上大踏步后退。

第三节　对法国援助政策:从"救济"到
"复兴"的转变

战后美国与法国同盟建立过程中,经济关系也是两国重要联盟因素。两

---

① 《纽约时报》1947 年 5 月 31 日,转引自金重远:《法国现当代史》,上海社会科学出版社 2014 年版,第 209 页。

② Michael Crestwell:*A Question of Balance:How France and the United States Created Cold War Europe*,London:Harvard University,2006,p.25.

国的联盟源于紧密经济关系的确立。美国对法国援助计划从酝酿起就在不同层面上运作,其确立是美国内部多种力量相互竞争与合作的结果。面对"二战"后西欧经济的衰退和政治动荡,美国国务院以及国会出台一系列研究报告,不仅确立援助法国的政策理念和具体可行的行动方案,其更主要的目的是增强西欧尤其是法国稳定社会的能力,防止共产主义势力在欧洲大行其道,长远目的则是为美国主导的多边自由贸易体系的运作创造条件。

美国的援助始于1947年3月"杜鲁门主义"的出笼。其时,世界被硬性地划分为资本主义和共产主义两大阵营,美国据此给予希腊和土耳其4亿美元经济和军事援助,以保持两国国内稳定,防止苏联影响扩大。此后不久美国又实施对外救助法(relief program),于1947年5月31日在第80届国会上获得通过,也称为第84号公法(Public Law 84)。该法确定提供援助的欧洲国家包括奥地利、匈牙利、意大利、波兰和中国。除了上述国家其他国家暂不予以援助。但很快美国国务院于1947年10月10日向国会负责外交事务的参议院外交关系委员会和众议院外交事务委员会联合会议提交《欧洲过渡时期援助计划—立法草案和背景信息》(*The interim European aid program*,*draft legislation and background information*)①,这一草案把奥地利、法国和意大利列为重点援助的国家,并对相关的问题进行规划。自此向法国提供援助问题进入到美国决策者的视野。

美国对外援助政策的大政方针,主要通过对外援助立法来确认和体现。而根据美国宪法,国会决定美国的"钱袋",所以对外援助都须经国会的同意,最终落实到联邦政府预算的框架之中。一般来说行政部门在对外援助项目进行详尽的调查后,先向国会提交外援授权法议案,之后参议院的外交关系委员会和众议院的外交事务委员会对该法案的授权举行听证会,并各自进行表决。因此本节有必要解读一下国会的一系列报告,借以揭示美国对法国援助的最初设想与具体措施落实的情况。

---

① U.S.Congress,"The Interim European Aid Program:Draft Legislation and Background Information",November 10,1947.80th Congress,1st Session,H.Dot.108,USCSS.

一、白宫与国会关于欧洲过渡时期对法援助问题的看法

在美国,总统要实行和继续对外援助计划,必须要由国会批准两个相关法案:即外援授权法案和外援拨款法案。美国的具体立法程序大致遵循下列步骤:按惯例第一步,是美国行政部门准备并向国会提交对外援助法议案。由于美国对外援助法议案一般由行政部门起草和提出,因此行政部门首先必须制订出详细的援助规划并通过国情咨文由总统提出外援政策的初步打算和初步的外援计划规模。行政部门提交的外援授权法议案,是国会对新财政年度对外援助法案进行讨论和修改的基础。第二步,是国会就行政部门提交的外援授权法举行听证会,进行辩论,并最终表决通过。授权法案,是规定对外援助计划可以使用的最高金额及相关政策限制。拨款法案,一般在授权法案规定的最高金额限定内给予实际拨款数。第三步,是国会通过的法案经总统签署而最终成为法律。美国对法国援助的立法也是经历了这三个过程。

1947年10月10日美国第80届国会第一次会议上(1ˢᵗ session),国务院提交议案给参议院的外交关系委员会和众议院的外交事务委员会联合会议,讨论向奥地利、法国和意大利提供过渡时期援助的法案草稿,希望国会予以认真考虑。可见此时杜鲁门政府行动很迅速,力争把对外援助的议案尽快转成行动。

1947年10月17日杜鲁门总统向国会发表"外援特别咨文",①就政府打算实施的外援政策作进一步说明。概括而言,咨文包括以下内容:

其一,美国需要对部分欧洲国家提供援助的原因。

杜鲁门从"美国经济和道德实力","欧洲国家现实困难"和"美国国际地位"三方面来进行说明。他声称:"美国努力致力于欧洲的复兴、世界的繁荣和永久的和平。援助是我们民族的贡献和力量,它使得我们可以对其他国家和人民的自由和福祉作出贡献。我们这个国家不仅资源丰富而且精神强大。我们的经济力量,自从自由体制诞生之日起一直贡献于提高全世界人民的生活水平。我们的道德力量,来自我们对人权的信仰。这些成为激励各地自由

---

① U.S. Congress, "European Interim Aid Act of 1947", November 21, 1947, 80ᵗʰ Congress 1ˢᵗ Session, Rpt No.771, USCSS.

人民的力量。"杜鲁门提及美国的经济实力，是因为在他看来这是"令人敬仰的事实"，而且将来必将对世界文明的进程起到重要作用。他指出美国不但经济实力强大，而且精神力量、道德建设等软实力也同样强大，所以是世界的精神领袖。"美国应发挥经济和道德的力量"，建立一个以美国为领导的"自由和独立国家的共同体"。随后，他介绍了欧洲一些国家面临的主要困难，"欧洲一些国家如奥地利、法国和意大利三国已经耗尽了金融资源。如果他们的人民想顺利度过今年冬天，又不出现经济和政治体系的瓦解，那么我们必须对他们提供援助。恶劣的冬天造成谷物减产和燃料短缺。食物和燃料消失殆尽，急需更多的医药设施"。杜鲁门同时提醒国会，应考虑到美国现在的国际地位，"美国的国际影响增长让美国人民越来越意识到他们的国际地位。巨大的力量伴随着巨大的责任。我们必须尽可能抓住机遇。美国政府的行为必须符合美国世界地位的尊严和影响。国会应迅速考虑过渡时期援助法案，并向所有国家有力地证明美国决心支持西欧那些热爱自由的国家，在他们的努力下保证自由和自给自足"。概言之，杜鲁门认为对欧洲国家的援助计划必须尽快施行，因为美国的国际威望和政治自由的事业决定美国必须承担这一义务。"从第二次世界大战得到的教训是如果我们想生活得自由和安宁，我们必须同世界一起为自由和安全而努力。阻止将来发生战争的最后办法就是为所有国家独立和福祉而奋斗。这个信念指导我们目前的努力，并引领我们将来的决定。"①从杜鲁门的话语中我们可以看到，战后鉴于欧洲革命形势的发展，以及担心苏联势力的扩张，美国重点援助欧洲，希望通过援助，稳定欧洲的政治和经济形势，遏制苏联的影响，同时建立以美国为首的联盟。

其二，对于此次过渡时期援助与欧洲复兴计划的关系，杜鲁门说："紧急援助本身不能解决欧洲的问题。紧急援助并不是长期复兴计划的代替品，但是它对于欧洲复兴计划是必须的。如果西欧国家由于我们的漠视不能弥补人民需求与所需资源之间的差距，可能今年冬天就会覆灭，那么他们没有机会期待其经济的复兴。过渡时期援助作用就在于允许我们有充裕时间来规划一个

① U.S. Congress, "European Interim Aid Act of 1947", November 21, 1947, 80th Congress 1st Session, Rpt No.771, USCSS, p.2.

长期的欧洲经济复兴计划,并让欧洲人民能支撑到欧洲复兴计划实行之日。"①可见,过渡时期援助法案的实质是一项紧急救济计划,它是长期欧洲援助计划的前奏和必要的补充,也是为大规模实施复兴计划争取时间,以优化援助目的国经济环境。正如美国国务卿马歇尔所说:"该法案只是提供足够的资金给三个国家,提供必需的生活物资让其人民能继续吃上饭、能工作、顺利地度过寒冬。它不是复兴计划,设计的目的是帮助提供必要的基本生存物资。"

其三,涉及 1948 年财政年度的外援计划提出 5.97 亿美元的预算要求。杜鲁门提出在未来的四个半月的过渡时期计划向三国提供分别为奥地利 0.42 亿美元,意大利 2.27 亿美元,法国 3.28 亿美元的援助,用来购买食物、燃料和其他生活必需品。

从外援咨文中说明的原因、原则及资金的分配来看,杜鲁门外援计划所关注的都是欧洲具有重要战略意义的国家,希望它们借助美国外援,实现各自国家的经济稳定和增长,避免苏联的影响,从而维护美国的长期安全,为美国全球战略服务。

杜鲁门提出援助特别咨文之前,就在 10 月 10 日法案草案提交之日委员会也迅速地开始了听证会。国务卿马歇尔亲自到商讨欧洲长期复兴计划的参议院外交关系委员会和众议院外交事务委员会联合会,敦促他们为过渡时期的援助打开快速通道。第二天他带领副国务卿罗伯特·洛维特(Robert A. Lovett),美国驻英国大使刘易斯·道格拉斯(Lewis W.Douglas)和其他国务院官员回答关于长期和短期援助计划的具体问题。10 月 12 日商务部长哈里曼(William Averall Harriman)提交了总统对外援助委员会调查结果和相关欧洲过渡时期和长期援助计划的结果。13 日内政部部长助理威廉·沃恩(William E.Warne)提交了关于"国家资源和对外援助"报告。10 月 14 日来自纽约的国会议员杜勒斯(John Foster Dulles)考察欧洲复兴计划和美国政策关系。听证会在同一天得出结论,众议院对外援助特别委员会副主席克里斯琴·赫脱

---

① U.S.Congress, "European Interim Aid Act of 1947", November 21, 1947, 80th Congress 1st Session, Rpt No.771, USCSS, p.3.

（Christian Herter-vice chairman of the House Select Committee on foreign Aid）提纲挈领地总结了委员会的调查结果。① 最终，10 月 19 日参议院外交关系委员会投票，一致同意向参议院报告该法案。同时委员会提出考虑到目前事态的紧急性和迫切性，参议院应尽早得出结论。

当然，全票通过并不意味不需修改。10 月 17 日、18 日和 19 日在听证会期间，参议院外交关系委员在提交的各类资料基础上详考国务院提交的草案，并在 10 月 21 日正式提交《1947 年对外援助法》。国会则对这一法案进行了以下修正，②主要集中于五个方面：

第一个修正：不保证具体商品的可得性。

考虑到关键物资的短缺，委员会认为不建议美国向受援国作出承诺，即美国保证提供和运输任何具体数量的任何商品。比如，由于世界范围谷物收成存在一定不确定性，美国向三国提供谷物时就应考虑到这点。所以委员会在第 4 条法案中增加这样的表述："法案不包含美国有必须提供援助的义务也不能保证肯定提供某些具体商品。"

第二个修正：在美国之外购买商品的问题。

目前美国国内部分地区存在一定程度上谷物、石油和化肥短缺情况。因此应鼓励购买其他国家同类商品。委员会修改了第 6 条规定的向国外购买同类商品的上限，将之由不超过总数的 6%上调为不超过 25%。根据国务院提供的数据，这将给予行政部门更多的活动余地购买美国之外的短缺商品。

当年冬天，美国部分地区石油和燃料较为短缺。委员会认为从美国大陆运走石油是不明智的，此举会过度地加重国内本身的短缺。考虑到这个问题第 5 条修改成"采购石油和石油制成品，应最大限度地从美国之外的石油资源丰富的国家获取"③。

---

① U.S. Congress, "European Interim Aid Act of 1947", November 21, 1947, 80th Congress 1st Session, Rpt No.771, USCSS, p.4.

② U.S. Congress, "European Interim Aid Act of 1947", November 21, 1947, 80th Congress 1st Session, Rpt No.771, USCSS, p.14.

③ U.S. Congress, "European Interim Aid Act of 1947", November 21, 1947, 80th Congress 1st Session, Rpt No.771, USCSS, p.14.

第三个修正:委员会施加更多的控制。

委员会在法案中增加对对外援助的控制,表现在两个条款的修改:第一是委员会不允许受援国政府把法案规定的商品以较高的价格卖给民众。因为一些商品毫无疑问会最终流入黑市,这样就会达到较高的价格。受援国应预见这样的行为和与其相伴随的负面的言论。委员会认为根据第6章规定每个受援国应让它的人民以较合适的价格购买,并与国家的经济状况相符,这样的商品才可以在法案之下买卖。第二是委员会反复强调美国援助欧洲的同时,受援国也应以"诚实和真挚"的努力来有效利用他们自己的资源。"比如,需要谷物的国家应该采取措施,不仅要提高生产率,尽可能利用他们的土地,也要保证地方生产的谷物实现全国范围内销售。简单讲,尽一切努力来保证有效地利用本国人力和资源来提高生产能力。总之,委员会修改第6章,让受援国应采取措施尽可能努力保证地方物资的最大限度地生产和销售,不允许任何减少当地生产或者利用美国之外的供货渠道进行销售或分配商品。"①

第四个修正:争取其他国家可能性援助。

在听证会期间参议院的代表们询问了国务院代表,是否其他国家也持有与美国同样的立场来援助奥地利、法国和意大利。副国务卿罗伯特·洛维特指出从其他国家只能得到很少的赠予和贷款。因为这些国家或者自身正遭受战争所导致的混乱,或者有的国家也面临国际金融困难,这些都造成他们不能提供大规模的援助。尽管如此,委员会还是感觉总统应该采取合适措施来鼓励其他国家政府提供可能的援助。

第五个修正:计划的管理。

委员会认为不必设置一个新的政府机构来管理过渡时期的援助计划。现在落实救济计划的相关行政机构和程序将继续来管理这个计划,委员会在第10章中增加了这样的内容:"根据总统的指示,管理欧洲援助计划的责任将授予美国对外救济计划这一领域的管理者,来提供受灾地区救济援助。"②

---

①　U.S.Congress, "European Interim Aid Act of 1947", November 21, 1947, 80th Congress 1st Session, Rpt No.771, USCSS, p.15.

②　U.S.Congress, "European Interim Aid Act of 1947", November 21, 1947, 80th Congress 1st Session, Rpt No.771, USCSS, p.16.

从上述美国国务院和国会外交委员会的互动来看,冷战年代的对外政策决策中,行政部门和立法部门相互之间尽管互为制约,但加强合作是主要的。为了解决欧洲在战时遭受的劫难,杜鲁门说服国会,使他们认识到许多欧洲国家的政治不稳定,是由于经济形势恶化与来自苏联共产主义威胁的增大所致,最终才克服了议会对美国在国外采取积极行动的抵制,尤其是来自国会中部分孤立主义情绪强烈的议员的抵制。最终国会以两党大多数议员的支持批准了援助计划。比如在审议欧洲过渡时期的援助法案过程中,国会参议院的外交关系委员会和众议院的外交事务委员会都能接受国务院提出的法案草案,只是作出少量修改。上述法案的通过似乎表明国会的迁就是这一法案迅速获得通过的主要原因。其实不然,它说明不论美国的行政部门还是立法部门,其根本利益是一致的,它们共同关心的是促进美国在全球范围发挥积极的领导作用,最大限度地追求美国的国家利益。

二、1947 年对外援助法的基本内容和美国援助法国的设想

美国《对外援助法(1947)》的英文全称是 *Foreign Aid Act of 1947*,在美国国会立法文件中编序号为 Public Law 389,国会于 1947 年 12 月 17 日批准。法案从 10 月 10 日国务院提出时始称《欧洲过渡时期援助计划》(*the Interim European Progam*),随后改称《1947 年欧洲过渡援助法案》(*European Interim Aid Act of 1947*),最后定名为《1947 年对外援助法》(*Foreign Aid Act of 1947*)。名称的微调表明随着法案在美国国会的热议,杜鲁门在对外援助对象问题上不断拓展思路,外援范围从欧洲的奥地利、法国和意大利三国扩大到奥地利、法国、意大利和中国四国。

第 389 号公法的标题是,"一项向某些国家提供援助,促进世界和平,共同福祉,国家利益和美国外交政策的法案"。①《1947 年对外援助法》主要条款有九个方面:(1)法案的目的是立即向奥地利、法国、意大利和中国提供所需的食品、燃料和其他商品。减少饥饿、寒冷,防止上述四国出现更严重的经

---

① U.S.Congress, "The Interim European Aid Program:Draft Legislation and Background Information", November 10,1947.80th Congress, 1st Session, H.Dot.108, USCSS, p.1.

济衰退。(2)总统通过相关部门或机构直接发出指令,由总统直接领导划拨和分配资金,符合相关条款后总统有权决定采购或提供采购的资金购买肥料、煤炭、石油、石油制成品或其他的燃料、纤维和其他的商品;运输这些商品所需要的资金;具体执行该法案的人的相关费用。(3)为达到实施该法案目标,授权的资金应不超过 5.97 亿美元,超过这个数目财政部将不会批准和划拨。(4)在 1948 年 3 月 31 日之后该法案将不再提供资金。(5)按照规定在提供物品和资金给任何受援国的时候,应该在受援国和美国间达成协议,该协议包含以下内容:一是许诺有效利用法案授权的物品尽可能采取达到自我维持经济正常运行必要的经济方面的措施。二是在法案规定的商品可以获得的时候,要储备相当的外汇储备达到一定的数目,条件和情况在双方政府的协议中要有所规定。并在协议下持有或使用该数目的外汇。三是在该国提供全面和连续的宣传,使公众了解在该法案下美国提供物品的目的、来源、性质和数量。(6)总统如发现受援国存在与法案规定不符的内容,应该迅速终止对该国的援助。(7)所有物品集装箱在醒目位置应作标记或附有商标,标记应易懂、耐用,以提醒这些国家的人民这些物品来自美国。(8)总统也可以委托给国务卿或者任何政府其他官员,每季度向国会汇报该法案的执行情况。(9)总统应采取措施鼓励其他国家尽可能提供援助。①

《1947 年对外援助法》明确表达了美国援助的目的、基本原则和提供援助的条件,援助的时间区间和具体数额,并敦促其他国家共同努力提供援助。从声明的内容看,有两点需重点明确:一是该法案的时间界定决定了该法案具有短期性,注重的仅是 1947 年末到 1948 年初欧洲的困难及对欧洲复兴计划的影响;二是强调受援国自己必须在发展方面作出努力。

在总体援助原则指导下,关于对法国的具体援助,美国国务院基于对法国的调查结果也作出了具体决策。美国的当务之急是解决法国美元短缺的问题。美国官员经调查认为,法国国际金融形势迅速恶化的主要原因是:"一是由于美国价格上涨大约30%导致的进口成本增加;二是由于 1946 年冬天严寒

---

① U.S.Congress,"The Interim European Aid Program:Draft Legislation and Background Information",November 10,1947.80[th] Congress,1st Session,H.Dot.108,USCSS,p.2.

和夏天的干旱导致法国出现谷物收成大幅下降,引发进口谷物的需求增加,比如1947年法国国内小麦的产量比1946年少了300万吨;三是法国出口到美元区域的贸易没有达到预期的水平;四是英镑的不可兑换性,恶化国际金融环境。"如果不解决美元短缺问题,将会导致严重的后果。"为了满足1947年冬和1948年春人们生活需求和经济正常运行,从美元区进口食物来保证每人每天200克的面包配给,并且进口煤炭石油制品来避免交通瘫痪和电力和工业产量减少,美国必须提供必要的物资,否则法国会为滋生混乱和不安提供土壤。"①

由此,美国确定了过渡时期援助法国的具体目标:预计从1947年12月1日到1948年3月31日,法国主要支出额将达到5.56亿美元,法国只有2.28亿美元,其余3.28亿美元短缺需由美国来提供。② 预测的3.28亿美元过渡时期援助于1947年12月1日将被用作购买下列商品:

表1-2　1947年12月1日到1948年3月31日期间
过渡时期援助计划下提供给法国的商品

（单位:百万美元）

1	小麦	111
2	奶制品	3
3	油脂	20
4	来自美国的煤炭	116
5	来自德国的煤炭	9
6	石油制品	22
7	棉花	38
8	花费	9
总计		328

如果美国在过渡援助计划下提供给法国上述商品,法国自己的美元储备应该可以满足其他必要的美元支出,法国具体收支如表1-3所示。

---

① U.S.Congress,"The Interim European Aid Program:Draft Legislation and Background Information",November 10,1947.80[th] Congress,1st Session,H.Dot.108,USCSS,p.10.

② U.S.Congress,"The Interim European Aid Program:Draft Legislation and Background Information",November 10,1947.80[th] Congress,1st Session,H.Dot.108,USCSS,p.11.

表1-3　涉及法国美元支出一览表

需求：　　　　　　　　　　　　　　　　　　　　　　　　（单位：百万美元）

1	食物	30
2	油脂	12
3	石油制品	23
4	德国法国占领区的食品	13
5	法国海外地区基本供应	32
6	工业物资进口	52
7	服务外债	26
8	支付给比利时的商业账户	17
9	支付给巴西的是个农业账户	3
10	给国际货币基金阻止的额外贡献	10
11	行政管理和其他花费	10
总计		228

可得资源：　　　　　　　　　　　　　　　　　　　　　　（单位：百万美元）

12	1947年12月为止可能实现的平衡	153
13	法国法郎安全性流动	35
14	来源于出口和服务的收益	40
总计		228

资料来源：The interim European aid Program；draft legislation and background information。

鉴于执行计划的紧迫性，美国没有时间建立新的组织和机构等机制来处理过渡时期的援助问题。加上此前美国的救济计划从未涉及法国，所以法国缺乏立即实施救济援助计划的相关机构，美国决定暂时只能利用现有机制，交由美国国务院来执行和控制资金的分配并执行计划。在具体执行过程中，程序上法国政府可与提供商和船运公司签订合同，需要把相关的文件交给美国政府备案，需提交的文件有协议、运输的货物、支付货款的凭证。

在美国国会通过授权法案后，很快通过拨款法案，国会在此阶段削减了行政部门提出的拨款要求。该拨款法案英文全称：An Act Making Supplemental Appropriations for the fiscal year ending June 30, 1948 and for other purpose。该

法案也被称为"1948 年第三次修订拨款法案"。国会编号为 393（公法 393）于 1947 年 12 月 27 日批准。国会把原来 5.97 亿美元拨款计划削减为实际 5.22 亿美元援助给奥地利、法国和意大利三国。该法案同时提供 0.18 亿美元给中国（该援助参照国会 84 公法落实），四国援助总共拨款 5.4 亿美元。这样实际援助给法国从 3.28 亿美元缩减为 2.8323 亿美元。[①] 尽管国会在授权法与拨款法中削减行政部门所要求的资金，而且还在外援立法中加入一些限制性条款，不过总的看来，杜鲁门利用国会的合作情绪使《1947 年对外援助法》立法要求的大部分得以通过。因此美国经济援助成为这一时期对法国政策的主体。

三、美国对法国经济援助的具体落实与效用分析

1947 年 12 月对外援助法被签署为法律后，美国行政部门就开始落实 1948 财政年度的外援计划。按照法案第 13 条的规定要求总统每季度向国会汇报法案实行情况。此后国务院先后递交三份关于援助情况的评估报告。这三份报告全面展示了美国在法国过渡时期援助的具体落实情况。

（一）第一次评估报告

1948 年 5 月 5 日白宫向国会提交第一份法案执行评估报告。评估时间从 1947 年 12 月 17 日法案批准开始，到 12 月 31 日季度结束。

报告首先肯定了过渡时期援助的积极作用，1947 年对外援助法作为过渡时期填补美国救助计划之后与长期的复兴计划实施前这段空白的作用十分明显。"这段时间供应的中断会对长期的复兴计划造成不可弥补的危害。过渡时期援助的有效性使得欧洲复兴计划能在更坚实的基础上进行而不会受到饥饿和寒冷的影响，过渡时期援助的明智不需要证据来证明。"[②]

报告介绍美国国内涉及对外援助法的准备工作，国内工作主要是围绕总统授权国务院具体经办而展开的。1947 年 12 月 26 日，总统签发 9914 号行政

---

① U.S.Congress, "First Quarterly Report On the United States Foreign Aid Program", May 5, 1948, Serial Set Vol.No.11252, Session Vol.No.30, 80th Congress, 2nd Session H.Doc636.p.2, USCSS.

② U.S.Congress, "First Quarterly Report On the United States Foreign Aid Program", May 5, 1948, USCSS, p.2.

命令,把 1947 年对外援助法授予他的相关的权利委托给国务卿,同样他委托国务院按照第三次修订拨款法处理援助拨款 5.22 亿美元。要求国务卿进行必要的行政安排来实行美国对外援助计划。在对外援助计划上总统委托国务院具体经办与实施情况简要归纳为以下几点:"(1)与外国政府准备签订关于分配物资的具体协议;(2)不断收集来自国外政府、美国驻该国代表、美国政府的其他官员提供的关于援助情况和物资的信息;(3)食物部分计划应得到农业部的建议和指导,与国防部发展美国驻奥地利部队等与计划有关的部分;(4)准备和配给必需品给美国采购机构或者提供给外国政府授权的机构代表;(5)研究程序来控制采购的资源和价格以尽可能减少美国自然资源的流失和对美国经济方面物价水平的影响;(6)为美国海外任务招聘和培训人员到受援国;(7)与外国政府代表商谈计划实施的具体细节;(8)建立和保持必要的会计记录,明确对外援助的 5.22 亿美元的具体使用。"①显然,9914 号行政命令的签发为国务院落实援助政策提供了依据。

根据 9914 号行政命令,美国国务院首先迅速采取行动与法国等欧洲三国进行协商。国务院认为 1947 年 12 月 31 日前美法两国政府已达成一致意见,在 1948 年 1 月 2 日在法国巴黎签署协议,在 5.22 亿美元拨款总数中援助法国 2.8323 亿美元。协议实质是对法国同意 1947 年对外援助法相关要求的再次确认。美国政府与法国政府签订的协议主要内容有:(1)美国政府将根据法律要求并根据该协议进行拨款来援助法国人民,使得他们能获得以下商品(包括储存、运输和海运的服务)或者提供通过贷款进行采购,在美国政府主导下给法国政府或者任何被指派个人、机构或组织来代表法国政府行事。这份协议不意味着美国政府有现在及将来一定向法国提供援助的义务,也不是保证任何具体物资的可获得性,也不意味着由美国政府支付在法国境内的任何物资的储存、运输或者处理或者装船的相关服务费用。(2)所有协议中得到的所有商品将在美国采购,除非特殊规定的允许在其他地方采购或者两国政府明确表明的商品。石油和石油制成品将最大限度地从美国之外的地方采

① U.S.Congress, "First Quarterly Report On the United States Foreign Aid Program", May 5, 1948, USCSS, p.3.

购,并以最经济的路线从资源提供地运往法国。(3)法国政府详细地了解法案的条款,在此确认他接受并将落实法案行为。(4)美国政府根据法案第6条规定,保留在任何时候停止援助的权利。(5)协议从签订之日起生效并且应用到所有法国政府在法案下得到的商品。它将生效到1948年12月31日或者按照两国政府的协议签订的更早的日期。①

自此以后,美国国务院逐渐落实对法国等国家的援助。他们面临的第一个问题是援助媒介的缺失。法国因为不是美国对外救助计划中的受援国,所以没有像奥地利和意大利那样依据第84号公法成立救济分配机构。因此美国必须在法国成立代表团来具体处理援助事宜。国务院经协商最后决定成立一个特别咨询小组——代表团来管理美国在法国的对外援助计划,具体执行国务院的决定。小组人员从美国驻法国大使馆里的现有人员中抽调,该小组由负责经济事务的使馆参事来担当执行顾问。该小组与大使馆一般性活动密切结合,主要作为大使馆经济活动的独立部分并起着联络法国政府实行对外援助法案条款的中间作用。驻法国大使馆负责经济事务的参事,还扮演执行咨询员和小组领导者的角色。小组具体由顾问、助理顾问、区域观察员和速记员构成。法国的代表团具体构成如下:"一位负责洽谈安排采购事宜的助理顾问;一位负责食品、肥料和纤维方面的助理顾问;一位代表财政部负责采购和金融的助理顾问;一位负责办公室行政事务的助理顾问。分别负责食物和肥料、煤炭和石油以及棉花和其他纤维的三名观察员。如果需要的话其他使馆高级经济官员和对外服务工作人员也可被指定到该小组负责具体事项。"②代表团在正式协议达成或签署后,要特别注意收集运输美国采购物资的船只的具体信息,尤其在法案有效之后就要具体执行,以给受援国提供资金补偿。代表团要跟踪货物的分配以确定它们是否以合理价格卖出和是否符合法案的其他条款,也要确定当地货币在当地货币基金迅速存储。因为第一次报告距离对外援助法批准日期1947年12月17日较近,该小组还未正式成立,仍处

---

① U.S.Congress,"First Quarterly Report On the United States Foreign Aid Program",May 5,1948,USCSS,p.28.

② U.S.Congress,"First Quarterly Report On the United States Foreign Aid Program",May 5,1948,USCSS,p.10.

于酝酿和准备阶段。

在法国成立代表团问题决定后,国务院把目光投向食品援助问题,其中粮食又是食品援助的重头戏。在第一次报告中总统内阁委员会(cabinet committee)提交了关于世界粮食计划的调查结果。该决定由总统发起,农业部部长,商务部部长和国务卿参与了调查。依照对外援助法第11条规定和1948年第三修正拨款法的相关规定,总统需要调查小麦、面粉等谷物运往受援国的具体数量,经调查委员会的结论是"在满足国内的需求和对外援助法规定的受援国之外的其他国家需求以外,美国可以在1948年7月1日前提供1.5亿蒲氏耳小麦。"①(如表1-4所示)

表1-4　美国对法国小麦供应和分配(**1947年7月到1948年6月**)

供应:
(单位:百万蒲氏耳)

7月1日的库存	84
预计生产	1365
总体供应	1449

分配:
(单位:百万蒲氏耳)

国内食品	510
饲料和废物	250
工业使用	1
种子	88
出口	450
6月30日库存	150
总体分配	1449

资料来源:The interim European aid Program:draft legislation and background information。

除了成立代表团和确定提供粮食数量以外,美国国务院还对法国采购和补偿政策作出如下安排。比如法国和意大利,美国农业部决定采购两国所需

---

①　U.S.Congress,"First Quarterly Report On the United States Foreign Aid Program",May 5,1948,USCSS,p.6.

粮食和种子。煤炭、肥料和石油及其多数制品则通过已建立政府购买途径来采购,或者通过他们授权的商业机构来执行。美国政府和受援国政府之间涉及采购和运输部分补偿问题由美国审计署代表(General Accounting Office)来处理和解决。法国政府需提供资金补偿所需的文件。1947 年 12 月 23 日美国国务院向法国政府代表具体介绍了注意细节,以便他们能获得采购花费的补偿,尤其是海运的花费。提交给美国的单据通常包括购买协议,比如购买合同,被证明的商品装运分项列出的发货单,支付钱款的凭证,由承运人签字交货和接受货物的海运提单。补偿政策执行日期从 1947 年对外援助法确立之日开始。1947 年 12 月 16 日午夜之后在法国港口卸货的物资包括在内。在此条款下美国政府向法国政府补偿其购买自美国相关商品的费用。

1947 年 12 月 16 日国务院向驻巴黎的大使馆发去了电报,要求在和法国政府合作后,美国驻当地的工作人员应收集关于在 1947 年 12 月 16 日午夜后卸货的大宗货物的详细信息。如果法国利用他们自己的资源采购,美国会对其花费进行补偿。同时与法国政府达成协议:给予美国领事一定港口特权,即所有涉及来自美国的商品货物提单复印件的有效性。

最后,美国在法国援助方面的问题就是在法国宣传美国援助计划。按照1947 年对外援助法中关于对美国援助物资进行宣传和贴标签要求,法国由于没有实行美国救助计划,法国政府两周内没有进行大规模的宣传计划来显示美国援助的性质和程度。

总之,第一份提交国会的报告具体描述了落实援助计划的最初步骤。如总统委托国务卿相关的权利和对外援助法授予的权利(行政命令 9914 号)并转给国务院 5.22 亿美元的拨款来执行对外援助法;国务卿为实施计划建立必要行政安排;总统同意内阁委员会关于粮食计划的报告,到 1948 年 7 月提供1.5 亿蒲式耳粮食;美国国务院与法国就援助达成协议;对法国最初的供应计划的进展。物资的采购由美国政府采购部门和外国政府建立的采购组织国代表该国的私人商业公司之间共同进行;成立驻法代表团,作为联系法国政府实施 1947 年援助计划的沟通渠道;等等。

法案从 1947 年 12 月 17 日被批准到 1947 年 12 月 31 日,我们可以看到不到短短半个月时间,美国国务院就十分高效地与法国政府进行援助的具体落实。从国内国务院的准备,国外与法国政府协议的正式签署,从法国代表团的计划成立到宣传援助计划的启动,都表明美国对法国经济援助已经走上正式轨道,是高效率的、适时的、细致的、稳扎稳打进行的,初步遏制了法国的衰退。这就拉开了美国对法国援助的大幕。

(二) 第二次评估报告

1948 年 8 月 6 日总统杜鲁门向国会提交了第二份援助计划实行情况的评估报告。① 该报告涉及时间为 1948 年 1 月 1 日到 1948 年 3 月 31 日,它反映了过渡时期对法国援助计划施行的全貌和海外管理机构的运作情况。报告包括国内和海外管理、实际操作、经济领域各项活动,接受分发和物资最终使用,提供商品的目录、单位商品价格和毛收入,当地货币基金和受援国的宣传等内容。

总统杜鲁门首先肯定计划的有效性。"美国的供应暂时使这些国家人民从饥饿恐惧中解脱出来,让他们保证经济的完整性一直到欧洲复兴计划帮助他们重建欧洲。1947 年对外援助法(公法 389)保证美国过渡时期向法国援助物资,阻止其经济严重衰退,这些都是法国政府由于美元短缺不能购买所需物资造成的结果。"美国国务院得出结论:"美国援助已经夯实法国因饥饿和寒冷而动摇的经济基础。"

1948 年 3 月国会又决定同意增加 0.55 亿美元给欧洲三国(第 470 公法),更重要的是它延长对外援助法提供资金的时间,即在 1948 年 3 月 31 日之后延长 30 天。这笔钱加上 5.22 亿美元国会之前拨款使得过渡时期援助计划的总拨款额为 5.77 亿美元。截至 1948 年 3 月 31 日,按照计划援助到法国的几种商品的情况如表 1—5 所示。每类商品标出了计划价值,最初已完成采购的价值,运输的实际价值。我们可以看到美国提供的援助涉及生产生活的各个方面,蔬菜、水果和棉花此时已经完成计划装运到法,其他商品基本完成多半部分。到 1948 年 3 月 31 日运到法国的物资已达到计划总数的 83.9%。

---

① U.S. Congress,"Second Report to Congress on The United States Foreign Aid Program: Message From the President For the Period Ended",March 31,1948,August 6,1948.80th Congress,2nd Session,House Document No.739.USCSS.

表1-5 美国援助法国商品价值一览表

（单位:美元）

商品	经过检验的计划	开始的采购	完成的装运
谷类	93,177,428	93,177,179	73,616,264
油脂和食用油	20,289,747	20,289,747	14,739,572
奶制品	3,178,277	3,178,277	1,940,825
蔬菜和水果	89,922	89,922	89,922
燃料	79,746,000	79,258,000	71,412,412
杀虫剂	468,000	468,000	320,000
化肥	6,348,000	6,348,000	5,501,310
棉花	16,700,000	16,700,000	16,700,000
药品供应	1,862,000	1,862,000	1,232,780
刺激性货物	190,000	190,000	—
大麻纤维和西沙尔麻	1,370,000	1,370,000	—
总计花费	223,419,374	222,931,125	185,553,085
预计海运的花费	58,065,991	58,486,491	52,119,365
存储的花费	1,744,635	—	—
总计花费	283,230,000	281,417,616	237,672,450

资料来源:Second Report to Congress on The United States Foreign Aid Program:Message From the President For the Period Ended March 31,1948,August 6,1948.80th Congress,2nd Session,House Document No.739。

美国的援助保证法国正常运转,并促进法国工业的迅速发展。"如煤炭、电力和水泥的产量已经大大超过 1938 年的水平。煤炭产量平均比 1938 年和1947 年多出 20%,电力在 1948 年 1 月和 2 月发电量比 1947 年每月平均多出13%,比 1938 年多出 65%。拖拉机生产是 1938 年水平的 5 倍,商用机械产量是 1938 年的两倍。如果以 1938 年为 100 来参照的话,所有工业产值指数在1947 年 9 月达到 84,1948 年 1 月上升到 106,2 月则达到 112。"[1]可见美国对法援助已见实效,保证了法国经济在 1948 年正常地进行。[2]

---

[1] U.S.Congress, "Second Report to Congress on The United States Foreign Aid Program:Message From the President For the Period Ended", March 31,1948,August 6,1948,USCSS,p.40.

[2] U.S.Congress, "Second Report to Congress on The United States Foreign Aid Program:Message From the President For the Period Ended", March 31,1948,August 6,1948,USCSS,p.42.

第二次报告与第一次评估报告主要的不同之处在于，关于援助的落实情况，主要由法国政府负责援助的官员提供关于物资的接收和分配的相关数据。而且法国政府为了落实援助，专门成立了国家谷物委员会（National Cereal Committee）。该委员会负责物资存放事宜，并根据国内收成和库存能力选择卸货港口，并尽可能保证全国范围内库存的平均水平一致性，而且在大城市库存要保证最低安全水平。美国运到法国的谷物和面粉由法国国家谷物委员会中心办公室直接领导，以满足不同部门的配给要求。法国国家谷物委员会中心办公室分配船货到一个或几个国家谷物委员会分支机构；当地机构办公室依次下拨面粉的配额，这就完成了分配的第一层次。随后小麦和其他谷物成为面粉后进行新的分配步骤，一旦混合面粉依照国家谷物委员会制定的机制来分配，在食品管理局的监督下它们被交付给使用者，这就完成了第二层次的分配。除此之外报告还对物资的分配的时间表，奶制品、西红柿、油脂和食用油、链霉素等物资采购进行介绍，煤炭在美国和鲁尔的采购办法，以及物资的运输方式、接受港口、分配程序、石油制品的采购计划和要求，棉花、硫磺、杀虫剂和化肥需求，销售所得的处理等方面的问题都进行了详尽的介绍。

美国在援助期间十分关注宣传问题，在美国国内和国外两个层次进行宣传。在国内层面上美国通过宣传让民众从对法国的同情转为对政府行为的支持。在美国驻法国大使杰斐逊·卡弗里（Jefferson Caffery）与法国外长乔治·比道尔特（Georges Bidault）签署协议之时，杰斐逊·卡弗里援引总统杜鲁门在1947年圣诞节对美国人民的讲话："当我们准备在这片富饶的土地庆祝今年的圣诞之时，如果我们漠视海外不幸人民的疾苦那我们就是没有良心的。我们已经提供部分他们需要的物资而且我们还将继续这样做。在这个意义上我们保持着美国的传统。由于我们的努力使其他地方的人民看到新的一天的来临，这样他们能使得生命从饥饿恐惧中获得自由。"①法国政府在当时对美国提供的援助是由衷地感谢与热情地欢迎的。法国外交部长乔治·比道尔特（Georges Bidault）称其签订的协议是"一份将被以值得尊敬的友谊而被记住

① U.S. Congress, "Second Report to Congress on The United States Foreign Aid Program: Message From the President For the Period Ended", March 31,1948, August 6,1948, USCSS, p.100.

的文件。法国向美国人民和政府表达诚挚的感谢"。他指出过渡时期援助在长期欧洲复兴计划中的意义后,乔治总结:"我们知道崇高的动机和尊敬是美国政府和人民的决定的基础。法国对于欧洲以及世界稳定的重要性已经得到大西洋彼岸的国家的认同。在最黑暗的时候你们没有在法国丢掉信仰。美国提供的武器使得我们继续战斗。在我们国土解放过程中你们和我们的人并肩战斗。不能忘记美国提供的帮助正是我们在困难的时候,为了更好的世界、捍卫文明,我以国家的名义感谢你们的慷慨和睿智,我们将回报这种睿智和慷慨。"①可见,此时随着援助的具体落实,法国已经从混乱和痛苦中逐渐走出。从法国外交部长的话语中我们可以看到美国的援助已经为美法关系的进一步发展奠定了坚实的物质和精神基础。

在国外层面上,美国大使加强法国的宣传活动。与奥地利和意大利两国相比,法国的宣传在数量和多样性方面明显不足。于是美国加大了在法国的宣传力度。比如1948年2月4日美国助理国务卿索普(Thorp)把涵盖过渡时期补偿交易的金额为31,472,874.77美元支票交到法国驻华盛顿大使邦尼特(Bonnet)手中。这个仪式的照片被刊登在巴黎媒体。另外美国海外代表团的负责人和观察家到重要城市比如西北部海港瑟堡、马赛和阿尔及尔调查美国援助物资接受和分配情况时,他们总是召开新闻发布会回答关于美国援助性质的各种问题。美国驻法大使杰斐逊·卡弗里(Jefferson Caffery)更身体力行地落实国务院的加大宣传的要求,先后做了两次演讲,一次是在1948年1月17日美国商业代表在巴黎的一次聚会,一次是在21日法国独立新闻协会(association de la presse independante),两次都得到广泛的宣传。同时杰斐逊·卡弗里大使在法国内阁部长陪伴下和其他高级官员陪同下,加上法国和美国新闻媒体代表,到法国各地进行宣传,目的是让法国人民明确了解过渡援助是美国人民的无偿礼物。1948年3月23日,在法国勒阿弗尔和鲁昂两个城市(Le Havre and Rouen)②举

① U.S.Congress, "Second Report to Congress on The United States Foreign Aid Program: Message From the President For the Period Ended", March 31,1948,August 6,1948,USCSS,p.101.

② 勒阿弗尔是法国北部诺曼底地区的继鲁昂之后的第二大城市,位于塞纳河河口,濒临英吉利海峡,以其作为"巴黎外港"的重要的航运地位而著称,在法国经济中具有独特的地位。勒阿弗尔是法国海岸线上横渡大西洋航线的远洋船舶到欧洲的第一个挂靠港,也是离开欧洲前的最后经停港。勒阿弗尔是法国第二大输出港(仅次于马赛),集装箱货运量则居法国第一位。

行庆祝到法国的装满美国援助物资的第 600 个船只到港的活动。法国的媒体和广播对此次庆祝活动集中报道。同时美国媒体记者被授权有全部的自由参观和考察法国各地过渡时期物资的分配情况。1948 年的第二季度美国援助的重点已经转变为加大宣传力度,并交由法国政府全面落实援助的各项细节。这些宣传有力地提高了美国在法国与欧洲人民中的形象。

（三）第三次评估报告

美国国务院于 1948 年 12 月 31 日向国会提交第三次关于援助计划实施报告,涉及时间为 1948 年 4 月 1 日到 1948 年 6 月 30 日。[1] 此时与前两次明显不同在于管理机构发生了替换。美国杜鲁门总统签发第 9960 号行政命令把援助计划管理权从国务院移交给经济合作署(Economic Coopertation Administration)这个专管援助的新设机构。美国总统强调授权后国务院的代表和经济合作署的成员应合作保证过渡时期援助的有效性,确保不会打断供应到法国等国家的援助。报告总结整个援助过程中提供给法国的金额为 2.8323 亿美元,加上追加的 0.55 亿美元中又划拨给法国 0.4 亿美元,这样法国得到总共为 3.23 亿美元的援助。截止到第三次报告为法国采购物资实际花费为321,102,703 美元。

当然援助有效性此时成为大家关注的重点。无论用何种评估标准美国国务院大都得出一个结论:"美国过渡时期援助使得法国经济高出 1938 年 15%的速度增长。物价上涨的速度已经明显下降,法国财政在 1948 年前 6 个月基本达到平衡,并不必借助于易引起通货膨胀的金融政策;法国现代化和工业农业方面投资保持在最低水平。加上此时由于欧洲复兴计划开始实施,预计法国不会再出现解放后经济衰退的情况,这已经成为法国领导者和法国人民的共识。过渡时期美国援助保持了法国经济完整性,并在战争和德国占领情况下迅速渡过难关起到关键作用。但法国仍需提高生产,减少成本,实现货币的稳定和出口市场的增长。"[2]

---

[1]　U.S.Congress,"The Report to Congress on The United States Foreign Aid Program":Message From The President,December 31,1948.80[th] Congress,2nd Session,House Document No.776.USCSS.

[2]　U.S.Congress,"The Report to Congress on The United States Foreign Aid Program":Message From The President,December 31,1948,USCSS,p.16.

在美国政府看来,法国最需克服的问题就是对抗通货膨胀的货币和财政改革。因为自从解放以来,法国突出的问题是通货问题。尽管法国政府不断地试图进行货币兑换、资本税等方面的改革,通过立法试图使价格下降,但不能根本性地转变通货膨胀的继续增长,同时伴有大规模的罢工事件。美国的过渡时期援助大大地帮助了法国领导者解决恢复法国经济和金融秩序办法,并获得公众对政府达到稳定所作措施的支持。

1947 年 12 月,法国国家委员会(commission du bilan national)预测 1948 年法国赤字 3650 亿法郎。前半年赤字就有 1990 亿法郎。为预防这种情况发生,法国政府采取措施实行一个强力贷款计划,主要针对那些通货膨胀的受益者,推行政府 10 年期国债,并提高烟草税和酒制品税,提升税收所得。同时政府通过减少补助以削减花销并加强信用贷款控制力度。

在美国援助和法国这些措施实施后,到 1948 年 6 月 30 日法国财政支出和税收基本达到平衡,并不需要倚赖易引发通货膨胀的金融政策。美国过渡时期援助以各种方式大大促进法国国内金融稳定,提高法国资源供应,帮助平衡供求关系,并减少通货差距,关键对价格控制起到积极影响,大大减少通货膨胀的压力。其中援助对法国工业和农业产量影响比较明显。如果没有美国援助的煤炭和焦炭,可以预测钢铁、化学和建筑工业产量将减少 20%,棉花产量将减少 17%。在援助之下,一切变得不同。钢铁月产量 1948 年为 60 万吨,相比较 1938 年为 51.8 万吨和 1947 年 47.9 万吨。煤炭产量还没有达到战前水平。石油产品储备大大增长。到 1948 年 6 月 1 日提炼产品以每年 1000 万吨的速度增长,相比较 1947 年为 720 万吨和 1938 年为 880 万吨。这种提炼的增长预计能提供和满足北非和其他法国海外领地的需求,这样法国外汇方面节省很多。化工产品的产出指数 1938 年为 100,然后从 1948 年 1 月的 122 增长到 1948 年 5 月的 151。金属制造工业指数 1938 年为 100,然后 1948 年 5 月为 118。农业受到人力短缺和化肥不足的影响,仍不能像战前一样达到自给自足。美国过渡时期援助谷物、油脂和石油以及牛奶的提供对于保证法国的粮食供给是绝对必要的。美国援助的 68.1 万公吨谷物占总消费 152.2 万公吨的 45%。援助的罐装牛奶 37 万箱占 1948 年前 5 个月消费和分配总量的 70%。奶粉占总消费量的 25%,过渡援助油脂和食用油提供的 1 个月的量占当月总量的 2/3。过渡援助提供了所有固体燃料进口的 67.4% 和所有进口石油制成品的 60%。过渡援助固体燃料进口占法国 1948 年 1 月到 5 月煤炭供应的 15.6%。大约 62% 的过渡固体燃料被分发到政府控制的铁路、燃气公司、中央电力站和钢铁工业。①

报告中对援助计划下的商品和单位销售价格进行总结，根据法国政府提供的各种信息显示，1948 年 6 月 30 日法国政府实现过渡援助计划进口商品销售 30635282621.53 法郎。表 1-6 中的这些数据显示每个商品的数量，每个商品的销售收益和毛利润。

表 1-6　1947 年 12 月 17 日到 1948 年 6 月 30 日法国过渡时期所引进援助商品（数据来自法国政府）②

商品名	所卖数量	销售所得（法郎）
煤炭	4430251 吨 396 公斤	10997524996.92
煤焦沥青	16616 吨 290 公斤	58227623.08
油脂	22043 吨 347 公斤	1256162627.45
提炼猪油	3874 吨 977 公斤	485588335.68
大豆油	435 吨 424 公斤	49405387.20
美国硝酸盐	33962 吨 486 公斤	367265151.07
智利硝酸盐	54415 吨 264 公斤	331272826.96
加拿大肥料	14630 吨 400 公斤	146459627.84
棉花	84635 捆 1127 吨 179 公斤	3826554620.31
石油制品	1498960 吨 881 公斤	4530111982.04
奶粉	173426 箱（每箱 48 罐）	228068144.70
链霉素	940376.13 克	4530111982.04
硫磺	23774 吨 894 公斤	57598040
西红柿	7654 吨 109 公斤	84081937.97
米	1016 吨	69858831.58
小麦面粉	147198 吨 699 公斤	2752238947.13

① U.S.Congress, "The Report to Congress on The United States Foreign Aid Program": Message From The President, December 31, 1948, USCSS, p.16.

② U.S.Congress, "The Report to Congress on The United States Foreign Aid Program": Message From The President, December 31, 1948, USCSS, p.21.

续表

商品名	所卖数量	销售所得（法郎）
玉米粉	27579 吨 989 公斤	489313296.10
小麦	303396 吨 349 公斤	4607210006.90
总计		30635282612.53

第三次评估中，美国宣传方面的成绩可谓斐然。这期间法国报纸多数刊发一系列有利于过渡时期援助的新闻，这抵消了早期计划所面临的宣传困难。另外法国外交部媒体和公共信息局在 5 月发布了 20 分钟的关于美国援助法国的纪录片。该片计划 1948 年 6 月在法国全国剧院上映。英文版本也准备在美国展出。在美国使团宣传单位帮助下，一个私人法国组织准备 16 页的介绍援助的宣传册配有大量图片和图表，4 万份副本分发给全法国工业和劳动组织。①

美国政府对法国政府对协议的遵守也进行了评估，主要有以下方面：分配效果；美国政府、媒体和广播代表的观察情况；法国刺激计划；分配给穷人物资；宣传和出口等方面。美国代表团发现所有来自港口进口的产品运到加工工厂过程中大多没有损失。在所有分配层次大多数产品能达到要求。以石油制品为例，分配在所有层次有效进行。石油制品除了润滑油其他产品自 1947 年 10 月以来一直实行定额。对于其他石油制品，财政部、工业部和商业部每月根据需要和可获得量来进行分配。在此计划下工业重油使用者得到充足供应。他们认为法国政府与负责接受和分配商品的各级机构能充分合作。而且美国新闻媒体代表被允许尽可能监督美国过渡援助计划的作用和结果。

美国的评估也在法国对协议的遵守方面发现一定问题，比如援助物资出口方面的调查显示，在第 389 公法和美国与法国政府协议下规定，除非得到美国政府的授权，法国不允许出口美国援助的商品，或者同类性质的产品。可是在援助过程中出现三例出口物资事件，都是涉及煤炭出口。第一例是煤炭出口到瑞士，法国政府出口是因为回报的瑞士产品对于法国经济十分重要。第

① U.S.Congress，"The Report to Congress on The United States Foreign Aid Program"：Message From The President，December 31，1948，USCSS，p.28.

二例是在 1948 年 3 月 20 日法国和意大利签署的商业协议,内容包括法国承诺运输 25 万吨煤炭到意大利。虽然美国政府 1948 年 6 月 30 日还未作出援助决定,可是法国已经承诺运输给意大利 3.2 万吨煤炭来清偿法国政府早先所欠意大利的合约。第三例是法国希望得到美国政府同意,运送 21 万吨煤炭到西班牙。①

通过上述三份评估报告,我们大致了解美国向法国提供的过渡时期援助的基本情况,呈现以下特点:

首先,从援助的目的看,美国的 1947—1948 年的短期援助,是美国对法国长期援助的前奏和序曲,是对欧洲美元短缺的积极的初步的反应,它所追求的是短期的"安全"目标。美国决策者担心"破产的世界"——也就是一个缺少美元来购买美国商品的世界——的经济后果。美国官员相信如果美元短缺问题不能解决和西欧的经济不能复兴的话,美国将会在经济上蒙受巨大损失。正如美国国务院—陆军部—海军部三部协调委员会 1947 年 4 月 21 日提交的一份报告所指出的那样,"美国出口大量减少将会对美国的商业活动和就业形势产生明显的抑制作用"。报告还指出一旦美国出口减少与美国经济衰退同时发生——"就可能对生产、价格和就业产生灾难性的影响"。② 所以,与西欧存在的"美元差距"将反过来影响美国自身经济健康发展的恐惧促使美国更加关心欧洲大陆外汇短缺问题。为确保美国经济福利和创建一个开放的国际经济体系,美国必须大量增加其对外援助的数额。加上此时欧洲权利分配格局的变化,地缘政治的考量促使美国决策者们高度重视国外经济灾难与本国可能出现的自由资本主义危机之间的联动效应。从这一点看,美国援法的本质主要是从维护自己国家总体经济利益考虑的。

其次,从经济援助质量来看,我们可以从经济援助的优惠程度和援助的束缚程度两个方面来考察。此次援助优惠比例较高,主要是赠与援助。法国得到援助名义价值总共为 3.23 亿美元。截止到 1948 年第三次报告美国为法国

---

① U.S.Congress,"The Report to Congress on The United States Foreign Aid Program":Message From The President,December 31,1948,USCSS,p.30.

② [美]克里斯托弗·莱恩:《和平的幻想:1940 年以来的美国大战略》,孙建中译,上海人民出版社 2009 年版,第 134 页。

采购物资实际花费为 321,102,703 美元。按照 1963 年美国经济学家约翰·平克斯提出的"赠与成分"(或称赠与当量)这一概念,也就是将援助贷款转换成赠款所得的百分比。① 美国援助的主要是以食品、燃料和其他商品的形式为提供援助主体,包括这些货物运输和存储等方面的花费,同时也包括在美国监控下向法国提供信贷来采购美国物资,所以赠与当量接近 100。与战后初期美国的经济能力相比,援助法国的实际上只是很小的一笔费用。如果剔除掉这些援助统计数据中所包含的水分,美国援助的成本则更加低。

在评估援助质量时,需要特别注意援助的束缚程度。援助束缚,是指援助国向受援国提供援助时,对援助资金的使用进行约束性规定,以有利于援助国本国的经济和政治利益。束缚的形式有多样,一般常用的是束缚性采购,即规定援助的资金用于购买援助国的商品和服务,使援助国的出口产业从中牟利。② 美国对法国援助资金的使用一般都附加条件,增加援助的束缚程度,从而是一种实际价值的进一步降低。1948 年两国取得协议时明确界定"协议规定的所有商品必须在美国境内采购,除非特殊情况得到允许比如石油和石油制品从海外采购"③。所以美国向法国提供信贷明确规定采购美国物资这一做法,会影响法国对采购项目、方案和国家的选择。从这点看美国过渡时期对法国援助的质量是较低的。

最后,从援助的内涵看,美国对法援助还包含重要的文化内容,是美国在法国公共外交的开端。④ 美国认为"欧洲的危机造成对'现代文明'的威胁,

---

① 王慧英:《肯尼迪与美国对外经济援助》,中国社会科学出版社 2007 年版,第 329 页。

② 王慧英:《肯尼迪与美国对外经济援助》,中国社会科学出版社 2007 年版,第 329 页。

③ U.S.Congress, "Agreement Between The Government of The United States of American and The Goverment of France, First Quarterly Report on The United States Foreign Aid Grogram", May 5, 1948.Serial Set Vol.No.11252, Session Vol.No.30, 80th Congress, 2nd Session H.Doc636.USCSS, p.6.

④ 1987 年,美国国务院《国际关系术语词典》把公共外交定义为:"由政府发起交流项目,利用电台等信息传播手段,了解、获悉和影响其他国家的舆论,减少其他国家政府和民众对美国产生错误观念,避免引起关系复杂化,提高美国在国外公众中的形象和影响力,进而增加美国国家利益的活动。"1997 年美国政府将新闻署并入国务院时的政策设计小组认为公共外交是通过理解、增进和影响外国公众的方式来促进美国国家利益的实现。"公共外交"是一种面对外国公众,以文化传播为主要方式,说明本国国情和本国政策为主要内容的国际活动。它对政府的外交工作有相辅相成的支持性意义。

骚乱是来源于人们的绝望。所以援助计划不仅是经济事情，同时也是应对欧洲危机造成的社会和政治危局。"考虑到社会经济衰退与更多人支持国家共产主义政党的关联性，所以美国官员寻求建立利于自由市场经济和民主的增长的外部条件。美国向法国提供援助真的是因为法国情况比其他欧洲国家糟糕吗？不尽然。1945年出访美国的戴高乐曾告诉杜鲁门，法国煤炭产量达到战前2/3水平。美国官员预测法国获得的食物要多于1947年的意大利。美国意识到其他国家经济需要的压力，但是美国官员的援助目标是可能出现共产主义夺取政权危险的欧洲国家。在他们看来，"强大的共产党和物资匮乏造成不稳定的政治环境，法国尽管是和平的，但却是国内政治斗争的战争，其结果对美国十分重要"。美国希望把援助作为法国政治稳定器，促使法国进行精神和文化的再生，视美国作为社会、文化和经济模板加以效仿。加上1947年5月法国总理驱逐共产党分子离开内阁，这让美国看到法国作为欧洲大陆关键的示范效应，所以援助拨款所占的比例最大。利用美国的援助，法国资产阶级政党将共产党势力排挤出政府，这也是美国援法的最大政治目的。

美国对法国公众观点十分关注，1947年国务院一份报告认为："法国的公众观点总体上不利于美国，美国生活方式被认为是享乐主义的。而且法国的左倾和右倾的政治势力逐渐接受反美主义的立场，寻求国家认同和威信。"[①]所以国务院提议进行信息和文化的计划，不仅对抗法国对美国生活方式的错误理解，也要解释美国对欧洲的目标是与法国希望复兴和繁荣的目标是一致的。

美国援助过程中关注宣传问题，是希望在法国建立与美国政策一致的现实的心理目标。从美国援助物资要求贴标签，到美国驻法大使杰斐逊·卡弗里加大宣传，先后有美国商业代表在巴黎聚会和法国独立新闻协会聚会做了两次演讲，以及杰斐逊·卡弗里大使在法国内阁大臣、其他高级官员、法国和美国新闻媒体代表陪同下，到法国各地进行宣传杜鲁门的思想，即"美国政府的行为必须符合美国世界地位的尊严和影响，并向所有国家有力地证明美国

①　Brian Angus McKenzie：*Remaking France：Americanization，Public Diplomacy，and The Marshall Plan*，New York：Berghahn Books，2005，p.24.

决心支持西欧那些热爱自由的国家,在他们的努力下保证自由和自给自足"。我们可以这样理解,美国"建立健康的国际共同体"的政治目标包含这两个心理目标:"建立美国主张和平、自由和促进人类的福祉的印象"和"鼓励自由国家自力更生的精神"。美国大使的宣讲实际通过"心理压力",让法国人接受这两个心理暗示,是帮助美国取得政治目标的一种方式,即法国现实心理与美国政治目标竞合。

由于书籍对美国公共外交的特殊作用,美国积极帮助法国外交部媒体和公共信息局在 1948 年 5 月发布了 20 分钟的关于美国援助法国的纪录片和配有大量图片和图表介绍援助的宣传册,印制 4 万份副本分发给全法国工业和劳动组织。①美国国务院信息交换计划的负责人威廉·约翰斯顿(William C. Johnstone)在一次海外书籍委员会的会议上曾这样说过:"我们不是因为我们喜爱书籍才让它进入海外民众的手里,你可以把它描绘为宣传和心理战。比如一本关于美国政府的书在合适的时间在合适的人手上就是潜在的心理武器,如果他在适当的时间阅读可能改变想法并传播给其他人,书里的思想就是我们可以使用的武器。"②

总之,美国利用各种信息传播手段,加强法国对美国援助政策的理解,使法国人民乐于接受美国的生活方式,提高美国在法国公众中的形象和影响力。这种面向法国大众以文化传播为主要方式的活动,对美国政府当时的外交起到相辅相成的支撑性作用。美国从此通过信息化活动等计划开始强调赢得对法国人民的心理战,以减少法国的反美主义与美国在法国实施战略目标的阻力,应当说它的这一宣传活动是相当成功的。

四、马歇尔计划和法国的财政稳定

北约的建立和马歇尔计划的实施开启美法关系的新阶段。这一时期美国

---

① U.S.Congress,"the Report to Congress on The United States Foreign Aid Program":Message From The President,December 31,1948.80th Congress,2nd Session,House Document No.776.USCSS,p. 28.

② Brian Angus McKenzie:*Remaking France：Americanization，Public Diplomacy，and The Marshall Plan*,New York:Berghahn Books,2005,p.32.

对法国的援助逐步实现从救济到复兴的转变。法国的政治和经济事务越发受到美国的影响。美国在法国实施马歇尔计划的经济目标主要是实现法国财政的稳定，为美国在法国建立消费型经济，并积极参与到法国投资决策创造有利条件。

1948年3月正是欧洲复兴计划议案投票表决前的关键时刻，美国杜鲁门政府不断地向固守着孤立主义思想的民众和国会议员宣传援助欧洲计划，力陈对欧洲援助的必要性。他们不断地传递这样一种思想：对于欧洲而言，单纯的救济是不够的，只有帮助这些欧洲国家尽快恢复正常的生产和服务，建立地区和世界贸易体系，使其逐渐实现经济上的自立，才能实现西方世界的稳定和长期繁荣。

1948年4月3日美国总统杜鲁门签署了《1948年经济合作法》，该法案对欧洲复兴计划援助的条件和方式等内容均作出具体规定。该法案的通过，标志欧洲复兴计划的启动和执行得到立法形式的保证。

首先，在援助方式上，美国的援助款项由受援国与美国主管欧洲复兴计划机构派驻各个受援国的代表共同管理，包括对援助款项的分配和如何购买受援国所需要物资等问题。受援国的企业在进口美国产品时，需要通过特别账户支付美元。同时该企业向本国政府支付同等价值的本地通货，各国政府以此建立"对等基金"。该基金主要用于受援国进行新的投资，促进经济的重建。

其次，在援助附带条件方面，法案明确规定欧洲所有受援国需与美国签订协议承担具体义务。包括采取必要的财政和金融措施，稳定本国货币，建立或维持有效汇率；为提高商品与服务流通便利，减少贸易壁垒；受援国要提供与经济情况有关的统计结果，甚至接受美国对其内部预算的某种控制。①

最后，在主管机构方面，规定经济合作署是欧洲复兴计划的主管机构，负责管理基金和合理分配物资。经济合作署署长主要负责协调和监督欧洲复兴计划，审查和评估参与国的需求，组织制定美国援助计划，等等。经济合作署

---

① "The Economic cooperation Act of 1948", Part 111, in U.S.Congress, House, Committee on International Relations, Selected Executive Hearings, Foreign Economic programs, 80th Congress, 2nd Session, 1948.

在海外建立分支机构,任命一名欧洲特别代表,并向各个受援国派驻使团,使团团长身份仅次于美国驻各国大使。

1948 年 6 月 8 日,美国与法国就马歇尔计划达成协议①,这意味着美国对法国的援助实现从救济到复兴的转变。根据《1948 年经济合作法》,美国在法国巴黎设立欧洲特别代表办事处(Office of Special Representative),由艾维尔·哈里曼(Averell Harriman)担任特别代表,美方雇员加上法国员工共 600 余名,成为与美国使馆平行的第二个中心。另外美国还成立由 87 人组成的法国使团,使团负责人是保罗·布鲁斯(David Bruce),总部设在使馆里,主要负责两个任务:一是评估美国在法国援助物资的数额,协调法国与美国的经济合作,确保美国的各项物资得到最好利用。法国使团也需要提交美国对法国的具体援助数额,在对法国实地考察获得一手资料的基础上,对数据进行分析,并报送华盛顿经济合作署总部批准;二是,研究法国的金融和贸易政策以及具体实施情况。② 这样美国经济合作署署长保罗·霍夫曼(Paul Hoffman)、欧洲特别代表艾维尔·哈里曼(Averell Harriman)和法国使团团长保罗·布鲁斯(Paul Bruce)这三位成为法国内部生活中发挥重要作用任务的美国商业代表。

战后初期,美国认为法国政治动荡很大程度上是由于不断恶化的通货膨胀。加上莫内计划的实施使得美国很难发挥他们的影响。1948 年法国外长皮杜尔曾经向美国表示,莫内计划设定的目标如果没有引发大的动荡就不会干涉或者作出改变。美国对此也认同并转而希望实现法国的财政稳定。③

美国对法国财政政策的影响力主要表现在促使法国实施稳健的财政政策。美国认为法国通货膨胀归咎于不负责任和倒退的税收体制,沉重的负担使得人民降低了消费能力也客观上造成了经济欺诈等行为的泛滥。美国认为,工人阶级较低的生活水平会产生对中产阶级的抱怨,认为是他们使得工资水平持续较低并且忽视像住房等基本的社会保障。为了解决通货膨胀,法国

---

① 金重远:《法国现当代史》,上海社会科学院出版社 2014 年版,第 450 页。

② Economic Cooperation Administration:"A Report on Recovery Progress and United States Aid",pp.126-127.

③ "Report on Interim Aid",July 1948,Office of the Special Representative,Box 18 of 92,ECA, AID RG286,NARA.

使团认为应从对等基金中拿出一部分，让政府抵押给法国银行，但又怕落人以口实，认为美国在阻挠莫内计划的实施甚至干涉法国的内政。1948 年 12 月新任经济合作署署长理查德·贝塞尔（Richard Bissel）就指出："法国重建和现代化的投资规模超过法国经济目前所能承受的对通胀有效控制的规模。"此时美国如要使法国的财政稳定，手中的武器主要是美国握有的对应基金的控制权。法国最后也被迫采取手段改善不同群体的税收比例，限制信贷并保持价格与工资的平衡。1948 年 4 月对等基金中的第一笔多达 250 亿法郎开始投入使用。这笔资金的投放主要是用于解决莫内计划造成法国政府的财政赤字。1948 年 7 月罗贝尔·舒曼内阁因为激增的军费赤字而倒台，激进党的克耶继任总理。

美法签订协议后，两国在法国银行召开联合会议，法国政府坚持扩大信贷是为了与提高工业生产能力保持同步。但美国财政代表威廉（William Tomlinson）要求立刻停止宽松的财政政策，"因为增加的信贷是造成通货膨胀的主要诱因，所以 1948 年年底前任何信贷都是不合适的做法"，当然，"加强对信贷的限制的提议，美国只是寻求更多的理解"，为了达到目的，美国与法国政府内部赞同美国政策的官员加强联系，最后法国银行被迫在 1948 年的剩余时间里紧缩银根。① 法国使团团长保罗认为："必须去除法国官员头脑中的错误观念——无论他们采取何种措施都可以利用对等基金。尽管很难说清我们对法国内部政治和经济情况发挥多少作用，但我们必须继续施加这一影响。"②

1948 年 9 月 13 日克耶政府向法国国民议会提出他的施政计划前，试图得到美国的帮助，希望 1948 年 11 月 15 日美国提供对等基金的部分资金来协助计划的实施，或者通过法国银行信贷的方式来解决法国的经济问题。对于法国的请求，美国内部意见还是存在分歧，部分官员认为这是"赤裸裸的敲诈"，反对答应法国的要求。法国团长保罗·布鲁斯尽管也对此持批评态度，

---

① France，August 20，1948，Box70，"Country Subject Files，Office of the Special Representative"，ECA，RG286，AID，NARA.

② France，June 3，1948，Box 2，"Country Subject Files，Central Secretariat"，OSR，ECA，RG286，AID，NARA.

他警告说："上升的物价，劳工的骚动，农民谷物的保留，以及外汇不断恶化的形势，势必会造成法国陷入金融混乱，甚至可能出现法国共和国的崩塌。"①可见，在提供资金或者忍受新一轮的通货膨胀甚至第四共和国的倒台问题上，美国几乎没有选择的余地：接受克耶的提议，至少可以增强法国人在复兴路途中对美国的理解和支持；拒绝提议，达不到什么目的，也存在通货膨胀恶化的可能性。法国总理克耶承诺："一旦对等基金提供一定金额资金，他就会告诉法国国民议会的议员们，在法国需要帮助的时刻，美国这个盟友一定会站在他们的身旁，为此议员们也应作出一些必要的努力。"②克耶答应美国为了实现财政稳定，法国会采纳美国若干建议如涉及新税种，财政努力实现盈余，提高国有企业管理效率。克耶同时宣布工资水平提高 15%，这也是美国一直希望达到的水平。

1948 年 11 月 19 日法国外长罗伯特·舒曼（Robert Schumann）表示希望 1949 年法国能得到与 1948 年一样多的美国援助，哈里曼则认为："舒曼应该减少法国要求数额至少 10% 左右，主要是因为国会认为法国由于政治原因似乎已经接受过多的援助拨款。"

1948 年 11 月经济合作署针对法国的问题，提交一份标题为"法国危机"的内部文件。该文件明确指出："法国是欧洲复兴计划取得全面胜利的最主要的障碍，如果法国拒绝整顿他们的困境，美国是否应该继续把钱耗费在法国。戴高乐不是美国可行的方案，无条件的经济援助似乎是无用的。必须告诉法国他们政治的不稳定是美国最不可接受的地方。显然，选择权在他们手中。我们没有权利也没有意图干涉它的内部事务，但经济援助必须以法国能够有效处理内部问题为重要基础。"③显而易见，此时的美国对法国援助政策已经达到一个拐点。

对于华盛顿的这份文件的结论，当时身在巴黎的哈里曼和布鲁斯并不赞

---

① "National Advisory Council Document No.742", September 15, 1948, Box 2, Country Files, Administration's Country Subject Files, ECA, RG286, AID, NARA.

② France, September 17, 1948, Box16, "Country Files, Administration's Services Division", ECA, RG286, AID, NARA.

③ "The French Crises and Memo of November 15", 1948, France, Country Subject Files, Mediterranean Branch, European Programs Division, ECA, RG286, AID, NARA.

同。他们认为:"选择这个时机向法国政府施压是错误的,而且其结果也是灾难性的。金融问题仍是美国驻法国使团的焦点。华盛顿也不要对模糊的政治问题试图指手画脚,应该把更多的精力放到现实的问题上。主要问题在于法国政府试图向法国民众掩盖金融信贷扩大的恶果,只有让对等基金的发放设定最严苛的条件才可能让法国政府尽全力压缩政府花销或者提高税收并实施必要的财政和金融政策。"①

美国政府内部的这次讨论导致一种结果,即:美国强迫法国政府接受所谓负责任的财政政策。1948 年 11 月 15 日美国财政代表威廉(William Tomlinson)和使团团长保罗·布鲁斯(Paul Bruce)与法国总理克耶和财政大臣贝斯彻(Maurice Petsche)会面,坦言需要让美国国会相信法国的努力是为了取得财政的稳定。使团团长保罗·布鲁斯提出法国必须尽可能提高出口并减少资金外流,逐步地实现法国的财政改革。11 月 24 日法国总理被迫回应将采取必要的改革。对于法国的反应,美国此时较为满意,11 月 28 日使团团长保罗·布鲁斯写信通知法国总理,他已经向国会提交一份"令人惊喜的预算和在法投资计划",来保证取得法国财政稳定。这封书信在某种意义上看是前所未有的,它既不是来自经济合作署署长也不是来自使馆,而是驻法国使团。使团团长保罗·布鲁斯指出:"鉴于马歇尔计划在法国实施第一年的成效,美国需努力实现法国内部的财政稳定和世界对法国法郎的信心。美国国会 1949 年对于提供援助的预算数额取决于法国国民议会是否通过 1949 年财政和金融改革计划,这是立法部门的底线。"同时他还指出对等基金发放的条件:"第一,财政紧缩覆盖所有政府花销并禁止向法国银行借贷;第二,对等基金只能用于投资计划;第三,继续实施信贷控制措施;第四,税收改革要解决显而易见的不平等的税负,并扩大税收范围和影响。"②

既然美国在马歇尔计划实施过程中十分关注财政稳定,并催促法国实施改革,那么美国的政策在多大程度上影响法国政府的财政政策? 实际上这个问题是难以回答的。因为美国的影响只是法国内部政策制定中一个基本因

①　FRUS 1949,Ⅳ,"Economic Recovery of Western Europe",January 8-9,1949,pp.367-370.

②　France,1948-1949,Box1,"Country Subject Files,Office of the Deputy Administration",ECA,RG286,AID,NARA.

素。美国是希望看到法国公共财政上的发展,并使得对等基金发挥最大化作用。经济合作署的使团也很清楚在法律框架下他们的职责和义务,他们更多是让法国了解他们的主张,尽管有些法国官员希望美国能更多参与到法国事务中,但主要还是取决于法国的决定。1948 年 12 月 27 日法国的对等基金投放 250 亿法郎来支持法国经济,各国对于 1949 年的法国经济形势持乐观的态度。罢工的结束,财政计划的稳定实施,这些也使得此时的美法经济关系处于良性互动的阶段。

1948 年马歇尔计划实施开始到 1951 年年末,法国从马歇尔计划中共得到 44 亿美元的援助,占此期间美国对欧洲援助总和的 20%。法国用其中的24%购买生产资料,64%购买原料、煤炭和石油。正是依靠马歇尔计划,法国才能在各个大型国有企业中进行投资,使莫内提出"装备和现代化计划"得以顺利实施。① 北约的建立和马歇尔计划最终开启美法关系的新时期。

第四节　战后初期美国对法国的公共外交政策

战后,美国政府对"公众"在对外事务中的认识开始提升,发展公共外交被美国认为是争取更有利地缘政治环境的重要策略,并力求在公共外交领域赢得关乎国家形象的宣传战。对自身国家形象的"丰富和恰当的描述"成为冷战初期美国公共外交政策的座右铭。从马歇尔计划的实施中亦可以析出美国对法国开展公共外交之布局,虽其重视短期目标,但也是传统外交手段的有效补充。冷战伊始,美国对传统盟友法国施展公共外交,旨在遏制其国内共产主义力量的成长,尽可能削减其对法国的影响,努力塑造美国在法国民众中的正面国家形象。

学界对战后美国与不同国家的公共外交研究上,多关注美国对中东、亚太等区域国家的公共外交研究,相对忽视对美国在欧洲传统重要盟友法国的公

---

① [法]皮埃尔·莱昂:《世界经济与社会史:20 世纪后半期》,上海译文出版社 1985 年版,第 293 页。

共外交之关注。面对文化相对独特、具有一定反美主义传统以及当时共产主义力量蓬勃发展的法国,美国通过加强对本国生产、生活方式优越性的宣传,并借马歇尔计划实施之机,积极开展对法国的公共外交,希冀其公共外交能在博得法国民众的好感之余,还能有助抵挡当时西欧所面临的来自苏联方面的政治宣传压力。①

一、杜鲁门政府对"公众"作用的认识和公共外交的引入

随着战后国际关系领域发生的重大变化,美国外交政策制定者开始思考战后他们必须面对的两个重大问题:一是如何应对思想和意识形态的跨国流动对刚刚取得世界范围内领导者地位的美国提出的挑战;二是在老牌欧洲列强国家及其殖民主义逐渐衰落之时,如何让美国在世界范围内保持和巩固取得的霸权以及如何让美国的形象被国际社会更多民众所接受。1945 年秋,美国负责公共事务的助理国务卿威廉·本顿(William Benton)指出:"曾经有段时间国家间的关系是统治者和统治者之间的关系。但是现在尤其是最近 20年,随着国家间关系不断的扩展,不仅包括原来的政府也开始涉及普通民众。政策制定者不能也不该忽视这样一个事实:世界上普通民众在外交决策上运用和施加的影响越发明显。"②

可见,面对新的情况,美国外交官开始探索处理对外事务的新方法并逐渐摒弃传统外交理念。在本顿的上述判断背后可以看到战后初期促使美国决定大力发展公共外交决策的内在原因,即国家间民众交流的急剧增加。国家间人员及思想观念的流动,就其本质而言,也属于广义上的对外关系概念的有机组成部分,并从外部影响着美国对外政策的形成。公共性一直是政策制定者需要考虑的因素之一,美国对外事务的政策制定者同样要考虑外交关系中的公众参与性。由此,跨国性的公众参与在美国对外政策制定者那里有着特殊

---

① Diplomatic Studies, Volume 5: "United States and Public Diplomacy: New Directions in Cultural and International History", Osgood, Kenneth A. Etheridge, Brian C. Brill Academic Publishers, 2010, p.195.

② U.S.Congress, "House, hearings before the committee on foreign affairs, interchange of knowledge and skills between people of the uniteds states and peoples of other countries", 79th cong, 1ˢᵗ sess, 1945, p.10.

意义上的考量,他们思考的是美国如何接替衰落的传统欧洲列强,如何以新的世界性领导国家的形象展示在世界舞台上。因而,许多政策制定者和专业人士意识到:美国被世界感知的方式——即"美国的形象和声誉"对美国外交的成功和失败发挥着重要影响。美国公共外交①政策的最初设计者阿奇博尔德·麦克利什②(Archibald Macleish)在1945年作为国务卿的时候断言:"人民不仅表达对政策的观点,而且在有些层次上实际参与制定政策。"③这也印证了威廉·本顿的观点即"国家间的关系"现在不仅"包括政府也包括大众"。他们的言论也折射出当时支持美国开展公共外交的官员们所流行的观点。

一直以来,多数的欧洲国家政府注重与各自的殖民地进行交流。而美国政府则长期缺乏这样的交流经验。但是,美国参与第二次世界大战标志美国与世界其他地区关系的重大转变,这也让美国的政策制定者开始寻找创造性地改变地缘政治环境的应对方法。斯坦福大学历史学教授哈雷·诺特(Harley Notter)感受到政策制定者求变的情绪,并描述出国务院相关委员会在商讨战后政策问题上所表达出来的立场:"需全面研究世界事务中出现的流动性和不稳定性,这种变化源自三个方面的影响:一是20世纪三四十年代出现的革命;二是战争开始后各地区思想和行动处于动态变化中;三是战争结束后这种变化仍将处于可预期的延续中。原宗主国和新独立的主权国家的权力再分配及其相互关系等一系列重大问题还未解决。国际上大国的地位、性质和国家数量不断发生演变。信仰和民众意愿屡被重新塑造。""政治和经济分

---

① 1987年,美国国务院《国际关系术语词典》把公共外交定义为:"由政府发起交流项目,利用电台等信息传播手段,了解、获悉和影响其他国家的舆论,减少其他国家政府和民众对美国产生错误观念,避免引起关系复杂化,提高美国在国外公众中的形象和影响力,进而增加美国国家利益的活动。"1997年美国政府将新闻署并入国务院时的政策设计小组认为公共外交是通过理解、增进和影响外国公众的方式来促进美国国家利益的实现。"公共外交"是一种面对外国公众,以文化传播为主要方式,说明本国国情和本国政策为主要内容的国际活动。它对政府的外交工作有相辅相成的支持性意义。

② 1939年到1945年间阿奇博尔德·麦克利什担任国会图书馆馆长,战争信息办公室的助理主任,国务院文化事务的顾问、公共和文化事务的第一助理国务卿。

③ Diplomatic Studies,Volume 5:"United States and Public Diplomacy:New Directions in Cultural and International History", Osgood, Kenneth A. Etheridge, Brian C. Brill Academic Publishers, 2010,p.196.

裂带来的恐惧感在联合国和布雷顿森林体系协约中折射出来"，更为重要的是，"信仰和民众意愿"领域出现的政治真空急需出台相应的公共外交计划加以应对。①

实际上，美国在战前从没考虑把形象宣传作为外交政策的正式议题。美国的形象宣传源起于罗斯福政府的战争信息办公室，它是第一个在定义国家海外形象问题上直面公共参与并让其发挥作用的机构。该办公室对战后公共外交最大的贡献是尝试提升美国海外形象，并试图建立起通畅的信息渠道，及时查找错误信息加以更正，迅速解决对外事务中潜在的负面问题。

1945 年 8 月，杜鲁门政府面临的问题是如何延续战争信息办公室的海外宣传职能。战争信息办公室为此提交给杜鲁门一份备忘录，该备忘录旨在鼓励扩大政府的信息服务职能，并建议将此项职能转由国务院来运作。② 两周后，杜鲁门签署 9608 号总统令，决定解散战争信息办公室，海外宣传事务转由国务院管理。杜鲁门在解释和平时期为何延续战时宣传工作时，提到主要鉴于"目前的对外关系不断变化的性质"，因而"把它作为美国保持海外活动的必要手段，也是我们外交事务的固有部分"。他还指出，美国政府并不试图与私人媒体进行竞争，但是必须保证"其他人接受丰富、完整和恰当的美国生活方式的信息，以及了解美国政府相关政策的目的"。③ 由此，美国意在公共外交领域打赢一场关乎国家形象的宣传战，"丰富和恰当的描述"美国国家形象成为美国冷战初期公共外交的座右铭。

国务院接手新的宣传职责后，首先将文化关系方面原有相关项目机构进行合并，设立统一的部门，由出任助理国务卿的威廉·本顿领导。本顿认为，应该将公共外交通过立法确立为外交事务的永久组成部分，否则他的机构就摆脱不了每年依靠国会拨款而存在变数的窘境。在 1945 年和 1946 年他竭力

---

① Department of states, "Postwar Foreign Policy Preparation", 1939 - 1945, by Harley Notter, publication 3580, washingtong DC: Government printing Office, 1949, pp.67 - 68.

② "Edward Klauber to Harry S Truman", 17 August 1945, ree 13 part 1, in David H Cullbert, Information Control and Propaganda: records of the office of the war information, Frederick, MD: University Publications of American, 1987, micfilm.

③ Harry S Truman, Executive Order 9608, 31 August 1945, the American Presidency Project, "http://presidency.ucsb.edu/ws/index.php? pid=6-671", April 5, 2009.

游说国会，指出"美国政府尤其是国务院不能对国家海外形象置之不理"。他强调："20 世纪外交行为已经深刻变化"，因此"广泛和互相理解有利于世界和平"，对美国来讲可能有利于"建立更坚固的商业基础"。①

但是他的努力遭到坚持孤立主义的参议院共和党议员塔夫脱（Robert Taft）的阻挠。② 同时，议员约翰·沃瑞（John Vory）也担心信息交流会削弱美国在技术、军事和经济方面的相对优势。民主党议员麦克·曼斯菲尔德（Mike Mansfield）则担心"国务院会向世界传递一个狭隘的美国的形象，不能对外只展示纽约和亚特兰大"。③ 还有部分议员比如参议员斯坦利·伯莱治（Styles Bridges）等都认为政府冷战时期的宣传与第二次世界大战时期的宣传毫无差别，更像是战争信息办公室的再生，认为美国公共外交的人员不过是"朋克音乐的温床"和"头脑格格不入的激进分子"。④

究竟是什么激怒这些国会议员并且引发对公共外交不断的激烈批评？ 诚然，一方面这与美国政党政治有关。共和党严厉批评杜鲁门政府把钱花在一些理想主义的项目上，认为民主党对国内外的共产主义过于"软弱"。另一方面，其中深层次的敌意可以用众议院拨款委员会对公共外交贴标签式的看法来解释，在他们眼中公共外交是"对外交关系行为方式的彻底背离"⑤。

所谓公共外交对传统外交关系行为方式的"背离"，实际上是美国部分官员尝试应对当时对外事务中出现的新变化：第一，思想和意识形态的流动对取得世界领导者地位的美国提出了基本的挑战；第二，国内事务与对外事务不断模糊的界限使美国国内事务已成为对外关系的一部分，反过来国际参与也会

---

① U.S.Congress，"House，hearings before the committee on foreign affairs，interchange of knowledge and skills between people of the United States and the people of other countries"，79th Cong，1st sess，1945.

② 追溯到20 世纪40 年代，公共外交经常被认为是罗斯福国际主义的标志。毕竟为什么会在意世界对美国的看法，除非美国试图卷入世界事务。

③ U.S.Congress，"House，hearings before the committee on foreign affairs，interchange of knowledge and skill between people of the United States and people of other Countries"，79th cong，1st sess，1945.

④ "alien-minded seen"，New York times，9 may 1947.

⑤ "Legislative history，international information and education activities"，21 august 1950，box 65，George M Elsey papers，Harry Truman library，independence.MO.

潜移默化地改变国内政治结构。诚然,那些批评公共外交的议员们并非全然不考虑国家形象与外交关系之间的联系。实际上,很多人认同美国应该需要某种形式的公共外交,但重点在于批评者不认同杜鲁门政府所传达出的信息。

1945年至1947年,公共外交不断遭受批评。美国官员继续探寻着公共外交的哲理基础,但仍缺乏统一连贯和系统的体系来实施。本顿仍在寻求通过立法来破解困局。1947年3月,关于拨款的听证会成为本顿实施公共外交过程中遭逢的又一暗礁。来自国会的批评者从所有能想到的角度来对其加以诘问,焦点是宣传的有效性和文化的关系,甚至引用杜鲁门的话来论证应该采取"军事和经济援助"而不是用"文化和信息上的自我夸赞"来"阻止集权主义的进攻"。本顿则指出政策实施不能只考虑政策制定者一方的"自我理解",还要考虑政策接受者的一方的理解与支持,如援助者提供的贷款和馈赠也可能被受援国以多种方式来理解。① 最终,本顿无奈作出让步,认同将公共外交看成仅仅是心理战的武器。最终,共和党议员卡尔·蒙特(karl Mundt)于1947年5月提出立法建议,力主从法律上将公共外交政策加以制度化。他指出民众交流对美国外交具有潜在价值,认为"美国需要通过传播民主价值观来给其他地区人们带来幸福,不需要隐藏自由的灯塔"②。

此后的6个月间,本顿和蒙特不间断地在国会游说。他们以带有虚假成分的苏联冷战宣传为例详陈公共外交的重要性,提出将其置于国家安全的现实主义框架下。此时国务卿马歇尔也提出了著名的马歇尔计划。马歇尔在国会上以纳粹的宣传为例,指出战争经历让人们意识到国家形象不是短期能解决的小事。③ 1947年9月,国会派出考察组去欧洲考察对外援助实施的可能性,他们发现欧洲国家的情况比预想的要糟糕,也都不同程度存在对美国援助的误解。因此,如何塑造美国国家形象,如何避免援助被看成是美国控制欧洲

---

① U.S.Congress,"House,hearings before the subcommittee of the committee on appropriations, department of states appropriation bill for 1948",80 th cong 1ˢᵗ sess,1947,pp.391-402.

② U.S.Congress,"House hearings before a special subcommittee of the committee on foreign affairs,united states information and educationalexchange act of 1947",80ᵗʰ cong,1ˢᵗ sess,1947,p.1-3.

③ Kenneth Osgood: *total cold war:Eisenhower's secret propaganda battle at home and abroad*, Lawrence:university of Kansas press,2006,p.23.

市场的阴谋,这些问题逐渐凸显。最终,国会接受了本顿的观点,于1948年1月最终通过了402公法,即"1948年美国信息和教育交流法案"。该法案的通过成为美国早期公共外交的转折。

这一时期,在公共外交领域,美国政府逐渐重视对外事务中"公众"的作用,经过罗斯福和杜鲁门两任总统,对外政策制定者意识到需要新的战略来解决传统国际权力结构的衰弱和思想流动性增加所带来的问题。外交官逐渐看到国家形象和声誉成为美国外交战略考量的重要内容,同时也是官方难于管控的部分。这种国家形象和声誉以国外公众对美国生活方式的感知为基础,而非基于对美国官方政策的理解。公共外交的引入和公众参与的理论为美国外交提供新的思路,这对强调传统权力政治的现实主义者是一个挑战。与过多强调民族国家和地缘战略相比,公共外交在未来更加深刻地影响美国外交政策的成败。

二、美国公共外交在法国的初步展开(1947—1952)

战后的法国共产主义力量蓬勃发展,法共的活动不断引发法国民众对资产阶级统治意识形态的怀疑,而美国对法国的经济援助在法国民众心目中也更多地被以负面的认识方式来解读。那么,美国如何在提供经济援助的同时,还能传递和维护美国在法国民众中的正面国家形象和声誉,就是一个亟待解决的课题。美国开始从三个领域注重传递或维护美国在法国民众中"丰富而恰当"的国家形象。

(一) 维护美国驻军在法国民众中的形象:公共外交初期的首要任务

美国在战后初期的对法公共外交在某种意义上是战时军事交往的延续,主要围绕1945年之后美国驻军和法国民众的关系问题。美国驻军形象的好坏直接关系着美国国家形象的好坏。因此,维护美国驻军在法国民众中的形象成为美国对法国公共外交初期的首要任务。

虽然美国以北约部队的名义于1950年在法国重新进行部署,但必须承认的事实是美国军队在法国解放后一直驻扎在法国。战争结束后,美国人不仅驻扎在法国本土,还接管了摩洛哥、阿尔及利亚、突尼斯等法属殖民地的军事设施。此时法国境内可以分为两个区域:前方区域(The Front Zone)和后方区

域(The Rear Zone),法国临时政府在这两个区域行使不同权力。原则上,前
方区域由法国军事代表管理,但实际上盟军的总司令却享有军队调动自由,甚
至包括某些特殊军事要冲的司法权。① 法国只有在后方区域才能行使完全主
权。这种对法国国家主权的侵害,直接导致在法国和比利时边境发生了法国
看守所和美国宪兵队(military policy)之间的冲突事件。1947 年 2 月法国警察
拘捕美国驻军士兵,因为法国警察认为 4 名酩酊大醉的美国军人开车高速穿
过法国的小镇,对当地居民公共安全造成严重危害,因而将之拘捕。随后美国
宪兵队试图武力解救受拘禁的同僚,由于美方官员及时赶到化解才不致出现
更严重的事件。此后不久,法国外交部接连收到法国民众对美国士兵的投诉。
驻法美军把自身置于法国国家法律之上的行为遭致法国人的批评。此时,美
国的驻军逐渐成为十分敏感的问题。

　　1949 年 4 月,美国政府考虑到北大西洋公约的签署意味着美国驻扎人数
必然增多,加上法国当地通货膨胀和住房短缺等问题,美国驻军与当地居民的
关系势必会继续恶化。于是美国官员建议通过制作宣传片来宣传美国驻军对
法国安全的贡献来教育当地居民。主要是在波尔多、奥尔良和梅斯这些美军
驻地与当地居民生活区较为接近的城市。② 美国官员认为在宣传片的制作过
程中应主要体现下列宗旨:(1)美国士兵是维护和平的有效力量;(2)美国士
兵承担抵抗侵略的职责;(3)美国士兵尊敬当地国家的地位和尊严;(4)美国
驻欧洲军事力量是训练有素的。③ 应当说,纪录片的制作在一定程度上防止
了美国驻军形象进一步恶化。

　　1952 年底美国和法国建立了法美军队关系委员会,该委员会的第一个工
作计划就是利用法国的民意调查机构寻找法国公众和美国士兵间的摩擦点。
法国政府和军事官员的参与让美国官员看到处理好美国驻军和法国民众的
关系远比公共外交的其他方面来得重要,也意识到这个问题的复杂性及其

---

① 　Edited by Silmon W. Duke and Wolfgang Krieger: *U.S Military Forces in Europe*: *The early
years*,1945-1970,Colorado:Westview Press,1993,p.235.

② 　波尔多(Bordeaux)法国西南部的一个重要港口;奥尔良(Orleans)法国卢瓦尔河河畔城
市,位于巴黎西南;梅斯(Metz),法国东部洛林地区城市,位于卢森堡以南。

③ 　Brian Angus McKenzie: *Remaking France*: *Americanization*, *Public Diplomacy*, *and The
Marshall Plan*,New York:Berghahn Books,2005,p.23.

深远意义。①

（二）抵制苏联敌对宣传：作为意识形态斗争工具的公共外交

战后初期到 50 年代初，法国内部存在两种主要政治意识形态，即戴高乐主义和共产主义，两种思想支配了近一半的法国选民。虽然两种思想不同，但都是反美主义②的中坚力量。③ 在反美主义倾向之下，法国民众对苏联共产主义宣传的接受成为美国公共外交亟须破解的问题。

1947 年，在马歇尔计划实施前，史密斯—蒙特（Smith-Mundt）分委员会到西欧去考察马歇尔计划的必要性，并且调查欧洲教育情况和劳工地位问题。④ 在巴黎的四天时间里，他们与包括新闻出版机构、广播和宣传行政人员在内的法国及美国官员进行会面。会面期间，一位叫保罗·汤普森（Paul Thompson）的新闻机构驻欧洲代表谈到，苏联在法国的共产主义宣传既富有成效，又具有组织性。在与法国新闻界代表的讨论中，一个地方报纸的总编直接说："每个地方甚至小至法国村庄，民众认为美国没有为法国做任何事情。你会听到反美的论调到处都是，并且没人拒斥共产主义的宣传。"⑤某美国石油公司驻欧洲的代表则告诉代表团说："如果我们要抵制另一种生活方式的宣传，我们需要展示出美国的生活方式是世界上最好的。"他建议拍摄以美国普通人生活为内容的电影进行宣传，展示出美国的工人阶层能开私家车去工作，并获得高额薪酬的生活场景。他们还建议去与法国政府文化部门商讨用法语出版美国书籍。

---

① Brian Angus McKenzie：*Remaking France：Americanization，Public Diplomacy，and The Marshall Plan*，New York：Berghahn Books，2005，p.24.

② 对于反美主义，从狭义上定义为对美国存有偏见并且贬低美国一切事物的"反乌托邦式"思想；广义上还可以定义为"普通民众对于美国、美国人以及与美国相关的国内外政策的批判态度"。

③ ［美］理查德·库索尔：《法兰西道路——法国如何拥抱和拒绝美国的价值观与实力》，言予馨、付青光译，商务印书馆 2013 年版，第 9 页。

④ Smith-mundt subcommittee："purpose，composition，itinerary"，27 august 1947，national security archives at George Washington University，smith-Mundt group collection，box 1 of 1，volume 1 of 3.

⑤ "Visit bysmith-mundt group to france"，nationalsecurity archives at George Washington University，smith-mundt group colletion box 1 of 1，volume 1 of 3.

1948 年,美国国会通过对外经济援助法后,马歇尔计划同时开始在法国实施,这一援助计划其实包含大量公共外交的内容。作为和平时期最大规模的国际宣传计划,其实施初期没有获得多少法国民众对美国援助的支持。而法国共产党批评马歇尔计划的言论则得到很高的民众支持。法共的批评主要集中在两点:一是马歇尔计划不过是美国在试图倾销剩余工业和农业产品。二是认为"马歇尔计划是服务于战争的计划",其本质是美国试图收买欧洲军事力量,提供重新武装的资金,把德国整合到反苏的阵营。按此逻辑,北约的建立是准备下次世界大战的第一步。[1] 在法国民众反美主义氛围下,美国官员也对欧洲重建计划中缺少具体细致的公共外交举措感到忧虑,进而对马歇尔计划的实现价值持悲观态度。美国驻欧洲特别代表埃夫里尔·哈里曼(Averell Harriman)和经济合作组织驻华盛顿的负责人保罗·霍夫曼(Paul Hoffman)都认为,在马歇尔计划实施方面,"与在其他西欧国家相比,在法国是最不成功、最不被民众理解和最不被感谢的"。[2] 可见,共产主义宣传下法国民众对美国援助动机的质疑,迫使美国加大力度资助美国对法国的文化和宣传活动。对美国当局来讲,"威胁西方文明的腐蚀阴霾正在欧洲流行",[3]共产主义力量强大就是欧洲衰落的标志,法国需要精神和文化的更新,最终削弱法国政治谱系中左派共产党的力量,应尽快让法国社会转型为美式消费社会。

为了抵制苏联的共产主义宣传,1947 年 12 月 9 日,美国国家安全委员会通过 NSC4 号文件,标题为《国家安全委员会关于协调对外信息措施的报告》。[4] 报告认为:"苏联正在用密集的宣传攻势来反对美国,采取心理、政治和经济措施来破坏所有国家的非共产主义思想。其宣传的最终目的,不仅是

① "Knowledge of the marshall plan in france,report of the joint committee on foreign economic cooperation",washingtong DC,gpo,1949,pp.8-9.

② "Memorandum for the file,the emergence of the intelligence establishment",16 november,1948,FRUS,washingtong DC,GPO,1945-1950,pp.307-308.

③ "Letter from AH Vandenburg to Paul G Hoffman",ECA,24 march 1950,NARA,RG,469,entry 1193,box 52.

④ "Report by the National Security Council on Coordination of Foreign Information Measures",December 9,1947 PD00009,Presidential Directives,DNSA,"Note by the executive secretary to the national security council on coordination of foreign information measures",December 9,1947.

破坏美国的威望和它的国际政治影响力，也是削弱和分化世界上反对苏联的思想观念。"美国政府逐渐认清，目标的实现"不再是仅仅通过政治、经济、军事方式就可以达到的"。面对"苏联及其卫星国利用一切可以利用的方法为共产主义宣传服务"的态势，美国认为："在目前处境下美国政府需要及时加强和协调信息交流，以期影响其他国家对美国的态度，并促成共识，最终化解各种反美宣传。"①根据 NSC4 号文件，负责公共事务的助理国务卿"制定政策和协调国务院的信息事务，并利用最有效的信息设施协调各部门间的宣传计划，希望能够促进民众观点朝向有利于美国利益的方面发展"。② 此后，美国采取一系列举措，如开办电影展、资助出版物、旅游计划和教育技术交流等计划。这些方面预算的增长远超从前。美国和马歇尔计划参加国根据协议，从总体援助费用中预留出来 5% 的资金用于宣传工作。以 1951 年为例，美国约有 1000 万美元用于宣传方面的花费。可见，美国希望通过相关宣传让法国视美国为社会、文化和经济典范加以效仿。另一方面，美国也认为法国在欧洲大陆对抗苏联宣传上具有举足轻重的示范效应，正如 1948 年美国执行国务卿罗伯特·洛维特（Robert Lovett）所说，法国具有"西欧大陆的拱顶石"作用。

（三）以美国生产生活方式为重点内容的宣传（1948—1952）

马歇尔计划是美国重新确立战后欧洲秩序的尝试。在该计划实施期间，美国官员发现，仅仅击败共产主义并不能引领欧洲社会包括法国走向现代化和使美国消费主义文化得到承认。美国官员看到，"一方面多数法国民众会对苏联毫不犹豫地说'不'，但是对于美国也不会总是坚定地说'是'"。他们指出："美国的现代化以高生产率和适度改革为基础，这对法国具有借鉴价值。"但是法国国内来自保守势力和共产主义势力的双重攻击会削弱法国民众对美国的肯定性评价，更糟糕的是这些抵制来源于法国人共有的价值传统和对国家的忠诚，即使最支持美国的法国团体，也认为最合适的做法是美国需

---

① Lowell H.Schwartz：*political warfare against the kremlin—US and British Propaganda policy at the beginning of the cold war*，plagrave macmillan 2009，p.105.

② "Report by the National Security Council on Coordination of Foreign Information Measures"，December 9，1947 PD00009，Presidential Directives，DNSA，"Note by the executive secretary to the national security council on coordination of foreign information measures"，December 9，1947.

要在相关领域"调和使其适度缓和,以减少对法国民众直接和正面的刺激"①。

在马歇尔计划执行进程中,美国国务院在法国开展公共外交主要通过以下机构:第一,美国驻法国大使馆信息处下设立公共事务办公室(PAO-Public Affairs Office);第二,经济合作署(ECA-Economic Cooperation Administration)驻巴黎特别代表办事处(OSR)。经济合作署驻巴黎特别代表办事处在资金的分配上,用于信息和其他特殊项目的拨款要高于其他领域。比如为了宣传美国生产率这一优势,会邀请法国企业家和工商业代表参观美国工厂。由于经济合作署特别办公室以及与美国驻法使馆内部公共事务办公室的建立,美国对法公共外交得到加强,尤其在对法民众宣传上效果明显,比如在广播方面与美国之音电台开展合作,此外还举办各种展览,出版印刷品,美国图书馆提供相关资助,举办音乐会、文学竞赛和典礼等文化活动,甚至为法国本土组织比如美法国家联合会(Association France-Etats-Unis)提供资金,力争做好全方位的宣传。

在众多的宣传手段中,驻巴黎特别代表办事处组织的各种展览无疑是提高美国文化在法国存在感的最显著方式,也成为战后初期美国在法国公共外交的主要形式。战后美国在法国主要展开三个主题的巡回展览,主题分别为"真实的美国"、"农业生产率"和"从人到人",巡回展览既关切法国工人阶层,同时也深入到法国的小农场联合体,甚至参与地方的很多事务,通过这些展览展示美国在经济等方面的成就。② 面对刚刚经历战火食物短缺的法国,农业显然是美国巡回展览的首选主题。1948 年年末,特别代表办事处的法国顾问皮埃尔·拉杜(Pierre Ladune)提出,为了克服农村人口分散的特点,补救和改进法国偏远地区对马歇尔计划认知的缺失,也是对法国共产党在农村的影响发起挑战,美国应该进行巡回展览。皮埃尔认为:"农业巡展提供直接与当地民众接触的机会。"他还描述了农业巡展的模拟流程,"巡展到达当地后首先会引起当地民众的关注,各地媒体必然对展出进行介绍。各地官员也会

---

① Alessandro Brogi:*Confronting America-The Cold War between the United States and the Communists in France and Italy*,the University of North Carolina Press:Chapel Hill,2011,p.110.

② Brian Angus McKenzie:*Remaking France:Americanization,Public Diplomacy,and The Marshall Plan*,New York:Berghahn Books,2005,p.67.

通过开幕典礼的致辞使参观的农民和农场主理解马歇尔计划的重要性,美国信息机构与当地媒体的合作会得到加强,当地居民也会愿意在报纸上看到有关马歇尔计划的报道"。皮埃尔同时强调展出的成败与两个因素密切相关:一个是美国的宣传和巡展总体上不能给人以干预法国内政的印象,相反要展示出在欧洲经济合作问题上法国是至关重要的角色;二是避免造成马歇尔计划是倾销美国产品从而危及法国制造业的印象。1948年12月,法国顾问团的负责人大卫·布鲁斯(David Bruce)在给法国农业部长皮埃尔·弗雷姆林(Pierre Pflimlin)的信件中提出,"鉴于法国农民对马歇尔计划的目的、优势和举措相对缺乏了解",建议展开巡回展览,"目的是向农民讲述马歇尔计划,展示计划如何帮助他们,更重要的是解释他们如何与计划合作提高他们的生产水平"。①以1951年为例,美国"农业生产率"主题的巡展在4月巡展14站,5月巡展18站,6月巡展16站。②

巡回展览实际上反映了当时美国驻法公司的利益,也是美国政府推销其生活方式的尝试,强化了美国和现代性的象征性关联,使多数法国人认同现代化就是美国化。在政治效应方面,巡回展览为法国当地一些团体提供反对法国共产党的机会。法国保守势力把美国展览作为敲打共产主义的棍子。巡回展览也反映出当时法国内部政治上四分五裂的状态,甚至有一些激烈的斗争状态,展出对第四共和国政治紧张起到推波助澜的作用。

三、美国在法国公共外交的评价

纵观美国早期公共外交理念和战后初期对法国公共外交的实践,我们认为,可以归纳以下三个方面的经验和教训:

（一）公共外交的目标不应短视,同时要考虑对方民众感受

经济合作署法国顾问团信息处的负责人海伦·科克帕特里克(Helen Kirkpatrick)认为,美国在法国公共外交最大的教训就是不能仅仅服务于短期

---

① Brian Angus McKenzie: *Remaking France: Americanization, Public Diplomacy, and The Marshall Plan*, New York: Berghahn Books, 2005, p.69.

② "ECA France Information Division", Exhibits Program 1951, NARA, RG.94, entry 2462, Box 34.

的政策目标。她指出,"即使最成功的公共外交计划也很难清楚地看到它的效果",所以不能出现短视的行为。比如为了担心急功近利地宣传美国产品会引起法国民众的反感,在马歇尔计划实施的多年时间里美国通常会在多数出口产品中去除掉美国商标。威廉·泰勒(William R Tyler)作为创建法美国家联盟(Association France-Etats-Unis)的创始人也多次含蓄地提到过,公共外交应该"支持教育交流,加大对艺术的支持,以及有助于提高美法两国民众双方理解的项目。尽管苏联对艺术领域创作的支持刺激了美国政府,但是长久以来美国缺乏对艺术和文化的长期支持和关注。只要法国人民把美国的努力看作是某种宣传,那么这注定是会失败的"①。比如在巴黎举办的"20世纪杰出作品展"就印证了这个观点,当美国的巡展不被法国民众看作是鼓吹和宣传的时候,也就是说最大限度地考虑了法国民众的感受时,法国民众才会愿意接受。

(二) 过分痴迷于反共宣传会束缚美国公共外交的发展

1953年,美国驻法国新任大使詹姆士·邓恩(James Clement Dunn)对美国在法国的公共外交政策进行较为准确的表述,批评美国采取"单方面"手段是错误的。他认为:"美国的宣传材料不过是信息加工厂生产出来的产品,这种物质和有形的'目标'只会加大作为'材料生产者'美国和受众之间地理上甚至心理和文化上的距离。西欧国家总体上并不信任美国官方提供的材料和宣传。冷战的不断升级制约公共外交工作的有效性。"美国官方的赞助更清楚表明他们工作的倾向性,即抵制共产主义。美国国会只资助能成为"尖锐心理工具"对抗共产主义的项目,所以不可避免表现出"僵化和呆板"。多数的欧洲人相信美国对共产主义的理解也存在局限性,表现出不成熟的一面。②

邓恩的备忘录随后转发给威廉·富布莱特(William Fulbright)和参议院负责审查美国公共外交政策的委员会,建议公共外交应该把重点重新放在文化关系这一议题上。他解释道:"目前的公共外交只能导致欧洲国家认为美

---

① Brian Angus McKenzie: *Remaking France:Americanization,Public Diplomacy,and The Marshall Plan*,New York:Berghahn Books,2005,p.233.

② "The foreign information activities of the Department of state,circular from James C Dunn to Department of state",10 February 1953,NARA,RG 84,Entry 2462,Box 10.

国不过痴迷于宣传和政治战争。"①邓肯的分析和结论表明反对共产主义的狭隘视角束缚了战后初期美国在法国的公共外交的发展。

(三) 多个公共外交主题的交织造成法国民众的认知失调

这一时期美国对法国公共外交的一个明显弱点是其在同一时间段存在多个外交主题。例如,美国一方面寻求法国民众对美国对抗共产主义的支持,同时又需要让他们了解美国的生活方式;美国既要宣传马歇尔计划在提高法国工业生产率方面的作用,又要寻求法国民众对北约重新武装等涉及自身核心利益问题的支持。根据社会心理学中的认知失调理论,受传者对传播的信息是会有选择的接触,有选择的认识和有选择的记忆。按照这个理论,人民总是倾向于接受那些与自己的意见、态度相一致的信息,而抵制那些与自己的意见、态度不一致的信息,为的是保持认知的协调状态。② 认知失调会造成部分法国民众对美国马歇尔计划理解为是美国进行军备武装或者商业扩张的例子。此时,法国民众还无法认知美国是现代化的化身而予以重视。例如有的法国商界人士受邀去美国做客时,尚未信服地认为他们可以或者应该试图将在美国的工厂、办公室和商店所观察到的东西应用于本国相关行业。③ 这一时期法国对马歇尔计划的总体印象是,它不过是帮助美国商业帝国扩张和"经济入侵"的手段。可以说,这一时期美国公共外交所谓对国家形象"丰富和恰当的描述"沦为可口可乐、好莱坞和《读者文摘》对法国市场份额的附属品。美国的公共外交不仅没有"转换"法国民众的固有思想和习惯,反而引发了法国民众对美负面看法的反弹。

综上所述,从战后初期美国公共外交在法国的实践来看,美国希望能够重新安排欧洲社会的秩序乃至社会制度。在这方面,美国作出了许多带有初创性的探索,在获得许多教训的同时也为今后的对外公共外交积累了经验。其

---

① "The foreign information activities of the Department of state, circular from James C Dunn to Department of state", 10 February 1953, NARA, RG 84, Entry 2462, Box 10.

② 克拉珀(Joseph Klapper, The Effects of Mass Communication, New York: Free Press, 1960.)提出的关于传播效果的中介因素理论。该理论认为传播效果与受众的心理倾向和与之相关联的选择过程有关。转引自贾庆国主编:《公共外交理论与实践》,新华出版社2012年版,第49页。

③ [美]理查德·库索尔:《法兰西道路——法国如何拥抱和拒绝美国的价值观与实力》,言予馨、付春光译,商务印书馆2013年版,第2页。

对法国公共外交的最大收获就在于促使美国文化和生活方式成为战后面临剧烈变革的法国社会可资借鉴的选择。这种美国道路合理性的宣传与法国第四共和国的虚弱形象形成鲜明对比。而后的历史也证明，法国人在借鉴美国模式的同时，又回避美国模式。就像理查德·库索尔所说的："他们将美国模式进行转换，清晰地表明 20 世纪末他们找到在跨大西洋共同体范围内的一条法兰西道路。他们坚持了共和主义的社会契约，混合经济，充满活力的国家以及独特的文化身份。美国的挑战最终刺激了法国人去改革他们的社会经济秩序。"①

第五节　朝鲜战争爆发后美法同盟的合作与分歧

正当美国按部就班向法国提供援助之时，亚洲局势急剧恶化。1950 年 6 月 25 日朝鲜战争爆发。当天，联合国安理会应美国的要求召开紧急会议，在苏联缺席情况下，通过一项决议案，要求朝鲜南北双方"立即停止敌对行动"，以便为美国武装干涉制造借口。6 月 27 日杜鲁门总统命令美国军队向南朝鲜提供支持，直接介入朝鲜战争。随后美国纠集英法等 15 国军队在联合国名义下扩大侵朝战争。很快中国的介入让美国措手不及，为了防止东南亚也出现类似的困境，美国总统杜鲁门在 1950 年 5 月宣布向法国驻印度支那部队提供经济援助和军用物资，这表明美国的政策出现转变，即把法国在印度支那的殖民战争视为反对国际共产主义的战争。在这一背景下，美法的首脑会晤在一定意义上夯实了美法的联盟基础，NSC105 号文件厘清了美国对法国政策的大体思路，协调了两国在重大问题上的基本立场。

一、美法首脑会晤和经济工作组的建立

1951 年 1 月 10 日美国驻法国大使布鲁斯致电美国国务卿："法国总理勒内·普莱文（Pleven）希望在 17 日法国议会休息时对美国进行一次官方短期

---

① ［美］理查德·库索尔：《法兰西道路——法国如何拥抱和拒绝美国的价值观与实力》，言予馨、付春光译，商务印书馆 2013 年版，第 307 页。

访问。法国总理从内阁角度访问美国,旨在法国重整军备计划得到财政拨款后克制内阁和议会中反对之声。因为法国对外事务某些立场比如德国问题上与我们存在较大的差异,所以我们应该利用访问达到影响法国对外政策的目的,这对于美国是不无裨益的。如果你同意访问,时间不会超过2日。"①但是国务卿艾奇逊(Acheson)对此予以拒绝,他回电说:"目前法国总理访问美国不合适,而且我们不能对法国提出的要求给予他们满意的答复。一些重要的问题安全委员会正在商讨,几周内还不能作出决定。我个人不赞同你提出的理由。如果他明确表示访问美国,你应指出你会和政府提出并让其相信会得到肯定的答复,告知其访问应简短并在1月17日后方能成行。因为直到那时我们关于一些重要问题的决定才可能达成。"②

1951年1月13日法国总理普莱文正式通知美国驻法大使布鲁斯:"十分重视访问,了解美国在印度支那问题上还没有作出决定。法国愿意传达给杜鲁门总统和国务卿其关于印度支那的军事行动的看法。如果'中国共产主义分子干涉',法国军队被迫放弃北方并试图在南方稳定实力。因此撤退的合理性和可行性需要提前于美国计划。"③这也是美国十分关心的问题。

1月15日美国同意法国总理普莱文于1月29—30日访问美国,并要求美国驻法国大使布鲁斯提交背景文件介绍法国总理普莱文欲与美国商讨的议题。布鲁斯大使认为法国总理普莱文访问的重要目的,是与杜鲁门总统开诚布公地探讨法国在国际事务中可能发挥的作用和法国政府关于国际政治的看法。④ 主要涉及问题有:

其一,法国总理普莱文处理印度支那问题主要考虑,中国的干预意图对美

---

① U.S.Congress, "Telegram of The Ambassador in France to The Secretary of State", January 10,1951,No.139.Serial Set vol.No.11666.Session Vol.No.3 82th Congress H.DOC.756 Vol 11,FRUS 1951,Volume Ⅳ,Europe Part Two USCSS,p.291.

② U.S.Congress, "Telegram of the Secretary of State to The Embassy in France," No 141, January 11,1951,USCSS,p.294.

③ U.S.Congress, "Telegram of the Secretary of State to The Embassy in France", No 141,USCSS,p.295.

④ U.S.Congress, "Telegram of The Ambassador in France to the Secretary of State",January 10, 1951,No.145.Serial Set vol.No.11666.Session Vol.No.3 82th Congress H.DOC.756 Vol 11,FRUS 1951, Volume Ⅳ,Europe Part Two USCSS,p.297.

国朝鲜政策的影响,法国是否能保证对印度支那的控制,或是立即撤退等问题。在对印度支那的援助方面,布鲁斯还提到了美国航空母舰的作用。

其二,布鲁斯预计普莱文会介绍舒曼煤钢共同体的计划和欧洲军队的计划,会陈述法国对四国会议的立场;并担心一旦苏军行军越过德国和法国,美国的真实意图会怎样? 是否会对苏军行动进行干预或对苏宣战,并大规模向苏联投放原子弹等问题。

其三,普莱文会解释法国计划如何利用美国的贷款和物资,并在国内如何配置的情况。他出访的基本出发点是向美国表明,关于大西洋联盟内军事、经济和政治方面的任何决定和商议,法国应该成为美国和英国充分的伙伴,平等的伙伴。

其四,法国将尽可能动用一切手段战胜通胀。最重要的是试图控制原材料的购买。还有法国军事和重新武装计划、法国国内共产主义分子的问题以及采取何措施战胜他们的问题。

在布鲁斯大使看来,法国总理普莱文此行不是向美国要额外的援助,而是"希望借机会解释法国试图成为北约的盟友并发展法国在欧洲经济、军事和政治一体化的政策"①。这些情况表明美国认为法国是在向美国发出信号,即尽一切努力抵抗苏联入侵和希望法国在西欧防务方面发挥更大的作用。

美国国务院向总统建议邀请法国总理访美是因为:"第一个也是最重要的是希望帮助法国总理努力应对法国存在的心理消沉。通过加强法国民心士气和意愿来抵抗侵犯。第二个原因是,邀请普莱文总理到华盛顿能提供法国和美国领导人之间交流看法的机会,我们此前多次向普莱文总理表达美国需要法国对双边防务努力作出更大的贡献。"②考虑到前面国务院的建议,美国在即将举行会谈中的总体战略是倾听法国立场,并适当评论,针对法国特别建

①　U.S.Congress,"Telegram of the Ambassador in France to the Secretary of State",January 10,1951,USCSS,pp.297-298.

②　U.S.Congress,"Ambassador at Large PhilipC.Jessup to the Secretary of Defense(Marshall)",January24,1951,No146,Serial Set vol.No.11666.Session Vol.No.3 82th Congress H.DOC.756 Vol 11,FRUS 1951,Volume Ⅳ,Europe Part Ⅱ,USCSS,p.300.

议,暂时不作出肯定的答复,并应详细解释美国的立场。

随后国务院向国会外交关系委员会和外交事务委员会汇报总统与法国总理的这次会面。此前国会曾批评美国与英国艾德礼的会见没有对国会进行咨询,国务院借此修补与国会的关系。国务院明确这次会见"不是在两国政府达成协议,而是两国政府领导交换个人看法以便建立坚实的理解的基础,有利于关乎美国利益的重大问题的解决。比如德国参与北约防务的问题,尽管法国政府与我方立场一致,但我们发现法国政府在修改部分原则问题上承受压力。所以我们希望这次会谈能重新确认法美统一的立场"①。

1951 年 1 月 29—30 日美法两国首脑在白宫先后举行了三次会谈,分别对远东的朝鲜和印度支那问题、欧洲一体化和防务问题、欧洲通胀问题及贸易军援问题交换了意见。同时美国和法国决定成立美法经济工作组(the US-French Economic Working Group)专门对美国军事和经济援助、通过大西洋合作有效处理物价上涨和通胀问题以及原材料问题进行研究。

美法两国此时建立经济工作组有三个目的:

第一,在美国援助与法国加强防务之间建立某种联系。

法国国民议会在 1951 年投票通过军事预算并已向美国政府驻法使馆通报防务计划的具体情况,并提出美国在 1951 年上半年再提供 2 亿美元援助。关于这点美国提出一个要求:一是必须确认法国防务计划是与法国 10 月 5 日提交给美国的计划相一致,涉及法国本土与海外领地问题,尤其是印度支那的部分;二是鉴于法国黄金和黄金储备的不断提高,强调美国援助不应成为法国提高货币储备之手段。只有这两点得到满意解决,美国向法国援助 2 亿美元的承诺才能兑现。同时美国强调法国应加强防务投入,加快重整军备的速度。

关于将来对法援助,"美国方面指出美国目前正考虑 1951—1952 年对外援助计划。计划不论采取何种形式,美国的立场还是援助只能用于提供满足真正美元需求而不是为了提高货币存储解决政府的财政赤字。如果法国能按协议进行军事方面的建设,如果表明真正需要美元进口,法国不必担心美国援

---

① U.S. Congress, " Appearance Before Foreign Relations and Foreign Affairs Committee on January 26th ", No 147, Serial Set Vol. No. 11666. Session Vol. No. 382th Congress H. DOC. 756 Vol 11, FRUS 1951, Volume Ⅳ, Europe Part Two, USCSS, p. 301.

助技术上问题。当然美国可能考虑把欧洲复兴计划（ERP）与共同安全援助计划（MDAP）进行结合，至少在北约内部成员国加以落实。另外寻求分配援助资金上行动的更大自由"①。

第二，通过加强大西洋合作来有效处理物价上涨和通货膨胀问题。

物价上涨和通胀问题是法国面临的主要问题，对美法共同防务计划有负面的影响。同时这一问题带来一个结果就是贸易保护主义的出现。美国曾批评法国在提高法国进口方面的保护主义立场，反对法国把减少进口作为对抗通货膨胀的手段。所以美国希望采取国家间合作的形式来综合治理，并提出可以考虑暂停关税的可能性。对此法国政府表态将考虑在稳定汇率和北约成员国通胀问题上加强国际货币合作。当然如何加强国家间合作实现这一目标还需美法深入研究。

第三，解决原材料短缺问题。

原材料短缺主要涉及两方面：一是限制不必要货物的堆积，二是对短缺原材料的供应进行控制。美国关于原材料的措施已经实施，主要是通过总体价格控制和建立国际物资小组来具体负责原材料分配问题，并达到以下目的：减少给铁幕国家的货物量；鼓励基本物资的生产；避免有些商品的不必要使用；避免不必要货物的堆积；避免竞争性采购。法国表示相信国际物资小组能妥善处理原材料供应不足问题。美法一致同意"原材料的问题解决不仅是国家行为的目的，也是国际采取最迫切和积极的行动的目标。这些为优先发展防务的必要的措施并满足基本居民需求，通过以下措施，如刺激生产、平等分配所得物资，避免不必要的浪费和不必要物资的堆积等。美国、法国和英国三国成立国际商品小组来解决自由世界各国关心的材料不足问题"②。这一条说明解决原材料短缺问题不仅是法国的问题，也是国际问题，所以又拉英国成立国际商品小组一道解决问题。

---

① U.S.Congress，"Agreed Minute of Discussions on Economic Questions by The US-French Economic Working Group"，January 29-30, 1951. Serial Set Vol. No. 11666. Session Vol. No. 3 82th Congress H.DOC.756 Vol 11，FRUS 1951，Volume Ⅳ，Europe Part Two，USCSS，p.341.

② U.S.Congress，"Agreed Minute of Discussions on Economic Questions by The US-French Economic Working Group"，January 29-30, 1951，Serial Set Vol.No.11666.Session Vol.No.3 82th Congress H.DOC.756 Vol 11，FRUS 1951，Volume Ⅳ，Europe Part Two.USCSS，p.343.

经济工作组的建立表明美国与法国的经济关系在朝鲜战争发生后逐渐增加军事援助的色彩。

二、NSC105 号文件与杜鲁门对法国政策的初步确立

1951 年 2 月 2 日美国总统杜鲁门指示把与法国总理普莱文的近期会谈结果"报告给国务院并给国家安全委员会提供相关信息"。1951 年 2 月 23 日标题为"总统与法国总理会谈结果"的国家安全委员会第 105 号文件(NSC105)出台。NSC105 号文件是杜鲁门政府对于法国的态度和指导原则的最早的政策文件。杜鲁门从远东问题、欧洲问题、大西洋防务和经济问题四个方面全面确立对法国的基本立场。

国家安全委员会 105 号文件出台,尽管是杜鲁门授意总结美法会谈的结果,却是杜鲁门总统第一个系统论及两国关系和美国立场的政策文件。报告首先明确美国和法国在集体安全原则上的一致立场,认为:"美国总统和法国总理持基本同样的观点,均相信联合国宪章中的集体安全基本原则是世界和平,以及自由世界独立和继续生存的壁垒。他们都将遵守这一原则,反对侵犯他国或以侵略为威胁的行为。"①

关于远东问题,鉴于远东局势的紧张,美国十分关注法国在这一问题的立场,两国的焦点主要在于"欧洲防务削弱"和"三国协调"。美国极力避免朝鲜战争对欧洲防务削弱的担心,但对法国的"三国协商"的提议持否决态度。杜鲁门只是希望"美国和法国在抵制进攻和援助远东自由国家并保证其安全和独立的问题上达成一致。美国承诺美国和法国在远东不应过分承担军事义务而导致危及欧洲的情况。与这些问题利益相关的国家应该保持持续的接触和联系"。会议中法国总理建议建立美国、英国、法国咨询协商的机制来协调三国的亚洲政策。但是这个建议美国并不接受,认为应依靠现存的机制来解决问题。美法两国在一点上是高度一致的,就是"朝鲜的情况两国应积极讨论并且他们赞同尽一切努力实现公正的解决。实现这一目标

---

① PD00251,"A Report to The National Security Council By The Secretary of State on Results of The Conversations Between The President and The French Prime Minister",February 23,1951,DNSA.

之前法国和美国继续在朝鲜的军事行动并且尽可能阻止敌对态度在朝鲜之外的蔓延"①。美国之所以拒绝三国协调,在于英虽为美之同盟国家,但美国也不让英国插手自己的亚洲政策,以免利益流失。可见美国的霸权是绝不会让外人染指的。

关于印度支那,美国和法国有着共同目标。法国总理宣称,"决定尽全力继续努力抵制共产主义的猛击,以保证越南、老挝和柬埔寨的安全和独立"。两国在尽快地建立印度支那当地人的武装力量问题上达成共识,但不主张美国向印度支那国家军队提供财政援助。法国虽名义上认为"美国不能直接卷入印度支那国家财政赤字",实质是反对美国在印度支那问题上过多干预法国,防止美国对其进行渗透。美国当然对印度支那有其自己的打算,杜鲁门一面仍承诺向法国联合军队和相关国家的联合军队提供援助,"如果财年援助计划能迅速得到通过,更多数量的物资会运往那里"。另一方面,美国考虑派航空母舰在印度支那执行任务,提高美国的影响力,当然为避免引发法国的反感,特意放松法国使用美国在地中海航空母舰兰利(Langley)号的限制。并研究指派和分配更多装备提供给越南的四个师的相关协议。在印度支那问题上,美国作出妥协同意召开美国、英国和法国三方关于印度支那问题的军事会议。并表示,"美国支持法国在必要情况下撤离"②。在这一问题上又暴露了美法两国的矛盾,即法国为保持自己在印度支那的利益,也反对美国直接介入印度支那战争,防止美国对自己的利益区域进行渗透。这就是美法在大方向一致情况下出现的一些矛盾与分歧。

涉及欧洲问题,美国总统杜鲁门和法国总理原则上同意"维持欧洲和世界和平应该是逐渐实现民主德国在各方面与充满活力的西欧共同体的融合"。关于德国,美法两国都反对苏联召开四国会议建议,认为它会"阻止统一的德国或西德加入西方和支援西欧的防务;限制实行布鲁塞尔计划中德国部分的行动自由;美国等国军队被迫从德国撤离"。法国总理支持美国的观

---

① PD00251,"A Report to The National Security Council by The Secretary of State on Results of The Conversations Between The President and The French Prime Ministe",February 23,1951,DNSA,p.1.

② PD00251,"A Report To The National Security Council By The Secretary of State on Results of The Conversations Between the President and The French Prime Minister",February 23,1951,DNSA,p.2.

点认为任何国家都不同意德国的中立化和非军事化。"即使召开四国会议，西方三国应该在所有问题上表现统一立场，防止苏联的分裂，防止中断拟定好的布鲁塞尔协议防务计划的实施。"①这明显是美法将战后西德拉入西方阵营，防止苏联扩大势力范围的战略举措。

关于大西洋防务问题，美国总统杜鲁门向法国总理描绘了美国现在正在进行的防务计划。法国总理允诺尽一切努力实施10月5日法国重整军备计划。在修改后实现法国军事力量规模的提升，并制定中期防务计划。美法重新确认将按布鲁塞尔计划设想逐步让德国参与共同防务来加强欧洲安全，也不会以任何方式变更北大西洋条约的防务条款。法国总理进一步许诺法国将继续支持布鲁塞尔条约中规定的德国参与欧洲防务事务的原则。总理完全同意艾森豪威尔将军对于北约指挥结构的看法。一旦在欧洲发生战争，美国的军事力量会在敌对事件发生后派往，当然军队也会受到后勤问题的限制，比如运输问题。法国同意促进美国与法国关于摩洛哥空军基地商谈的进程。在将西德拉入西方阵营后，法国又赞成帮助美国把西德拉入北大西洋防务中来，建立一个以美国为核心的强大军事集团。并准备对美国开放其在摩洛哥的空军基地，使美国军事势力渗入北非。②

关于经济问题，首先美法关注美国对法国的金融援助，援助主要包括：一是对美国立法的完善以达到在援助问题上的更大灵活度；二是法国要求1951年上半年的2亿美元的援助依赖于法国必须表明这些钱不能被用作提高货币储备，或者与重整军备努力有关的法国国内财政花费。三是欧洲复兴计划在1951财年的援助基金将按照计划继续提供，不过必须用在投资和重建花费上。如果美国立法机构同意也可以运用到军事方面。其次在原材料问题上，美法都同意"两国原材料的问题解决不仅是国家行为的目的，也需国际采取最迫切和积极的行动。两国政府包括英国目前建议成立国际农产品或商品组织，该组织能立刻采取行动解决自由世界国家共同关心的物资短缺问题。美

---

① PD00251,"A Report To The National Security Council By The Secretary of State on Results of The Conversations Between the President and The French Prime Minister",February 23,1951,DNSA.p.4.

② PD00251,"A Report To The National Security Council By The Secretary of State on Results of The Conversations Between the President and The French Prime Minister",February 23,1951,DNSA.p.5.

国指出会像法国那样任命代表到中心农产品组织"。最后关于通胀问题，美法两国意识到解决通货膨胀和物价上涨问题的严重性和对共同防务的负面影响。他们认为不仅应该采取积极的国家行动而且任何有助于这一问题的解决的国家间的措施也应全力支持。法国总理承诺改变法国现有的高关税政策，并在英国托基召开的关税削减的会议中同意相关决议，放弃保护主义的行为。

此后 NSC105 号文件成为对于法国的具有一定指导意义的政策文件。实际上对杜鲁门而言，与法国总理的会谈的重要意义在于，确立一个"美国和法国对集体安全基本原则的认同"的原则。美国希望在远东和西欧都建立抵抗共产主义"干涉"的屏障。美法首脑会晤捍卫了民主阵线的基础。美国承诺援助法国 2 亿美元，这些都维护了法国作为美国重要盟友的地位，也成为美国干涉法国内政外交的一种手段。按照文件确立的基本原则，美国侧重处理西德重新武装问题和法国的殖民战争问题。

三、美国与法国在德国问题上的协调

20 世纪 50 年代初武装西德让其加入北约是美国与西欧国家的重点议题，也是美法在德国问题上的斗争焦点。

法国认为在如何处置战败后的德国问题上，它是最有发言权的，主张实施经济上的高赔偿和政治上的分割或肢解，使德国不可能形成统一的整体，限制德国工业发展水平，剥夺它发动战争的实力基础，其政策核心是保持德国的被分裂和被占领的状态，把建立持久的力量的平衡看成是基本任务。屡次被入侵的惨痛教训让法国官员意识到国家安全与地缘政治密切相关，一旦东西方发生战事法国就不可避免地卷入其中，即法国相对战略脆弱性排除了单边威慑的可能，让美国向西欧提供军事承诺就成为 1945 年之后法国外交的基本目的。另外冷战局势的发展更增加法国对安全的担心，东西方的战时合作让位于和平时期的竞争。尽管法国希望与苏联建立某种和平的关系，但一些事件增加法国对苏联的担心让法国官员寻求与美国更密切的安全纽带。鉴于担心统一的德国会陷入苏联的掌控，当时法国总统戴高乐告诉美国驻法国大使卡弗里（Caffery）"法国拒绝任何形式的统一德国政府，任何政府会不可避免地

落入苏联的掌控"①。1946 年,美国做出让西德加入其阵营问题的政策决定。法国由于国内共产党势力反对这一提议而无法作出抉择。1947 年法共被驱逐出政府后,法国才逐渐接受西方的战略,于 1948 年同意接受建立西德政府的决定。②

欧洲的防务随着北约的签署而逐渐建立。美国等国家认为联邦德国在西欧防务中应发挥相应的作用。德国人力和工业资源具有较高的战略价值。北约防务计划者认为即使有美国和欧洲的地面部队,在实施北约战略计划时仍需要西德的人力资源。如果西德能帮助欧洲防务,美国会因此发挥更大的地缘政治的优势。1948 年美国军事官员不断与法国强调这点。1949 年 1 月美国的马修·李奇微将军(Matthew Ridgway)与法国驻联合国的军事代表皮埃尔·比勒特(Pierre Billotte)指出"没有西德这一欧洲最好步兵团的参与,防御苏联的地面进攻是不可能的"。三个月后,美国、加拿大和英国召开秘密会议,建议北约吸纳西德作为成员。1949 年 8 月,美国军队计划吸收西德加入北约。1950 年 4 月 30 日参谋长联席会议通过第 2124 文件敦促"西德应该被给予平等的政治上、经济上和军事上的参与西欧和北约的权力,并应加入北约"。③ 尽管美国高层尤其是参谋长联席会议认为西德部队对西欧防务十分重要,国务院一些官员担心重新武装德国会复活德国军国主义。尽管如此,美国多数人认为西德参与欧洲防务,平等的基础上加入一体化进程并发挥建设性的作用也能阻止军国主义的余烬。

1950 年,重新武装德国问题逐渐浮出水面。由于过去 80 年屡次被德国入侵,所以法国官员认为试图重新武装德国将激起国内反对。对制定法国外交政策发挥决定作用的临时政府总理乔治·皮杜尔(George Bidault)逐渐接受欧洲一体化观念,通过经济上的恢复作为处理德国问题的方式。尽管他默许接受德国重新武装,但他意识到对之公开地承认在政治上将是致命的。他

---

① Doc199,"The Ambassador in France to The Secretary of State",September 27,1945,FRUS 1945,pp.890–891.

② Michael Creswell and Marc Trachtenberg,"France and the Germany Question 1944–1955",*Journal of Cold War Studies* 5,No.3(summer 2003),p.14.

③ Michael Crestwell:*A Question of Balance:How France and The United States Created Cold War Europe*,London:Harvard University,2006,p.14.

告诉美国驻法国大使布鲁斯（David Bruce）"目前重新武装德国将激起苏联的不满易引发战争。但如果重新武装德国看起来比较安全，以后可以考虑"①。法国的犹豫不决促使美国考虑应逐渐发展，不能操之过急。此时美国国务卿对德国问题的看法也不断发展。尽管艾奇逊并不怀疑德国的信守承诺，但在1950年3月他发给美国负责德国问题高级专员约翰·麦克洛伊（John J. Mc-Cloy）的电报，表达他想修改的想法，他指出："国务院需要有力的西方经济上、政治上和军事上的组织，通过把西德吸纳到该组织，美国的德国政策的轮廓才能固定。"按照他的想法国务院也想通过公共关系的角度应对反对的考虑和呼声。②

艾奇逊的想法得到政策制定小组的回应，并确立利用德国的基本原则："斗争的主要问题是德国的未来是未定的。苏联握有重要的砝码。可以肯定的是西德的倾向十分重要，并依赖于美国政策的果敢和智慧。西欧还不能利用西德的资源，建立密切的纽带。美国必须建立机制保证在其领导下建立欧洲新型组织。"③这份报告强调重新武装时的普遍看法，即西方国家需要西德来加强防务但是必须注意不让其独自控制设施，西德必须要与西方紧密联系在一起。如果不这样就可能再次面对世界战争。尽管法国声称在这个问题上采取灵活的立场，但美国官员十分怀疑，就像国务卿顾问约翰·杜勒斯（John Foster Dulles）说的，"我不认为法国在可预计的未来会同意西德加入北约。舒曼认为主要是因为他们认为条约既是对西德也是对苏联的防御"，关于北约的法律框架问题，杜勒斯认为"法国当然会在这问题上拥有否决权。关键在于盟国认同法律框架，因此如果法国阻止，美国也不能废除其合法权利"。④1950年春，美国在欧洲军队旗帜下重新武装西德的想法最终遭到法国总统的反对。法国总统樊尚·奥利奥尔（Vincent Auriol）表示在付出血的代价

①　Doc12,"The Ambassador in France to the Secretary of State", April 22,1955, FRUS 1950, pp.60-62.

②　"The Secretary of State to The United States High Commissioner for Germany at Frankfurt," March 31,1950, FRUS 1950, pp.833-834.

③　Doc 24,"The Current Position In The Cold War", April 14,1950, FRUS 1950, p.89.

④　Doc20,"Memorandum by Mr. John Foster Dulles, Consultant to The Secretary of State to the Under Secretary of State", April 21,1950, FRUS 1950, p.60.

后,法国不可能接受任何重新武装西德的建议并会阻止实现这一目标的所有努力。①

此后,法国政府看到其反对立场将削弱在北约委员会的影响,于是决定实现法德两国的煤钢生产的共同管理,即舒曼计划。"这一超国家组织建立是为了通过把资源丰富的鲁尔区域化来化解法德的矛盾。"②此举令美国十分高兴,美国将其看成法国方面采取灵活立场的信号。艾奇逊告诉杜勒斯"法国为推进法德和解和欧洲一体化作出重要的一步",杜勒斯十分赞同也认为该计划"是富有创造性的"。③ 杜鲁门政府很快公开表示支持这一决定,因为建立欧洲共同体目标必须搁置法德分歧,欧洲煤钢共同体的建立朝此方向迈出了重要一步。

苏联原子弹的试爆、中华人民共和国的建立和朝鲜战争的爆发,使得国际局势发生重大变化。美国重新思考国家安全政策,在 NSC68 号文件确立"迅速建立自由世界的政治、经济和军事的力量"。1950 年 7 月 3 日,美国国家安全委员会通过 NSC71/1 号文件,确立美国的西德政策和欧洲政策是"最大和尽快实现德国同西方的合作,承认西德对增强西方力量的必要性,国务院认为公开赞同或者采取行动还不是时机,因为西德目前只能提供被占领地区花费的 22%,还不能做出更大的贡献"。④ 随后 NSC82 号文件批准"更多美国战斗部队部署到欧洲和号召不应再拖延西德军事贡献的事宜"⑤。从美国角度看西德潜在军事和工业资产,加上其扼守中欧的战略地理位置,让西德参与西欧防务具有重要意义。尽管武装问题不仅产生大量分歧,也存在未来政治的不确定和苏联可能的反应。美国官员相信不论盟国如何抵制和迟疑,美国最终能克服他们的抵制实现西德的重新军事化。

---

① 自 1870 年到 1945 年,在短短的 75 年间,法国和德国之间就发生了三次大规模的战争。

② Irwin Wall: *The United States and The Making of Post war*, New York: Cambridge University Press, 1991, pp.193-199.

③ "The Acting Secretary of State to The Secretary of State At London", May 10, 1950, FRUS 1950, pp.695-696.

④ PD00187, "A Report to The National Security Council on The Rearmament of Western Germany, NSC71/1", July 3, 1950, DNSA, p.6.

⑤ Michael Crestwel, : *A Question of Balance: How France and the United States Created Cold War Europe*, London: Harvard University, 2006, p.25.

然而美国杜鲁门政府高估了其影响力。其计划立刻遭到盟国的反对，尤其是法国。1950年9月的北约委员会会议上法国公开反对在没有经济和军事保证的前提下大规模恢复西德的军事力量。法国外长舒曼解释道："尽管反德情绪在减弱，但应以正确的方式告知法国公众，任何草率的决定可能引发反效果。在目前情况下我不能做出任何草率决定。"他还说："法国不是反对而是认为现在立刻宣布重新武装西德是弊大于利。"[1]艾奇逊告诉杜鲁门总统："法国由于国内政治的问题对协议达成构成主要障碍。比如法国社会党坚定地反对并控制议会622个席位中的99个席位"，所以"美国应该在我们头脑中明确区分什么是我们让法国秘密同意的内容，什么是我们能在大西洋委员会和声明中说的"[2]。

1950年9月北约召开外长和国防部长会议。法国是唯一反对公开重新武装德国的国家。10月6日法国内阁也在考察美国计划后一致决定延迟作出任何决定。莫内建议总理普莱文："我们的态度必须坚定反对美国目前的政策，但是应在欧洲框架内采取积极的措施。"所以法国提出"普莱文计划"的目的是延迟重新武装德国的时间。1951年2月15日，比利时、法国、西德、意大利、卢森堡和荷兰外交部长在巴黎召开会议，讨论建立人数约为10万人的欧洲军队，为了对西德形成有效的牵制，西德只能建立小单位的部队，后勤补给依赖于其他国家的支持，这样避免德国国家军队的建立和限制其独立，也能保证得到法国国民议会的批准。美国对此持谨慎态度，在美国看来普莱文计划是法国调整北约指令的计划，反映美英对北约事务控制的担心。杜鲁门政府私下持保留态度，几次提及该计划是不合理的。

我们可以看到，实际上美法在德国问题上的分歧主要是何时和如何重新武装西德。尽管存在分歧，美国却没有忽略法国的反对立场采取单边的行动。美国完全可以利用西德对抗苏联这一强有力的动机而不顾法国的反对。但以下考虑阻止美国采取单边行动：

---

① Michael Crestwell：*A Question of Balance：How France and the United States Created Cold War Europe*，London：Harvard University，2006，p.28.

② Doc 56，"Memorandum From The Secretary of State to the President"，September 20，1959，FRUS 1950，pp.335-337.

第一，许多美国政策制定者赞同法国官员的看法，认为此举会引发苏联的报复。苏联在两次世界大战中损失巨大，而且美国的研究发现在对比美苏两国的军事实力后，认为与苏联的军事冲突中美国没有必胜的把握。所以一些美国官员认为西德武装的过程中必须谨慎小心不仅要避免激怒苏联，也要为美国和其盟友争取时间提高对抗苏联的能力。[1]

第二，美国国内存在对西德民主发展的疑虑。一些美国决策者担心在战后迅速重新武装西德可能激起德国战败引发的军国主义和民族主义的死灰复燃。所以逐渐地有策略地恢复武装可以避免德国出现任何对美国和西欧敌视的政权。[2]

第三，杜鲁门总统起初也认为重新武装西德是不明智的、十分危险的。尽管他后来改变主意，在初期他告诉艾奇逊这个计划"主要从军事角度考虑，在目前情况下不现实"，并警告说，"这个军队决不能与苏联联合，否则将毁掉世界"。[3]

第四，一些官员担心独立的西德，可能投入苏联的怀抱。一旦苏联获得鲁尔丰富的矿产资源，将提高其阵营的战争决策的潜能因此降低西欧阵营的信心。不给苏联控制整个德国的机会是美国外交政策的基石。[4]

第五，美国认为与法国保持良好的关系具有重要意义。由于法国的地缘位置，美国希望法国分担欧洲地面防务。法国人力资源不仅能帮助抵御苏联对西欧的地面进攻，也是震慑西德复仇主义的政治保障。法德和平关系的发展是美国政策的重要方面，因为美国官员相信分裂的欧洲不符合美国利益。从对抗共产主义的角度考虑，法国在印度支那的战争能帮助美国阻止共产主义在亚洲的扩散，而亚洲也是美国的利益范围，尤其是中国在 1950 年 10 月开始抗美援朝后，美国更加重视法国在欧洲之外尤其是亚洲的价值。

---

[1] Doc 145, "Memorandum Prepared By the Policy Planning Staff", December 9, 1950, FRUS 1950, pp.462-466.

[2] Michael Crestwell: *A Question of Balance: How France and The United States Created Cold War Europe*, London: Harvard University, 2006, p.34.

[3] Doc 210, "Memorandum by The President to The Secretary of State", June 16, 1950, FRUS 1950, pp.688-689.

[4] John Gillingham: *Coal, Steel and The Rebirth of Europe*, 1945-1955: *The Germans and the French from Ruhr Conflict to Economic Community*, New York: Cambridge University Press, 1991, p.233.

基于上述考虑,在武装德国问题上对抗法国采取单边行动在美国政策制定者眼中是适得其反的,美国极力避免给法国政府造成过大压力。加上法国作为战后重要国际组织中的成员赋予法国在许多重要国际经济、军事和政治事务上的合法地位。美国避免损害这些权利是因为美国的行为会激怒法国的立法者,最终可能"以某种方式损害美国的利益"①。但是,由于法国经济困境需要美国提供大量援助,同时印度支那战争也增加了法国政府对美国的依赖,法国实际上不会公开拒绝美国的提议只是把其作为与美国谈判的筹码而已。

1954 年 10 月 20 日,西方九国就武装德国问题在巴黎举行会议,最终于10 月 23 日签署了《巴黎协定》。巴黎协定结束了美、英、法三国在西德的军事占领,从此让西德享有与其他欧洲国家平等的权利,标志西德正式成为北约的成员国。1954 年 12 月 30 日,法国国民议会最终批准了该条约为重新武装西德和加入北约组织和西欧联盟扫清了障碍。美国也实现了其武装德国的对外政策。

四、战后初期美国对法属殖民地政策

1945 年 4 月,美国罗斯福总统承认并接受法国对印度支那的统治,这标志法国重新确立了对原有殖民地的统治地位。随着战后亚非拉人民反对帝国主义、殖民主义的民族解放运动的高涨,西方殖民体系迅速土崩瓦解。印度支那战争和阿尔及利亚战争为代表的两场殖民战争成为法国这个老牌殖民主义国家迫切需要解决的问题。因此,美国制定对法属殖民地政策的基点,不仅要维护美法同盟,使之纳入美国—欧洲同盟体系,也要克服与自身标榜的非殖民化政策的冲突,掩盖逐渐取而代之的战略谋划。总体上,美国对法属殖民地政策制定中的决策困境充分体现美国非殖民化政策的两面性。

(一) 对法属北非非殖民化进程的政策

随着全球冷战态势的推进,美苏斗争的加剧,法国的殖民地状态日益遭到世界人民的批评。加之法属北非具有重要战略价值,正是在这种形势下美国

---

① Michael Crestwell:*A Question of Balance:How France and The United States Created Cold War Europe*,London:Harvard University,2006,p.35.

确立了将法属北非各殖民地"作为一个整体"看待的政策。

我们知道，战后初期是美国重新构筑其非洲政策基础的关键时期，法属北非因其特殊的战略地位而逐渐引起美国的关注。这主要是因为它正处于美国在东地中海和中东一线的防守翼侧。具体而言，法属北非指的是法属摩洛哥、法属突尼斯和法属阿尔及利亚，三地具有重要的地缘战略价值。摩洛哥尤为特殊，因为它是连接大西洋和地中海的咽喉要地。而阿尔及利亚北与法国本土隔着地中海遥遥相望，南边是撒哈拉沙漠，有着法国战略生命线巴黎——阿尔及尔——布拉柴维尔轴线，该轴线担负着将撒哈拉地区丰富的石油和天然气资源运送到能源短缺的法国的重要任务。①

战后出于冷战的需要，美国十分关注法属北非在其全球战略格局中的地位，开始制定积极的政策以指导美欧集团在该地区的行动。1948 年 5 月 22日，题为《关于法属北非报告》的国家安全委员会第 12 号文件（NSC12）出台。该文件反映了当时美国急需明确美国在法属北非的政策，"以阻止该地区落入对美国敌对的分子手里，或者减少易受到大西洋联盟之外政治力量的势力渗透和攻击的可能"。这一文件的出台是美国确定法属北非各殖民地"作为一个整体"看待政策的标志，并宣告确保法属北非地区的稳定。

首先，文件对法属北非的战略地位予以论证：在美国看来，法属北非对于美国国家安全十分重要，主要是因为它地缘上正处于"美国在东地中海和中东一线的防守翼侧，具有重要的战略价值。法属摩洛哥更是连接大西洋和地中海的关键，对于美国来说其战略价值在战时就已展现出来。随着空军力量的快速发展，法属摩洛哥，将控制大西洋到地中海以及到西非海岸的狭长海岸线。如果控制在敌对一方就造成美国在大西洋亚速尔群岛及其相邻的群岛潜在基地丧失，并且切断通往中东石油的直达路线。因此从快速提升空军作战能力考虑，北非处于必然扩大的具有最低安全保障的区域"②。

---

① 张锡昌、周剑卿编：《战后法国外交史（1944—1992）》，世界知识出版社 1993 年版，第122 页。

② "NSC12, A Report on French North Africa", May 28, 1948 Microfilm: NSC Meeting Records 1947-1977, Reel 1, Washington, D.C.: U.S. Government Printing Office 1997, p.1.（国家图书馆第3241 卷）。

反之,北非如果控制在与西方友好政权手里则会向盟国提供相应的优势和便利,尤其便于美国及盟友发动对敌对势力的空中打击,海军行动或陆海军协同作战,这也大大加强和巩固了美国在大西洋岛屿的基地。另外,北非的气候条件良好,控制它便于全年实施空中行动。如果美国试图在中东采取军事行动,北非与美国和西方友好国家还会保证苏伊士地区的安全。①

其次,美国关注法属北非还有一个不容忽视的因素是战后民族主义的盛行。战后民族主义逐渐在北非中产阶级、大众和精英阶层传播。他们对法国保护北非殖民地逐渐丧失信心,希望各民族实现政治上的自决。民族自决盛行缘起于战时美英公布的《大西洋宪章》,该宪章宣告:“美国和英国尊重所有人民选择政府形式的权利”,尤其是盟军在北非登陆时为了营造有利登陆的环境和条件,宪章关于自治原则的论述和“第四点计划”在北非人民内部广泛传播。② 美国总统罗斯福甚至在1943年的卡萨布兰卡会议上支持和鼓励法属北非摆脱法国的控制,美国会提供必要的帮助,并承诺若北非各殖民地接受美英法共同管制则承诺在若干年后允许其实现独立。

战后随着冷战态势的推进,法属北非在美苏争夺中也面临着抉择,美国担心法属北非的共产主义的活动会“动摇自由世界的基础”。NSC12号文件认为:“北非的共产主义试图与民族主义者形成联盟,以获得对该地区的控制。共产主义要求实行自治,立即废除保护条款,签署新的条约和实现普遍的选举权。最终用普选来战胜民族主义者。他们依靠法国国内政治发展、并且法国共产党的地位最终又依靠莫斯科的指令。民族主义和共产主义独立势力的联合必须引起美国重视。另外法属北非缺乏管理国家经验,不具备保证国家安全的手段和条件,突然与法国割断联系只能导致一个软弱的政府,这就会造成易受到共产主义者的控制。”③

在综合考察后,美国得出结论:“美国需建立一个新的观念:从东大西洋

---

① 刘姝:《二战后美国对法属北非政策及动因分析》,《史学月刊》2010年第5期。

② 方连庆、刘金质编:《战后国际关系史(1945—1995)》,北京大学出版社1999年版,第70页。

③ "A Report on French North Africa", May 28, 1948, Microfilm: NSC Meeting Records 1947-1977, Reel 1, pp.4-5.

沿岸至少到达非洲之角需建立整体观念。法属北非紧密相连的地中海边界意味着将来这些地区必须作为一个整体考虑。这就意味着我们不能接受一点:我们国家安全延伸到政治体系不是大西洋联盟的成员,或者最高统治权转移到任何没有对大西洋地区承担责任的政权手中。这就是说考虑到我们的安全利益,对北非保持稳定的和平现状是明确的和正当的考虑。"①

以此为基础美国作出如下选择:其一,考虑到法属北非对美国安全的直接影响,第一步采取积极有力的政策来实现在该地区的利益,同时要得到法国的充分理解,"让他们了解美国的愿望是继续让法国承担维护法属北非和平和安全的责任,同时也让他相信在该地区美国也有着合法利益,直接关系到美国安全和世界和平"②;其二,利用各种机会向法国指出美国不是寻求肢解他们的帝国或者把北非放入危险的境地,是"为了服从于在该地区战胜共产主义的目标。法属北非的混乱和麻烦会导致共产主义宣传的危险,并对法国世界地位造成不利影响";③其三,虽然坚决支持法国立场,还要重点强调和明确的是美国既不愿打断法国的统治,也"不愿丧失支持独立人民逐渐建立符合自身情况、自主管理事务的自治政府的政策"。

所以,美国此时提出的"法属北非整体"的政策是有多重目的的。首先,美国政府借此政策的实施向法属北非的渗透做了一种必要的战略上的准备,保证了它可以随时插手北非事务;其次,战后法国在北非的殖民统治已陷入窘境,美国这一政策的实施,尤其是对法国大力给予援助,既保护了法国的利益,解决了法国的困难,同时又在"反共产主义"旗号下掩盖美国支持法国殖民主义的事实;第三,美国借此政策遏制了"共产主义"在北非的发展,并对北非的民族主义运动给予安抚,起到了稳定北非政治局势的作用。

(二) 对印度支那战争的政策

国际冷战局势发展、法国政局的变化和亚非拉国家反帝斗争的高涨都日

---

① "A Report on French North Africa", May 28, 1948, Microfilm: NSC Meeting Records 1947-1977, Reel 1, p.7.

② "A Report on French North Africa", May 28, 1948, Microfilm: NSC Meeting Records 1947-1977, Reel 1, p.8.

③ "A Report on French North Africa", May 28, 1948, Microfilm: NSC Meeting Records 1947-1977, Reel 1, p.9.

益改变着法国殖民战争在美国决策中的分量。战后美国对印度支那的政策大致经历三个阶段：

第一阶段为 1945—1949 年，美国主要是反对殖民主义，此时美国对法国的实际影响较小。美国政策制定者认为旧有殖民体系即将崩溃和消亡。美国更关心亚洲和非洲的新政权意识形态倾向以及是否对美国商业开放。由于越南民族主义运动处于共产主义的领导下，美国因此不能与他们保持密切的接触，所以此时美国对印度支那政策基本是处于瘫痪状态。①

第二阶段为 1950—1952 年，反对共产主义立场和朝鲜战争让美国更深卷入印度支那。由于冷战的深入，美国于 1950 年 2 月承认保大政权，并迅速扩大军事和经济援助，即在越南推行第四点计划。1950 年 6 月朝鲜战争爆发后美国迅速接受法国的立场，"印度支那战争不是殖民帝国的继续而是反对共产主义的重要部分"。一方面美国扶持保大政权，加强其独立于法国的倾向，另一方面又帮助法国远征公司（French Expeditionary Corps）作为反对共产主义的军事前线。② 显然这一政策是相互矛盾的。美国由于朝鲜战争不能派地面部队到印度支那进行支援，所以只能说服法国继续保持军事存在。

第三阶段为 1953—1954 年，美国艾森豪威尔政府主导印度支那战争。1953 年 1 月美国的干涉开始，并在艾森豪威尔政府时期由于美国对法国经济上支持和对战争过程直接影响这些都使得美国的作用大幅提升。法国本希望通过谈判沿着朝鲜战争的方式结束战争。但是美国向法国施压让其必须获胜，并承诺会给予经济奖励。到 1954 年"美国为让法国在印度支那继续军事行动和计划，资助金额约占法国战争花费的 80%。法国也由此更易于受到美国控制，并把战争作为解决美元短缺的手段"。③

杜鲁门执政时期美国对印度支那政策呈现从模糊转向明朗的特点。首先美国需要明确的就是美国对北方政权的基本态度。美国战略服务办公室

---

① Irwin M.Wall：*The United States and The Making of Postwar France*，New York：Cambridge University Press，1991，p.233.

② Irwin M.Wall：*The United States and The Making of Postwar France*，New York：Cambridge University Press，1991，p.234.

③ Irwin M.Wall：*The United States and The Making of Postwar France*，New York：Cambridge University Press，1991，p.235.

（Office of Strategic Services）曾报告："越南胡志明表达希望寻求美国的保护，仅 1945—1946 年先后 8 次向杜鲁门总统发出帮助的要求，并向美国表达友好的信号"，但是美国担心引起法国的不满而置之不理。1946 年 3 月 6 日法国与越南民主共和国领导人胡志明达成初步协议，法国承认越南民主共和国是一个"自由的国家"，但仍留在法兰西联邦内。1946 年 9 月在枫丹白露召开的会议上，胡志明向美国表态，"自己不是个共产主义分子，希望得到美国的帮助，支持美国在战后在该地区发挥更加积极的作用"。但是美国艾奇逊认为"胡志明是国际共产主义者"，所以美国必须警惕苏联对其控制的可能。① 至此，美国的政策仍是模糊的，国务卿马歇尔也表示该问题涉及殖民主义和共产主义，也没有合适的建议。美国以 1946 年 3 月 6 日达成的法越协议作为美国政策的基础。

1949 年 3 月 8 日，法国政府与越南阮氏王朝废帝保大签订协议，即所谓的法越协议，使法国在越南的殖民统治合法化。美国国务卿艾奇逊对此持怀疑态度，警告说："承认保大政权问题上不应采取草率的行为，并建议美国应要求法国在具体落实独立和实施国际控制机制方面建立一定时间表。"②美国此时对承认保大政权持犹豫不决的态度，认为承认保大政权应该在其得到民众支持后进行。美国这一态度很大程度受到支持中国蒋介石集团政策失败的影响。但由于中苏承认胡志明政权为越南合法政府，促使美国在该地区必须作出政策抉择。1950 年 2 月 3 日，美国正式承认法国在越南、老挝和柬埔寨组建的"法兰西印度支那联邦"。

1950 年 2 月 27 日，美国国家安全委员会出台标题为《关于美国在印度支那立场的报告》NSC64 号文件③，初步明确了美国的立场和政策。文件认为"采取一切可行措施保护印度支那的安全和阻止共产主义在该地区的蔓延"是需要美国继续解决的问题。在美国看来"共产主义进入印度支那是共产主

---

① Lisle Rose：*Roots of Tragedy：The Unted States and The Struggle For Asia*，1945–1953，West-port：Greenwood Press，1976，pp.64–68.

② Irwin M.Wall：*The United States and The Making of Postwar France*，New York：Cambridge University Press，1991，p.238.

③ PD00166，"A Report to The National Security Council on The Position of The United Staes with Respect to Indochina"，February 27，1950，DNSA.

义控制整个东南亚计划的重要阶段",所以美国把"必须迅速决定抵制共产主义在印度支那边境的发展,作为阻止其实力在东南亚其他地区发展的一部分"。关于如何处理与法国印度支那问题,美国政府的政策主要是"让法国政府承认民族主义的合法性,不能回到战前殖民统治,国务院向法国政府传达必须建立和支持当地政府的想法"。由于看到军事手段的有限作用,美国考虑通过政治手段来实现当地的稳定,希望通过当地政府"吸引非共产主义的民族主义分子,从胡志明追随者转变为反对共产主义的民族主义的领导",同时美国建议法国"提升老挝和柬埔寨的地位,从原来的保护国上升为法兰西帝国内具有自治权的国家"。另外美国为了扭转中苏承认北越胡志明合法地位的不利政治局面,决定"向亚洲非共产主义国家施压承认新建立的包括越南、老挝和柬埔寨在内的印度支那的合法性"。最终 NSC64 号文件确立三方面原则:第一,"采取所有可行措施阻止共产主义在东南亚的蔓延符合美国安全利益,印度支那是该地区的关键,并处于紧急的威胁中";第二,"邻国泰国和缅甸在印度支那建立共产主义政府后预计也会陷入共产主义的控制,这样东南亚的平衡将被打破";第三,因此,"国务院和国防部应该准备采取所有措施的优先计划来保护美国在印度支那的安全利益"。[1]

法国在了解美国意图后立即要求美国提供援助,法国国家防务委员会在2月17日准备三份军事需求的清单,分别于2月23日和3月1日提交给美国,美国也因此在2月23日派出印度支那特使团,结论是"提供约2300万美元的援助将有效帮助该国,并建议把援助直接拨给印度支那以建立其权威,法国不应再对此进行控制",当然这遭到法国的反对。为安抚法国的不满,当保大向美国提出援助要求清单时,艾奇逊建议保大政权应通过法国提出其要求。1950年3月9日美国国务院和国防部同意涉及泰国和印度支那的军事援助计划,来"对抗共产主义的进攻和颠覆活动"。杜鲁门总统于1950年5月同意拨款1500万美元。

朝鲜战争的爆发使美国改变了原来在支持法国的印度支那军事行动上的

---

[1]　PD00166,"A Report to The National Security Council on The Position of The United Staes with Respect to Indochina",February 27,1950,DNSA,pp.1-3.

模糊态度。杜鲁门总统承诺,"立刻提高援助,并在决策时把印度支那和朝鲜联系起来考虑"。法国把这视为美国在必要时介入印度支那的保证。美国开始把法国视为反对共产主义并肩作战的兄弟,而不是旧殖民主义的捍卫者。美国再次让约翰·梅尔比(John F.Melby)研究印度支那情况和美国的可能立场,他认为:"西方在印度支那的失败将意味共产主义扩散到整个亚洲。美国对越南在法国享有的独立地位还有怀疑,认为不运用政治和经济策略,只用军事来解决问题是较为困难的。因为共产主义善于有效利用当地民族主义。法国由于缺乏有效的政治手段,可能会从该地区消失。"①所以梅尔比建议因为法国军队不能应付北越和中国的介入,法国应迅速建立越南国家军队。同时美国应该尽可能满足法国军事援助的要求。梅尔比的建议得到参谋长联席会议的同意,认为应提供 1 亿美元援助,但是要求法国所有军事计划必须得到美国的同意。对此,中情局坚持美国直接介入印度支那问题的解决,认为"任何援助只会帮助保大政权建立一个非共产主义的法国支持的坚固政权,即使在美国的帮助下,也怀疑法国能否坚持 18 个月。只有直接的介入才能救印度支那"。可见美国要"以适当经济、政治和军事措施,阻止共产主义越过中国南部边境"。②

法国虽然得到急需的援助,但却不得不面对美国影响力增加的事实,在越南建立军队的问题上,法国逐渐处于从属地位。美国驻越南的新任大使唐纳德·希思(Donald Heath)积极推进越南军队建立计划,坚持美国必须参加组织计划、官员培训、干部的升职和情报收集等活动。美国国家安全委员会吸收建立印度支那国家军队的建议并确认为美国政策的基础。美国援助以法国承诺不减少军事贡献,提高法国国内财政支持为条件,并严格执行与保大政权签署的两份协议,实现印度支那在法国殖民帝国内的独立。

印度支那军队建立过程中,美国逐渐对法国在战场上的表现不满。1950年年末法国在战斗中遭受失败,1950 年 10 月 15 日杜鲁门总统在中途岛会见

---

① Irwin M.Wall: *The United States and the Making of Postwar France*, New York: Cambridge University Press, 1991, p.240.

② Doc301, "Memorandum to the state", August 18, 1950, FRUS 1950 Volume Ⅵ, Indochina, p.863.

麦克阿瑟讨论朝鲜战争时，印度支那也成为重要的议题。麦克阿瑟表示"应换一个更有进攻性的将军来改变法国僵持的状态"。①

1950 年 12 月 21 日，根据印度支那形势的变化，美国参谋长联席会议在深入研究 NSC64 号文件基础上，认为"鉴于目前军事问题和政治问题的密切关系，当地人民缺乏意愿和决心支持法国对抗共产主义，所以法国很难实现军事解决安全问题的目标"，所以对美国在印度支那的短期和长期目标进行重新规划，形成 NSC64/1 号文件。确立的短期目标主要是：

1. 只要目前情况存在，美国与法国政府将继续保证基本责任来实现印度支那的和平和安全。

2. 落实军事援助计划主要以法国准备的所有军事计划为基础，需得到印度支那当地政府的同意和美国的认可。

3. 美国动用所有可行的政治和外交措施来让东南亚和南亚非共产主义国家认可印度支那新联合政府。

4. 一旦中国公开袭击，美国不允许自己陷入与共产主义中国的战争，但必须与英国协调一致支持法国和联合政府的军队，这种支持表现为适当扩大军事援助计划，努力说服邻国帮助共同抵制进攻。

5. 一旦法国政府放弃军事地位或计划把该问题提交联合国讨论，美国也要重新考虑政策，阻止法国将问题交由联合国解决的想法。

文件同时确立美国在印度支那的长期目标，主要是：

1. 美国安全利益要求政府必须阻止共产主义在东南亚的蔓延尤其在法属印度支那地区。

2. 必须保证建立有利条件使得不需外部军队来维持内部稳定。

3. 应该继续迫使法国接受印度支那最终的自治政府，不论是否在法国联邦内。

4. 支持印度支那联合国家加入联合国。

5. 在联合国宪章 51 和 52 条款下鼓励建立围绕印度支那和东南亚其他国

① Irwin M. Wall: *The United States and the Making of Postwar France*, New York: Cambridge University Press, 1991, p.241.

家的地区安全安排的合适形式。[1]

至此,美国杜鲁门政府完成了从模糊到明朗的政策转变,从 NSC64/1 号文件看,不论短期还是长期目标,美国都决心介入到法国解决印度支那问题的过程中,更把问题的解决视为美国在东南亚政治布局的重要一环。印度支那对于美国固守东南亚,防止共产主义蔓延的战略价值成为美国决策者首先要考虑的因素,也赋予法国印度支那殖民战争新的内涵。尤其朝鲜战争的爆发更坚定美国卷入的决心,把扩大军事援助作为有效手段增加法国和印度支那联合政府军事实力。1950 年美国的援助数目大约为 1.5 亿美元,NSC64/1 号文件直接促成 1951 年美国援助的大幅增加,总数约为 5 亿美元。1952 年美国已经承担了法国在印度支那军费的 1/3 左右。[2] "希望法国为了实现大国地位的理想继续军事行动,美国也将继续提供财政支持为印度支那联合国家建立自己的军队"[3],最终实现美国遏制共产主义的目的。

小　结

美法结盟既是战后国家间实力结构质变的结果,更是美国全球治理体系化的重要方面。从美法结盟的外部条件来看,第二次世界大战的结束使得战时大国合作逐渐被美苏冷战对抗所取代。首先,美国政府内部对苏联威胁的评估和开始实施遏制战略已经达成共识,法国等西欧国家共产主义势力发展对美国造成威胁的认知逐渐上升。其次,美国在对"应得利益"与"应负责任"的权衡之下认为,美国主导的多边主义集体防御的体系获得的利益远高于对西欧承担的责任。因而,杜鲁门主义、马歇尔计划以及军事同盟北大西洋公约组织的建立成为美国在西欧确立大西洋联盟战略的重要步伐。同时,能否通

---

① PD00167,"A Report to The National Security Council on The Position of the United States with Respect to Indochina",December21,1950,DNSA.pp.2-5.

② 张锡昌、周剑卿:《战后法国外交史(1944—1992)》,世界知识出版社 1993 年版,第 75 页。

③ Irwin M.Wall:*The United States and the Making of Postwar France*,New York:Cambridge University Press,1991,p.247.

过武装德国以取得对苏冷战的地缘优势,能否取得包括法国在内的盟国理解和支持,成为美国大西洋冷战战略能否顺利实施的关键所在。美国通过《对外援助法(1947)》确立对法国的援助的基本原则,希望通过援助计划为法国的政治稳定研制出"止痛剂",创造"稳定富裕"力求减轻因政治权利重新分配而带来的分裂的影响,防止法国共产党人获取政治益处。美国对法国政策中明显体会到经济、意识形态和安全之间的相互影响和联动效应,先是美国1947至1948年的短期援助,这是美国对法国长期援助的前奏和序曲,是对欧洲美元短缺的积极的初步的反应。但是由于美国对法国援助资金的使用一般都附加条件,无疑增加了援助的束缚程度,从而降低了它的实际价值,并且美国对法援助还包含重要的文化因素,成为美国在法国公共外交的开端。对自身国家形象的"丰富和恰当的描述"成为冷战初期美国公共外交政策的座右铭。美国对法国开展公共外交之布局,虽其重视短期目标,但也是传统外交手段的有效补充。冷战伊始,美国对传统盟友法国施展公共外交,旨在遏止其国内共产主义力量的成长,尽可能削减其对法国的影响,努力塑造美国在法国民众中的正面国家形象。1951年美法的首脑会晤在一定意义上夯实了美法的联盟基础,NSC105号文件厘清了美国对法国政策的大体思路,协调了两国在重大问题上如德国重新武装和法国在法属北非和印度支那问题的基本立场,为美国拉拢利用法国建立共同抵御共产主义"干涉"屏障的欧洲政治军事同盟关系奠定了基础。

第二章 艾森豪威尔政府时期对法国"利用与协调"政策的确立

　　杜鲁门时期,美国对法国政策的整体框架虽初露端倪,但对于法国在东西方冷战中的地位、法国与其他欧洲国家的关系等问题尚没有明确定位。这从一个侧面说明杜鲁门时期的美国仅是勾勒出冷战战略中对法政策的大体轮廓,而很多涉及法国利益以及美国自身利益的具体问题还需要由杜鲁门的继任者艾森豪威尔总统来进一步探讨和确定。20世纪50年代国际形势出现新的变化,法国第五共和国的建立为美国的决策者带来了新的决策困境。从国家安全委员会NSC5721号系列文件和NSC5910号系列文件的内容看,艾森豪威尔政府制定的对法政策,在理论上更加系统,政策上也更加具体和灵活了。"利用与协调"逐渐成为美国对法政策制定的基本内涵,在辞海中"利用"是指使事物或人发挥效能或者用手段使人或事物为自己服务。"协调"是指配合得当或者和谐一致。在冷战这一语境下,"利用与协调"是指:鉴于美法在世界范围存在的利益交织,美国在冷战对抗中既拉拢法国,使其发挥对抗苏联的中坚力量,削弱苏联对美国等西方世界的影响,同时对双方分歧加以管控和协调,维持国际体系中良性功能,避免安全环境和战略利益的认同差异导致的波动。美法双方各有制约影响对方的砝码,存在相互依赖、相互制约的基础。

第一节 艾森豪威尔政府对法国政策制定的背景

　　1953年1月艾森豪威尔开始执政,其时朝鲜半岛战事正酣,直到1953年

7月27日交战双方签署《朝鲜半岛军事停战协定》,朝鲜半岛局势才趋于稳定。中国直接参与援朝战争令美国政府有感于中国政府的"积极干预"对其全球战略布局的牵制,开始担心朝鲜战争一幕会在印度支那再度出现。当时法国正深陷印度支那战争的泥潭,为防止事态扩大,美国不惜加大对法国的军事援助。

一、国际背景

艾森豪威尔就任总统伊始,就遇到一件极为棘手的外交难题:美国如何有尊严地结束朝鲜战争。就像美国国务院情报委员会所预见的,朝鲜战争对美国在西欧的声誉造成重大破坏。"一个苏联的卫星国居然有能力加入一场军事冒险,向美国的实力与意志发起挑战这一点正如许多欧洲人预见到的,只会导致人们对美国的实力与意志表示深深的怀疑"。尽管美国投入陆军的1/3、空军的1/5和海军近1/2作为主力加入朝鲜战争,并使用所有现代化的武器,企图迫使中朝在谈判中作出妥协,但是事与愿违,铮铮铁骨的中国人民志愿军让美国从迅速胜利的美梦中清醒。艾森豪威尔被迫与中国坐下来谈判。当时的"联合国军"总司令克拉克在其回忆录中沮丧地写道:"我是美国历史上第一个在没有取得胜利的停战协议上签字的司令官。"朝鲜战争打破了如日中天的美国不败的神话,让美国必须面对战争失利的现实困境——欧洲对美信心的降低——成为美国需要破除的政治难题。所以,此时本不受美国重视的法国殖民战争让美国看到了重建信心的契机。

当然,美国开始重视法国的殖民战争还源于中越关系的变化和阿尔及利亚战争的不断升级。1954年上半年,越南北方基本获得解放。1954年5月至7月,中、苏、英、法、美、越南、老挝王国和柬埔寨王国代表团在瑞士日内瓦举行会议,讨论印度支那问题。由于中国、苏联和越南的共同努力,7月21日会议达成了一系列协议,越法交战双方在停战协定上签字,日内瓦会议实现了越南北方的完全解放,胜利结束了越南抗法战争。另外在非洲大陆上,此时正处于非殖民化浪潮高涨的时期。1954年11月1日阿尔及利亚民族解放阵线发动反对法国殖民统治的武装起义,随即迅速发展到全国各地。法国此时立场强硬。孟戴斯—弗朗斯在1954年11月12日的国民议会中表示:"阿尔及亚就是法国，对于叛乱不要期待我们任何宽容和妥协。在捍卫一个民族的内部和平和共和国的完整问题上，我们绝不会姑息迁就……法国不论哪一届议会、哪一届政府永远不会在这个根本原则上让步。"①随后法国进行血腥的镇压，于是一场历时 8 年的影响深远的反殖民主义战争就在阿尔及利亚展开了。

美国把法国深陷殖民战争的责任归咎于法国的失误。美国政府认为法国第四共和国的政局纷繁复杂削弱了法国在世界舞台上政治博弈的能力。美国希望能看到法国人尽快解决内政问题，并寄希望于法国 1956 年全国大选。1956 年大选结果让美国在不尽满意中找到一丝安慰，1956 年 1 月 5 日美国欧洲事务助理国务卿麦钱特（Merchant）给国务卿一份关于《法国普选结果的定性分析》的报告，他认为："结果出乎美国的预料，首先是法国议会 200 个席位中几乎 1/3 新议会成员是由左翼和右翼极端分子构成，他们都反对共和制和议会政府。更出乎意料的是共产党夺得 150 个席位，比上届多出 50 个。"美国唯一还能自我安慰的是看到选举中法国共产党公众支持率的下降，也就是这次选举共产党席位的增加不是公众直接投票增加的结果，麦钱特指出："实际上公众投票对共产主义政党的支持比 1951 年上次大选下降了 1%"②。大选结果让美国看到，法国国内共产党的势力和影响有限甚至下降相应伴随着"自由世界"力量的壮大，这必然增强法国和西欧的实力，就像麦钱特分析的"大选的积极因素有两个：一个是法国社会党采取坚决反对共产主义的选举立场，致使投票结果比 1951 年增加了 50 万选票。这提升了主张支持西方和欧洲一体化的秘书长居伊·摩勒（Guy Mollet）的声誉，减少了与共产主义者建立联合政府的趋势和危险；二是极右势力赢得 50 个席位，尽管共产主义席位上升但是新议会成员支持北约和西欧一体化政策的人比 1951 年大大增加了"③。美国人的观察是深刻的，法国的这一变化对于起步阶段的西欧一体化

---

① 张锡昌、周剑卿：《战后法国外交史》，世界出版社 1993 年版，第 84 页。

② Doc 13，"Memorandum From The Assistant Secretary of State For European Affairs to The Secretary of State：Qualitative Aappraisal of Results of French General Elections"，January 5，1956，FRUS 1955~1957，Washington，D.C.：U.S.Government Printing Office，p.19.

③ Memorandum From The Assistant Secretary of State For European Affairs to The Secretary of State：Qualitative Doc 13，"Appraisal of Results of French General Elections"，January 5，1956，FRUS 1955~1957，Washington，D.C.：U.S.Government Printing Office，p.19.

进程的确有十分深远的影响。

二、国内背景

除了国际上的压力外,自20世纪50年代末起,美国国内出现了要求重新审视美国对法国政策、调整与法国关系的声音。这些零散的声音在艾森豪威尔政府时期逐渐发展壮大并汇聚成一股强大的舆论潮流,成为艾森豪威尔调整对法国政策的一支重要力量。面对法国在印度支那战争的失利和大选结果的不尽如人意,有些美国官员开始思考美国是否还应把法国看作重要盟友。1956年1月,一封题目为《法国国际地位的下降和当地反应》的电报堪称美国国内要求重新审视美国对法国政策的舆论先导。

1956年1月17日,美国驻法国使馆第一秘书罗伯特·麦克布特(Robert H McBride)给国务院发去一份题目为《法国国际地位的下降和当地反应》的电报,提醒美国政府应正视和反思法国国际地位下降的事实,建议美国政府对法国应采取"宽容和鼓励"的基本态度。这实际上得到一些美国官员比如驻法使馆参赞罗伯特·乔伊斯(Robert P Joyce)的赞同。

印度支那战争失利等一系列事件,已经让法国民众意识到法国国际地位的下降。电报里说虽然可能当时"法国选举后遗症并不是考察法国地位下降的合适时机",但"评估这个国家对我们至关重要"。[①]

报告首先对法国的国情进行诊断并提出自己的看法。提出影响法国作为世界大国地位下降的原因在于:(1)"两次世界大战长期的耗损,美国和苏联两极格局和不发达地区民族主义的兴起。"(2)"1952年以来法国主要精力大多耗费在经济重建计划、军事上重新武装和印度支那的殖民战争"上,这三者纠缠在一起加剧了法国衰落的速度。[②] 报告的这一观点实际上彻底否定了杜鲁门执政以来对法政策的基本假设:法国仍是世界性大国。

① Doc 32,"Decline of French World Position and Local Reaction Thereto, Despatch From the Embassy in France to The Department of Staes",January 17,1956,No.1363.FRUS 1955–1957,Washington,D.C.:U.S.Government Printing Office,p.21.

② Doc 32,"Decline of French World Position and Local Reaction Thereto, Despatch From the Embassy in France to the Department of Staes",January 17,1956,No.1363.FRUS 1955–1957,p.22.

以此为基础，罗伯特提出法国的大国地位难以为继，又源于日内瓦会议导致法国民众自信心的丧失、欧洲各国对法国地位的质疑以及新爆发的阿尔及利亚叛乱等三个因素。"尤其是当印度支那战争法国不能获得军事和政治胜利的时候，公众逐渐意识到法国在国际舞台地位的下降。"罗伯特举出两个例证来解释法国地位下降的影响：一个是法国公众对国家地位下降的觉醒直接导致法国否决建立欧洲防务共同体的建议，这是对法国在欧洲大陆领导力影响的一次重击。另一个例证是，法国提出建立三国机制建议的未果，"欧洲其他国家对于法国一直存有疑虑，认为其真正国际地位和贡献与美国英国同等的世界作用存在不一致和不协调。欧洲对法国地位下降的看法又使得美英拒绝法国提出的建立三国机制，成为世界领导者的建议"。不幸的是，用于结束远东战争的救助由于法属北非叛乱的出现变得更加杯水车薪。尽管法属北非的情况恶化早有预测，但大家都希望法国能从印度支那发生的错误中吸取教训，避免在法属北非犯同样的错误。

从 1954 年日内瓦会议开始，法国逐渐丧失其在远东的影响力。倾覆的帝国形象充分暴露在法国公众的面前。在罗伯特看来"法兰西帝国在印度支那的倾覆不应归咎于皮埃尔·孟戴斯，他只是负责安排葬礼的角色"①。

这个报告同时认为应该放弃法国在美国制定政策中的决定性作用而应代之以"咨询角色"，罗伯特认为法国在远东和近东的"地位接近"，美国在制定这两个地区政策的时候不需要再考虑法国的因素。利比亚和黎巴嫩独立造成的国际环境的变化对法国在近东的特殊地位造成致命一击。就像法国作为中东防务组织的成员，只是起到参与和存在的作用，并且在该地区法国坚持发挥作用意愿在下降。尽管如此法国在近东的问题上还有合作和援助的用处。罗伯特最后得出结论："美国对这些国家的政策应该独立于法国，与其不发生联系，只是像其他盟国那样咨询即可。当然在远东尤其在越南还需要法国的合作。但是这些合作不应该成为美国制定政策的基本考量。"②

---

① Doc 33, " Despatch From The Embassy in France to The Department of State ", FRUS 1955-1957, Janunary 17, 1956. Washington, D.C.: U.S. Government Printing Office, p.21.

② Doc 33, "Decline of French World Position and Local Reaction Thereto, Despatch From The Embassy in France to The Department of Staes", January 17, 1956, No.1363, FRUS 1955-1957, p.23.

　　罗伯特对法国地位的下降唯一担心是影响到北约的防务等事务,担心伴随法国国际地位的下降法国政府不再关心地区事务,这对美国来讲不利于北约的发展。虽然此时还毫无迹象表明法国有意图从大西洋联盟中退出,但已经看到"法国作为世界大国力量的衰退将为所有法国人所知,这将减少法国对北约的关心。在某种程度上北约是法国发挥世界影响和责任的地方。法国一直希望把法国对北约的支持作为交换物来换取大西洋盟友在重要问题上尤其是法属北非问题上对法国的支持。随着法国保持世界大国努力的明显失败,北约对法国重要性下降并不让人惊奇"。"在法国看来,由于北约被看作是美国执行对欧政策的主要工具,法国在北约中利益的下降带来的必然结果就是法国不愿与美国建立密切的共同体,随着与美国政策关联性的下降可能出现法国拒绝理解甚至误解美国政策动机的可能。"①

　　最后,罗伯特把法国定性为北约中"不是最积极的也不是最消极的"的盟友,并建议美国政府对法国应采取"宽容和鼓励"的基本态度。虽不可能预测法国未来的政策以及它将在何种程度上依赖于法国内阁的结构。可是在可预见情况下法国仍将是北约的成员,"可能它将更多是一个观察者,与之前比更少的参与者"。"在很长时间里法国将是困难和不满意的合作伙伴,但仍不能忽视它对于自由世界的重要性。美国对待法国应该以一种忍耐、容忍和鼓励的态度推进和发展与法国盟友关系,这是必须和有益处的。"②

　　这份报告实际主张放弃美国在西欧依赖法国增强实力的政策,在不放弃法国的前提下,以更加务实的态度对待昔日大国,解除法国对美国全球战略制定的羁绊。由于这些政策建议与美国战后推行的对法政策大相径庭,虽然不会立刻为艾森豪威尔所采纳,但是对作为一贯奉行实用主义政策的美国政府来说,不能不成为它重新考虑对法政策的重要参考和依据。换言之,到了艾森豪威尔第一任期时,美国政府内部对法国的认知随着报告的方向发生变化了,已不再将法国看作世界性大国,而渐趋衰落的法国作为世界性大国的大幕终

----

① Doc 33, "Despatch From the Embassy in France to The Department of State", FRUS 1955-1957, January 17, 1956. Washington, D.C.: U.S. Government Printing Office, p.22.

② Doc 33, "Decline of French World Position and Local Reaction Thereto, Despatch From The Embassy in France to The Department of Staes", January 17, 1956, No.1363. FRUS 1955-1957, p.23.

于徐徐落下,美国也就在此基础上重新评估对法国的政策了。

第二节　利用和协调政策的确立

一、艾森豪威尔政府对法国的国情评估

1954 年 10 月 23 日法国在巴黎签署了协议同意联邦德国和意大利加入西欧联盟(West European Union),随后在 1954 年 12 月的法国国民议会得到批准,并于 1955 年 3 月 27 日得到共和国委员会的同意。这一原则的通过使得美国受到相当大的鼓励。美国驻法国使馆官员阿基里斯(Achilles)认为:"虽然美国希望尽可能加速德国重新武装,并减少法国阻止的机会。但考虑到法德和解的重要性,我们在谈判开始的时候尽可能不给法国我们总是站在德国一边的印象。"①

就在美国为德国问题解决看到希望的时候,法国政坛却出现了危机。皮埃尔·孟戴斯(Pierre Mendes France)在 1955 年 2 月 5 日的国民议会中关于法属北非政策信任议案投票中失利,最后埃德加·富尔(Edgar Faure)于 2 月 23 日组阁成功出任总理,人民共和党(Popular Republican)的皮埃尔·弗林姆兰(Pierre Pflimlin)成为财政部长。

短暂的法国内阁危机虽然结束,但是美国对法国国内政局发展仍然十分关注。1957 年 8 月 13 日美国中情局会同国务院、美国陆军、海军、空军和参谋长联席会议的情报部门等商讨共同制定标题为《关于法国看法》的国家情报评估 NIE22-57 报告。这个报告可以看作是美国系统制定对法国政策之前对法国的"全景式扫描"。由于国家情报评估是部门间高层次的关于重要外交政策问题的权威评价报告,所以这份报告对艾森豪威尔政府制定对法政策具有指导意义。

报告对 1957 年的法国从六个方面进行深入分析并得出以下结论:(1)法

---

① Doc 9,"Telegram From the Embassy in France to The Department of State",March 24,1955,FRUS 1955-1957,Washington,D.C.:U.S.Government Printing Office,p.5.

国深受两大问题困扰,一个是阿尔及利亚战争,另一个是以物价飞涨和巨额财政赤字为标志的金融危机。只有这两个问题得到解决,法国才能推进国内改革和承担起在北约和欧共体内相应的义务。(2)法国政府武力解决叛乱收效甚微,逐渐被迫走到与叛乱者谈判的境地。法国公众和舆论还没做好失去阿尔及利亚的准备。美国认为未来18个月内法国政府会采取较宽松的自治政策甚至承诺承认其独立,而这可能会引起在阿尔及利亚法国殖民者的反对和法国国内右翼的抗议。(3)法国政府通过提高税收、减少预算、限制进口等手段来解决金融问题。这些贸易保护主义政策将可能使得工业增长放缓并造成法国延迟履行建立欧洲共同市场作出的承诺。在阿尔及利亚冲突解决前法国不会改变现有经济政策。(4)法国认识到大西洋联盟对于国家安全的重要性,仍属西方联盟的一员。同时在某些方面奉行独立政治路线。法国派往非洲的军事力量削弱法国的北约防务能力,其资金主要用于发展独立核武器计划,在未来几年对于北约防务毫无军事价值。(5)法国尽管同意欧洲一体化的原则,但是也有让欧洲共同体内的伙伴感到不悦的时刻。法国对于深化欧洲一体化持谨慎的态度,因为他们发现落实已有的承诺存在困难。(6)法国认为他们应掌握世界的领导权。虽然出现金融危机,逐步丧失权力地位,许多国民因此变得沮丧。但我们认为法国第四共和国没有即将覆灭的迹象。共产主义还没有这个能力,极右势力缺乏领导者和追随者。尽管有很多问题会陷入僵局,但是法国不会对其国内需求和国际地位进行重新评估。[1]

上述报告所分析的六个问题,焦点集中在两个问题上:一个是评估法国的内部情况,尤其是法属阿尔及利亚冲突和经济形势;二是预测这些问题对60年代法国国际地位发展的影响。

美国认为阿尔及利亚冲突恶化本已好转的法国经济形势。报告提到法国经济形势是十分严峻的。美国将法国出现危机的原因归咎于:"需求增长与资源短缺加剧贸易失衡,气候问题引发的农业歉收,苏伊士危机爆发,阿尔及利亚军事花费,美国援助和在法花费的减少是造成通货的主要因素。"除此之

---

① Doc 243,"The Outlook For France NIE22-57",August 13,1957,FRUS 1955-1957,Washington,D.C.:U.S.Government Printing Office,p.138.

外,美国还注意到法国人特殊的心理对经济的影响,认为法国"自由贸易的传统"造成法国人明知政府措施有利于未来经济健康发展,也不愿接受政府管制和作出个人牺牲。

在美国情报官员看来,援助是保证法国政府避免政治混乱的前提条件。可是阿尔及利亚冲突对法国经济影响尤其明显,这又加剧美国破解法国经济困局的难度。美国认为:"阿尔及利亚叛乱无疑是加大通货膨胀的主要压力。1957 年法国所有国防花销大约为 40 亿美元,约占国民生产总值的 7.6%,比叛乱发生前每年平均数多出 10 亿美元。其他花销包括大量资源以无偿的方式出口到阿尔及利亚大约有 4.5 亿美元。"[1]

为保持物价的稳定,法国政府采取直接措施降低巴黎的生活消费指数。构成指数的主要商品价格都通过减免税收、免除进口关税、价格调节,甚至修改指数本身来操控。但是"1956 年商品平均价格还是上涨 4%,1957 年的 7月又上升 2%"。在贸易方面,法国政府出现需求与供应的巨大差距,原材料、半成品、工业制成品、食品进口增加,同时法国的出口受到国内物价上涨的影响而出现阻滞。结果,"外贸的赤字从 1955 年的 2.35 亿美元增加到 1956 年的 12 亿美元"。美国的援助,包括在法直接援助和军事援助大幅减少,"从1954—1955 年 10 亿美元减到 1956—1957 年的 3.70 亿美元"。在这一环境下,"法国政府限制了贷款和进口,不再奉行自由贸易政策:对外汇进行管制,对出口商品进行 20% 补贴,而对进口收取 20% 关税。尽管这样,法国仍然面对需从国外借贷解决财政赤字的可能"[2]。报告对法国经济形势的分析是十分透彻和正确的。

对于法国的经济困境,美国认为是来源于阿尔及利亚冲突的溢出效应。血缘联系和当地的资源是法国维持阿尔及利亚殖民统治的主要原因。

首先,阿尔及利亚与法国的联系在于血缘。"该地区大约有 900 万欧洲人后裔,1/7 的法国人在阿尔及利亚有亲属关系。"这种血缘联系致使法国人深信"阿尔及利亚的所属权对法国保有世界地位至关重要,也是对在欧洲以

---

① Doc 243,"The Outlook For France",August 13,1957,FRUS 1955-1957,p.150.
② Doc 243,"The Outlook For France",August 13,1957,FRUS 1955-1957,p.149.

及西欧联盟中不断崛起的西德的有效制衡。他们害怕阿尔及利亚的丧失会成为法国在非洲地区影响力瓦解的开始”。“尤其在苏伊士运河事件后,阿尔及利亚冲突成为法国必须面对的超越其他一切问题的首要事件。法国投入40万法军力争实施对这一地区的控制”。

其次,美国看到阿尔及利亚优良的军事设施和石油储备对于法国保持大国地位十分重要。“法国大陆在阿尔及利亚的私人投资可能达到5亿美元,并有大量的空军军事基地,优良的军队训练设施以及导弹制导的设施。撒哈拉沙漠也被视为核武器试验的理想区域。法国在米斯克比尔的海军基地是地中海地理位置较为重要并且配备最为精良的基地。加上阿尔及利亚南部边境地区勘查出新的油田,这将极大缓解法国对中东石油的依赖。”①

对于阿尔及利亚冲突,美国主要从以下角度来分析法国能否取胜。

第一,阿尔及利亚的“叛乱实力”。据美国情报人员估计,“阿尔及利亚民族解放阵线(The National Liberation Front-FLN)军队总数大约2万至2.5万人,武器的缺乏限制其势力扩大。尽管法国1956年10月捕获5名叛乱领导并宣称摧毁阿尔及利亚民族解放阵线1/10的领导,但该运动似乎仍拥有有效的组织和领导,并能保持较高的斗志和士气,也得到多数阿尔及利亚人无声的支持。最重要的是阿拉伯世界提供物质上资助、外交上和道义上支持。有两个军事物资通道:一个是埃及提供的老式武器物资经由黎巴嫩、土耳其运抵阿尔及利亚;另外一个是来自南欧比如西班牙和意大利。而且阿尔及利亚主要是利用阿拉伯国家提供的资金购买武器。”

第二,共产主义势力对阿尔及利亚的影响。美国情报机构认为:“规模不大而且又视为非法的阿尔及利亚共产党和苏联阵营对于阿尔及利亚民族解放阵线影响比较小。尽管阿尔及利亚共产党努力展示他们的重要性和不断发挥作用,但没有证据显示阿尔及利亚民族解放阵线鼓励或默许任何来自共产主义的帮助。另一方面,一些信奉共产主义的个人已经渗透到阿尔及利亚民族解放阵线。阿尔及利亚民族解放阵线的态度更多是讲究实际而不是支持或反对共产主义的立场,并认为与共产主义的接触的劣势要大于优势。但也存在

---

① Doc 243,"The Outlook For France",August 13,1957,FRUS 1955-1957,p.141.

寻求共产主义直接帮助的可能性。"①

第三,阿尔及利亚各方力量,一是穆斯林与欧洲裔居民之间的关系,"阿尔及利亚穆斯林社区和欧洲裔社区之间的鸿沟在1956年迅速拉大。主要由于法国执行和解和安抚政策,在军事和改革两方面都没有达到法国预期的结果",穆斯林民族和法兰西民族之间的仇恨和敌意不降反增。二是法国军队与阿尔及利亚民族解放阵线的关系,"法国军队尽管对叛乱势力造成重大损失,某些区域已经归降,但是只要军队撤退,游击队活动就会重新开始"②。三是法国军队与当地行政机构的关系。法国军队在阿尔及利亚作用不断扩大。由于地方穆斯林官员不接受法国的改革措施,这促使军队里的人逐渐参与了地方的行政事务,担任中央机构和地方政府的职位。1957年后阿尔及利亚总督罗贝尔·拉科斯特(Robert Lacoste)允许军官参加普选。军队成为当地最强大的政治力量。③ 所以美国认为即使决定给予阿尔及利亚独立,短期内也不会执行,弱势的法国政府在执行新政策上存在着迟疑和犹豫不决。

在美国看来,冲突解决与否都将对法国国际地位产生影响。短期看,法国在未来的一年可能面对更多的经济困难。法国政府必须减少公共和私人的投资需求以与法国的资源相匹配,并迅速转向出口。只要在阿尔及利亚实行镇压政策,法国就不可能在国防上节省花销。短期看政府更愿依赖广泛的贸易和外汇的控制。该政策只会损害欧洲经济一体化的前景。长期看,法国政府通过建立贸易限制壁垒保持经济的增长。不足的外汇集中用于最重要物资进口并通过特别的措施来扩大出口,法国可能实现国民生产总值增长2个或3个百分点,工业生产率增加5%。另一方面在保守主义框架内对法国经济的预测还依赖于其他国家保持对法出口开放的意愿。即使法国得到来自货币基金组织、德国或其他地方的援助,这些援助不可能长期执行。德国在对法援助方面也十分谨慎,因为担心即使提供援助也不会让法国作出基本立场的改变。法国经济的真正稳定只有到阿尔及利亚冲突结束才有可能。

---

① Doc 243,"The Outlook For France",August 13,1957,FRUS 1955-1957,p.143.

② Doc 243,"The Outlook For France",August 13,1957,FRUS 1955-1957,p.144.

③ 陈晓红:《戴高乐与非洲的非殖民化研究》,中国社会科学出版社2003年版,第177页。

美国情报部门对阿尔及利亚问题解决的预期。"我们预测在今年年末法国会考虑与自由战线进行谈判。双方可能都坚持各自原则而致使谈判暂时破裂,但是一段时间后仍有机会继续重启谈判并且是在法方关于独立原则作出妥协后达成。我们认为仍有机会解决危机,可能是在 1960 年末事情得到解决。"①

总之,在美国看来,法国经济形势和阿尔及利亚问题极大地重塑法国各方面的政策。经济方面的困难刺激法国对欧洲合作暂时采取经济隔离政策,法国政府对共同市场和欧洲原子能共同体两个条约的批准虽令人鼓舞,但是不能保证法国承诺长期坚持欧洲一体化的政策。国民议会的分裂、不积极的政府都可能阻碍计划起步阶段的实施。总之,美国对法国形势的评估是全面的,并考虑到政治、经济、军事、外交等各个方面,并以自身的利益为衡量问题的基点,凡不利于自己利益的事情不做,凡有利于自己利益的事情经考虑再三才能着手做。正是基于这样细致的研究评估,美国才从自己的总体战略出发拟定了新的对法政策。美国情报人员的结论是:"在法国的眼中美国在北非和中东的意图都是不可信的。法国坚持通过在阿尔及利亚问题上美国的支持程度——至少不反对——作为尺度来衡量美国的友谊。而且法国可能在其他领域采取行动反对美国的立场。比如说,法国越来越倾向于赞同承认中华人民共和国。但是,只要法国政府对于美国的阿尔及利亚政策感到满意,就可能暂停这方面的具体行动"。②

二、国家安全委员会第 340 次会议与 NSC5721/1 号文件

法国深受内部问题困扰无暇顾及大西洋联盟的发展,这显然与美国国家战略相悖。如何调动法国的积极因素,使其在大西洋联盟中主动发挥美国所期望的作用成为美国政策制定者关注的焦点。为寻求和处理解决美法关系中带有根本性的原则问题,美国国家安全委员会于 1957 年 10 月 17 日召开第340 次全体会议,对新形势下的美国对法国政策进行了认真讨论。

会议主要讨论 1957 年 9 月 30 日由安全委员会计划委员会起草的题为"美

---

① Doc 243,"The Outlook For France",August 13,1957,FRUS 1955-1957,p.144.

② Doc 243,"The Outlook For France",August 13,1957,FRUS 1955-1957,Washington,D.C.: U.S.Government Printing Office,p.159.

国对法国政策"的 NSC5721 号文件。① 这是一份提交国家安全委员会全体会议讨论的政策文件草案,国家安全委员会讨论通过后,于 10 月 19 日以 NSC5721/1 号文件的形式颁布,作为指导下一阶段美国对法国政策的纲领性文件。

会议对 NSC5721 号文件进行细致的讨论,重点是讨论 NSC5721 号文件的第 41 段中的一段话:"考虑到利用美国资源和法国的需求,决定继续向法国提供军事援助,援助的目的是帮助法国实现美国批准的北约的军事任务,并且保证军事援助计划规定的物资将只用于符合美国政策的法国军事行动。这样的援助应该基于下列根据:(1)1958 财年期间和之后提供给法国的赠与援助,要与 NSC5707/8 中的关于北约地区计划的先进武器系统的标准相一致。(2)1958 财年提供法国常规军事援助赠与基础是:第一,1958 财年后法国常规军事援助的补偿可达到最高程度,如果这些补偿援助不能满足法国的基本要求,要准备向法国提供小额的赠与援助来实现上述目的;第二,除非 1958 财年结束之际法国证明会把阿尔及利亚的北约部队重新部署在欧洲大陆,美国才会为了常规军力的现代化,考虑对法国援助。"②

对于上述两点美国内部出现分歧。一方以国务院和参谋长联席会议为代表,认为应该删除;另一方以计划委员会为代表,认为应该保留。所以在会议上针对不同的观点各方希望能达成一致意见。艾森豪威尔总统国家安全事务特别助理卡特勒·罗伯特(Cutler Robert)指出国务院已经建议删去上述两条内容,转为在经济附录里解释其意义。"计划委员会的多数委员认为为了对 1959 财年的军事援助计划提供适当的指导,这些规定是必要的。如果这些内容被删除将缺乏相应的政策指导。"简单讲,计划委员会是希望寻求对法国军事援助计划发展制定一定的标准;而国务院和参谋长联席会议认为不建议对援助要求做出精确的规定。国务卿杜勒斯解释道:"考虑到法国问题的各方面,我们不能在狭隘的基础上处理法国问题。我们需要在处理法国问题时有更大的灵活性,我们不能只从美国财政和军事要求的角度看待法国,否则风险

---

① PD 00527,"U.S.Policy on France",September 30,1957,DNSA.

② Doc 388,"Memorandum of Discussion at the 340th Meeting of the National Security Council",October 17,1957,FRUS 1955-1957,Washington,D.C.:U.S.Government Printing Office,p.173.

太大。""删除的内容可以在适当时候给予考虑,比如在正常财政过程中,或在北约每年的审查中。我十分怀疑这种硬性指导的价值。事实是它们不在国家安全委员会文件里规定并不意味着不会在每年预算审查中予以考虑。在1959财年只以补偿援助形式来提供给法国是错误的。"①最后,总统做了一锤定音的表态,他"非常同意计划委员会多数的观点,但我必须指出我们可能通过其他军事援助计划来向法国提供更多的帮助,因为法国的重要性超越一切"。在关于即将举行与国会的会议上,总统强调鉴于法国的重要性和法国国内情况的易变性,应"尽量说服立法者"。②

会议讨论存在分歧的另一个议题是第44段中有关核存储和开发等内容:"(1)找到办法解决以下问题,在1954年原子能法案的条款允许情况下,寻找存放核武器和总统何时发出指令转移到北约部队的问题;在执行北约防务区域内军事任务时使用问题。(2)尽可能迅速地取得在法国核存储权利。(3)建议如果法国不顾美国的提议执意进行核武器的研发,美国将被迫重新考虑军事援助的政策和计划。"③

对此特勒·罗伯特指出,第三部分是财政部提出的建议,参谋长联席会议认为应删除第一和第三部分,而计划委员会认为第一部分只是简单重复在国家安全政策中明确阐述的政策。国防部的代表夸尔斯·唐纳德(Quarles Donald)的解决办法是删除第一部分的最后一句话,因为不构成重要国家目标并与其他内容不相关。总统提出:"我希望提醒委员会,第三点的行为是非常重大的错误。我们应该试图劝服法国不进行核武器的行为,但是我们不应向法国施加压力阻止他们那么做。如果我们这么做我们将牺牲在北约建立起来的一切。"④

最后会议决定对以下内容进行修改:删除第41段的两个依据的内容,第

①　Doc 388,"Memorandum of Discussion at the 340th Meeting of the National Security Council", October 17,1957,FRUS 1955-1957,Washington,D.C.:U.S.Government Printing Office,p.174.

②　Doc 388,"Memorandum of Discussion at the 340th Meeting of the National Security Council", October 17,1957,FRUS 1955-1957,Washington,D.C.:U.S.Government Printing Office,p.176.

③　Doc 388,"Memorandum of Discussion at the 340th Meeting of the National Security Council", October 17,1957,FRUS 1955-1957,p.178.

④　Doc 388,"Memorandum of Discussion at the 340th Meeting of the National Security Council", October 17,1957,FRUS 1955-1957,p.178.

44 段的第一部分删除最后一句话,第三部分删除,并换为下列内容:"在符合所有国家的利益基础上劝阻第四国生产核武器,寻求劝解法国不独立生产这种武器。向法国承诺美国将找到方法保证在面临北约被侵略情况下为北约盟友使用核武器的可能。"①

经修改的 NSC5721 号文件经由艾森豪威尔总统 10 月 19 日批准,正式作为国家安全委员会 NSC5721/1 号文件颁布,交由美国政府相关部门参照执行。

NSC5721/1 号文件共分为"总体考虑"、"目标"和"主要政策指导"三大部分,其主要内容如下:

文件的开篇就指明在探讨对法国政策时的五重考虑。第一重考虑为"法国的地位"。尽管国际力量和威望减少,法国仍在西欧大陆发挥关键的作用。法国支持西欧一体化的举措是实现欧洲一体化的必要条件,法国对措施的敌视和漠视则会导致其失败。

但是,应该指出的是,法国正经历困难时期。尽管内阁频繁更迭,法国政治仍展现出基本的延续性,实际上对外政策较为固定。"尽管目前经历金融危机,法国经济仍建立在丰富平衡的资源基础之上。虽然法国已从第二次世界大战的灾难中恢复过来,但仍身陷印度支那和北非的军事行动。战后法国基本的问题是与境外领土建立新的关系,并且调整大陆国家的地位。法国在欧洲能够充分发挥重要性和建设性的作用之前,它在社会、经济和政治体系上的某些缺点和不足必须克服。"②

第二重考虑为"政治结构"。在这部分中,美国分析法国政治结构弱点没有严重影响对外政策的连续性。尽管频繁的内阁更迭,但是政府行政管理的连续性由于高效胜任的公务员队伍而得以保持,法国战后的外交政策在基本问题上保持不变,比如东西关系、北约、欧洲一体化等,并且总体上支持美国政策。

美国认为法国政治系统的问题造成现在的困难。在面对重大国内或国外

① Doc 388,"Memorandum of Discussion at the 340th Meeting of the National Security Council", October 17,1957,FRUS 1955-1957,p.180.

② Doc 390,"National Security Council Report:Statement of U.S.Policy on France",October 19, 1957,FRUS 1955-1957,p.182.

危机时法国宪法体系不能发挥作用,但还不能预测何时能通过正常宪法程序来修正。如果在目前形势下进行宪法变革,很可能带来民族主义和独裁主义的因素渗透到政权中,美国会更艰难地与其相处,而且会对北约联盟产生严重威胁。

关于法国国内的共产主义政党的情况,美国认为共产主义政党的存在是个持续的危险。"它有着大量的成员(粗略算有 30 万,核心有 5 万),有着大量的选民的支持。在法国民众眼中共产主义政党是与法国革命的激情和劳工的利益相联系,加上在抵抗时期共产主义组织抵抗行动,使其在众多党派中脱颖而出。在劳工组织中的牢固地位也赋予其政治活动的合法性。因为大约四分之一的国民议会的成员是共产主义者,任何政府如果想在没有共产党的支持下希望得到大多数的支持必须得到非共产党选民中三分之二的选票。这必然导致联合政府不断重新洗牌和改组。共产主义的力量和潜在的有效性已经比战后高峰降低了很多,而且该党由于匈牙利叛乱和镇压出现进一步的孤立和动摇的境地。但是还不能预测它在法国政治生活中作为一支重要的力量是否会大幅削弱。"①

第三重考虑为"经济结构"。首先美国肯定法国经济成就,法国基本上是欧洲最有前景的国家之一,有着充足的工业原材料和农业资源,其制造业处于先进水平。随着国外资源的投入法国经济已经从战争中恢复并达到一个较高的水平。法国的改革使经济从贸易外汇的控制和政府补贴中解放出来,削减关税、配额和其他贸易保护主义措施。欧洲共同市场条约的签署和实施最终促成这些改革。此外,法国经济问题也得到美国的重视。"政府账户赤字达到总体花费的20%。仅阿尔及利亚的冲突就导致1956年赤字增加了10亿美元。另外法国政府的高额投资和大量的商业信贷造成一定程度上的通货膨胀。"②

第四个也是最重要的是对"法国的军事作用和能力"考察。美国首先看重在法国的军事部署计划。从军事角度看,美国主要关心的是法国保证对西

---

① Doc 390, "National Security Council Report:Statement of U.S.Policy on France", October 19, 1957, FRUS 1955–1957, Washington, D.C.: U.S.Government Printing Office, p.183.

② Doc 390, "National Security Council Report:Statement of U.S.Policy on France", October 19, 1957, FRUS 1955–1957, Washington, D.C.: U.S.Government Printing Office, p.185.

方防务持续和有效参与,尤其是在北约的框架内。因为法国的战略地位对北大西洋联盟和北约在欧洲的军事计划都十分重要。对法国的港口设施、公路、铁路和机场的利用对于美国与北约的军事力量来说也十分重要。而且按照美法关于基地协议,"美国正在法国建立 7 个空军基地。大约 4.4 万美国军事人员驻扎在法国。美国国防部将在法国建立的主要战斗力量目标是:陆军部署14 个师;海军部署 198 艘军舰(包括 3 艘航空母舰及舰载飞机)以及 84 艘海上巡逻机和 25 架直升机;空军部署 57 个空军中队。美国相信这些部署,加上其他盟国的军事力量将足以保护美国的安全和有效实施在北约区域内的战略防务"①。

法国的军事力量评估方面,美国估计目前法国军队的力量和构成大体如下:陆军 795000 人(22 个不同类型的师包括招募士兵的重型装备队和处理阿尔及利亚危机的后备部队)、海军 86300 人(231 艘备战军舰和 771 架飞机)、空军 165700 人(包括 59 个空军中队,共有 3935 架飞机,包括 1689 个机动部队)和国家宪兵 82000 人(17 个团和 15 个营)。文件对法国把指派到北约的法国军队派遣到阿尔及利亚的决定表示担忧,认为这会削弱北约防务能力,严重干扰北约防务计划的实施。"在阿尔及利亚问题解决前法国在军队和后勤方面都不能对北约作出贡献。法国能投入与北约相关的战斗军力有 14 个师和特别指定用于北约的 3 个师。由于法国撤销在欧洲大陆的 2 个师,可能导致投入战斗用于北约的军队从 17 减少到 15 个。预测目前只有 2/3 的部队继续在欧洲并能够在战争的第一个月内实行有效防卫。"②

在众多问题中最为重要的还是美国对法国的军事援助问题。从 1950 年到 1957 年 6 月 30 日,美国给法国军事援助大约 38 亿美元,并于 1957 年 5 月 1 日前完成大约 98%。③ 此外法国还有大量海外采购计划,截至 1957 年 6 月 30 日合约达到 10 亿美元,经费达到总数的 96%。而且法国也受益于共同武

---

① Doc 390,"National Security Council Report:Statement of U.S.Policy on France",October 19,1957,FRUS 1955-1957,Washington,D.C.:U.S.Government Printing Office,p.186.

② Doc 390,"National Security Council Report:Statement of U.S.Policy on France",October 19,1957,FRUS 1955-1957,p.186.

③ 这些援助包括对法国在印度支那战争直接和间接军事援助,但不包括在印度支那计划下约 10 亿美元提供到相关国家的物资和服务。

器发展计划(Mutual Weapons Development Program)、北约永久基地的活动和美元补偿援助。北约估算法国大约有 240 亿美元用于 1949—1956 年防务。1957 年的冬天法国要求美国以赠款援助和海外采购的形式来提供常规和先进武器,花费大约 14 亿美元。[①] 美国在 1957 年 3 月 13 日拒绝法国的要求,但是向法国解释其要求会在未来的军事援助计划中给予考虑。美国提供军事援助主要的原因是"法国还不能提供必需的代替物来重建法国在欧洲大陆的军事力量以保证完成北约的任务"。[②]

在法国生产核武器问题上,美国认为法国工业能力完全可以生产符合防务需求的核武器,以此提高法国的国际声誉。法国军事上的主要考虑是在任何敌对状态下保持对核武器的独立控制权。因此法国更加重视战略核武器的研发。按照美国估计,法国将进行核武器的生产,可能与德国合作进行。法国已经向美国施压要求美国提供法国军用核弹头,同时向美国提出正式要求参与中程弹道导弹计划。

第五重考虑为法国的"国际关系"。美国首先认为法国在欧洲的作用十分重要:法国既可加速又可以阻碍欧洲一体化,法国在这两方面都曾有过先例。让美国情报部门比较担心的是法国强烈的民族主义和孤立主义的趋势,加上苏伊士运河和阿尔及利亚问题的影响。法国认为其盟友在阿尔及利亚问题上没有给予足够的支持。美国也质疑由于经济现状和保护主义传统,法国不能调整并适应共同市场的条款。另外法国支持北约可能多少受到阿尔及利亚冲突的影响,但是按照目前判断法国将继续支持北约。[③]

在关于法国与北非和印度支那的关系问题上,美国坚持认为只要阿尔及利亚冲突持续,法国和北非的关系就不会稳定。冲突的结果将决定法国能否在该地区维持影响、能否继续成为欧非合作中有影响力的因素。文件分析法国对美国没有好感主要在于:"美国在这一地区影响力和威信的增加,法国认

---

① Doc 390,"National Security Council Report:Statement of U.S.Policy on France",October 19, 1957,FRUS 1955-1957,p.187.

② Doc 390,"National Security Council Report:Statement of U.S.Policy on France",October 19, 1957,FRUS 1955-1957,p.188.

③ Doc 390,"National Security Council Report:Statement of U.S.Policy on France",October 19, 1957,FRUS 1955-1957,p.189.

为美国正试图代替法国。"这一点反映了美法在北非问题上的矛盾。文件此时毫不掩饰地表达美国对新独立国家的兴趣，表示"美国将不可避免发挥更大的影响力。尽管法国在印度支那的老挝、柬埔寨仍保持一定的政治影响力，而越南已经是美国的利益范围，法国只能和美国加强合作，才能防止被边缘化的危险"①。

关于美法关系，文件认为由于法国认为联合国对法国的积极作用是微乎其微的，法国的安全和利益主要依赖于美法关系，"只要阿尔及利亚冲突继续，法国将依赖于美国的关系来处理与亚非国家的关系以及中东的关系。如果法国不愿承认其世界地位的下降，如果美国在法国势力范围的影响力进一步提升，法国和美国的关系变得越来越困难。美国有效影响法国态度和政策的能力是有限的。阿尔及利亚目前是关键点并且美国和法国关系在很大情况下受到两国地位和立场的影响"。另外法德关系发展迅速是欧洲一体化的必要条件。"在德国军国主义不再死灰复燃的情况下法国对苏联的政策可能保持与美国总体上的一致性。"②

第二大部分"目标"内容比较简短。美国基于上面的五重考虑，确立了六个提纲挈领式的直接目标：(1)保持美法的良好关系，维持法国与美国的政策协调一致；(2)利用法国对北约的依附，让其履行对北约的义务的同时可以继续利用美国军事设施和通信；(3)提高法国在欧洲一体化过程中政治上和经济上的贡献和参与度，这主要依赖日益密切的法德关系；(4)公平地解决阿尔及利亚冲突，实现北非和撒哈拉的总体稳定；(5)法国经济和金融的健康发展；(6)赞同法国关于撒哈拉以南非洲领地的政治和经济政策。

在第三大部分"主要政策指导"，美国基于上述六个目标确立了系统全面的对法政策：③(1)寻求法国对美国地位和目标的最大支持，为了这个目的，目前在国际重大问题上尽可能和法国政府磋商。如果有与法国政策存在分歧的

---

① Doc 390, "National Security Council Report: Statement of U.S. Policy on France", October 19, 1957, FRUS 1955–1957, p.189.

② Doc 390, "National Security Council Report: Statement of U.S. Policy on France", October 19, 1957, FRUS 1955–1957, p.190.

③ Doc 390, "National Security Council Report: Statement of U.S. Policy on France", October 19, 1957, FRUS 1955–1957, p.191.

地方,要尽可能秘密地执行,并提供建设性的代替措施。(2)在对苏联和德国重新统一问题上调和法国和我们的政策。避免给法国造成这样的印象:美国和苏联在涉及法国直接利益问题上抛开法国缔结双方协议。(3)努力减少法国与中国的贸易,阻止至少尽可能劝阻法国承认新中国。(4)继续敦促法国被派往北非的法国军队重新履行对欧洲和北约义务。(5)考虑到利用美国资源和对其需求,决定继续向法国提供军事援助,援助的目的是帮助法国实现美国批准的北约的军事任务,并且保证军事援助计划规定的物资将只用于符合美国政策的法国军事行动。(6)寻求在协调的基础上继续使用美国在法设施以及执行北约的相关协议。(7)探究下列问题的解决办法,在1954年原子能法案的条款允许情况下,明确存放核武器和把核武器转交给包括法国在内的北约成员国的条件;在执行北约防务区域内军事任务时法国使用核武器问题。尽可能迅速地保证取得在法国核存储的权力。在符合所有国家的利益基础上劝阻第四国生产核武器,寻求劝解法国不独立生产这样武器。向法国保证美国将找到方法保证在面临北约被侵略情况下北约盟友使用核武器的可能。(8)在欧洲共同市场和欧洲原子能问题上适度鼓励法国更多参与。美国要尽可能提供帮助,必要时帮助建立友好的法德关系和法西关系。(9)采取合适的步骤努力减少共产主义的势力和影响力。(10)阿尔及利亚建立自治政府和独立是不可避免的,阿尔及利亚长期在经济上依赖法国,利用任何机会解决阿尔及利亚的冲突是符合美国的利益和利于北非将来稳定和经济发展。为落实这条政策,美国应注意:其一,避免公开的压力,尤其美国对阿尔及利亚问题的公开调停。其二,努力保证法国更好理解美国的动机是寻求早日和平、平等解决,以保证北非的稳定和其与法国和西方的关系。其三,指导美国朝着鼓励缓和、谈判的方向努力,但是应由第三方来调停纷争。其四,鼓励法国和北非维持密切和友好的关系和继续法国对北非的经济和军事援助。其五,敦促法国改善与摩洛哥、突尼斯的双边关系并加强与联合国的合作。(11)鼓励法国接受和维持为了取得国内经济稳定和国际账户平衡的政策。考虑到目前法国的经济困难,适度鼓励法国在可能的条件下进行经济预算、信贷减缩、限制投资和消费以及调整外汇汇率。(12)鼓励实施法国在撒哈拉沙漠以南非洲的渐进的政策,鼓励法国继续对这些地区提供经济援助。明确美国支持法国保持这些地区的密切关系的政策。协调法国美国在这些地区技术和经济援助的立场,以便阻止产生美国试图代替法国的印象。①

NSC5721/1 号文件是在新形势下美国政府最高决策机构所作出的对法政策指导性文件,它是对杜鲁门 NSC105 号文件基本精神的继承,但从具体的政策条文上来分析,NSC5721/1 号文件更系统和灵活,基本确立"利用和协调"政策的内涵。把保持美法的良好关系,维持法国与美国的政策协调一致作为政策的基本原则,不断调整美法在北约、核问题、非殖民化等众多领域的不同立场,利用法国在欧洲的特殊作用,使法国成为欧洲一体化的积极参与者和西欧政治的稳定器。对于法国面临的阿尔及利亚冲突和经济困难,美国是在保护自身利益前提下向法国提供适度的帮助,军事援助也成为增强法国对美国向心力的主要砝码。很显然,尽管文件设定的目标中包含了提高法国在北约和欧洲一体化过程中,政治上和经济上提高贡献和参与度等内容,但在实际操作上,阿尔及利亚问题的久拖不决影响上述目标的实现和完成,法国没有按照美国的设想撤回在阿驻军以加强西欧防务。可见美国在利用法国加强北约防务和支持欧洲一体化方面可谓费尽心机,并把实现法国经济健康发展和阿尔及利亚冲突的公平解决作为实现上述目标的手段。可以这样说,NSC5721/1 号文件所包含的政策基调是"利用和协调"。值得一提的是,"应由第三方来调停"战后法国与境外领土建立新的关系的提议已经显示出美国在这方面的野心。非殖民化问题在美国制定对法政策中的比重则逐渐上升,也为美国控制北非提供了较好的借口。

三、美国军事援助的具体目标

正如 NSC5721 号系列文件所揭示的那样,"利用和协调"是美国对法国政策的基调,但并非全部。作为其补偿性措施,对法国的援助既服务于美国在西欧遏制苏联影响的需要,有力维护法国作为"尽管国际力量和威望减小,仍在西欧大陆发挥关键的作用"的特殊地位,也成为规制法国政权的一种手段。

---

① Doc 390,"National Security Council Report:Statement of U.S.Policy on France",October 19, 1957,FRUS 1955-1957,p.193.

为"实现法国对北约的义务"的这一目标,美国"决定继续向法国提供军事援助,援助的目的是帮助法国实现美国批准的北约的军事任务,并且保证军事援助计划规定的物资将只用于符合美国政策的法国军事行动"。这就奠定了美国对法国援助政策的基础。也就是说,美国要援助法国;反过来,法国要为美国利益服务。

但现实是,两国对援助的认识是有差别的。美国认为,援助是保证法国政权得以为继的前提条件,同时能大幅提高法国军队的战斗力。而法国政府则主要考虑保持法国国内的安全并维持对阿尔及利亚的控制。所以当预料阿尔及利亚战争短期不能结束时,法国政府极力争取的就是更多的美援,特别是军事上的援助。1956 年 12 月 13 日法国致信杜鲁门总统,要求美国继续提供更多的军事援助,数目大约为 14 亿美元。1957 年 3 月 13 日美国作出回应,针对军事援助提出四点意见:一是赠与援助不打算按照法国提出的规模。二是美国不会直接或间接援助法国在阿尔及利亚的行动;三是美国用于常规物资的援助必须限制在北约任务中使用,并考虑法国满足自身需求的能力;四是法国的要求将在美国军事援助计划中予以仔细考虑。① 对于法国的要求,美国一方面强调美国的援助必须限定在北约使用。另一方面表示在"军事援助计划中考虑"。这是怕断然拒绝法国提出的援助会导致两国得之不易的友好关系出现倒退。

美国长期以来一直对法国提供军事援助,按照美国国防部估计美国1950—1957 年提供给法国的军事援助计划累计为 37.963 亿美元。截至 1957年 6 月 30 日实际到位金额为 37.643 亿美元。花费多用于设备、配给、包装、板条箱打包和运输的费用,培训的费用,建设和改善库存的花费。由于1956—1957 财年根据北约地区先进武器计划给法国援助具体数额还没有最后作出决定,上面的数据不包括这些费用。此外法国通过赠与援助计划、设备援助计划得到援助以外,还有共同武器发展计划、海外采购计划和北约永久基地的建设计划。截至 1957 年 6 月 30 日退款补偿援助计划下卖到法国的设备

① Doc 305,"Letter From The Charge in France(Yost)to The French Minister of National Defense(Bourges-Maunoury)",March 13,1957.FRUS 1955-1957,Washington,D.C.:U.S.Government Printing Office,p.115.

和物资价值大约为 1660 万美元。①

针对法国经济困难和阿尔及利亚战事的逐渐升级,美国确立 1958 年军事援助计划的目标:其一是在大西洋条约的框架内援助并满足法国组织、配备、训练和维持武装力量的基本要求,特别是北约批准的防务计划地区的防务;其二,提供军事援助保证这些援助有助于提高统一作战能力并与北约地区防务的战略相一致。② 这一目标与历次美国援助的目标是一致的。但从下面的内容看,显然费用有所增加。

按照美国的预测 1958 财年军事援助计划预计达到 1.6 亿美元,包括 0.9 亿美元分配给法国的北约先进武器和 0.7 亿美元共同安全计划常规项目的援助,包括国家计划的设备、物资、培训等花费。1958 年法国将在赠与援助的基础上接受先进武器援助,在 1958 年以后将在常规项目军事援助计划以美元或者法郎来补偿。表中这些以退款补偿援助显示的部分花费也可能变成赠与的援助。美国 1958—1961 财年用于赠与援助的军事援助花费将达到 3.03 亿美元。如表 2-1 所示:

表 2-1 1956—1961 财年美国军事援助情况一览表

(单位:百万美元)

	实际		预测				总计
	1956	1957	1958	1959	1960	1961	1958—1961
赠与援助							
常规项目	78	47	70	—	—	—	70
先进武器	2	60	90	47	32		231
贷款援助							
常规项目	—	—	—	92	92	70	254

值得一提的是,此次援助一个显著的不同是利用共同安全法 103 款 c 条

---

① Doc 390,"National Security Council Report:Statement of U.S.Policy on France",October 19, 1957,FRUS 1955-1957,Washington,D.C.:U.S.Government Printing Office,p.197.

② Doc 390,"National Security Council Report:Statement of U.S.Policy on France",October 19, 1957,FRUS 1955-1957,p.195.

款的规定,在海外采购和任何形式的补偿经济援助的程序中考虑接受当地货币。应该指出的是此前美国还没有这方面的先例。这表明美国为解决法国的金融危机,采取补偿方式的,并允许用法郎支付海外采购合同作为经济援助的形式。在此原则基础上,美国国防部制定对法国援助的具体目标。①

美国作出这一决定主要基于对法国能力的评估,当时法国指定用于北约的 17 个师中有 3 个师在北非执行任务。这样在美国看来就不能满足法国应履行的北约军事义务。美国估计"只有 2 个指定用于北约的驻守在欧洲进行有效的战斗。北非军队调回欧洲的师不会超过 2 个。法国的海军尽管受到过时船只和飞机的限制,但仍能有效处理反舰艇战争和具备有效的扫雷能力。与英国和德国比较,法国工业能力能生产满足防务要求的多数设备。法国目前防务花费的水平,如果不是用于阿尔及利亚冲突的花费的话,将更能实现北约的目标。所以从美国国防部对于法国的军事援助可见,美国关心的始终都是法国履行北约防务义务的能力,而对于法国用于阿尔及利亚冲突的支出则表现冷漠"。

第三节　戴高乐上台后美国对法政策的微调

一、NSC5910/1 文件的制定

就在美国制定对法国的政策 NSC5721/1 号文件出台不久,法国国内政局发生重大变化。1958 年 6 月 1 日国民议会以 329 票对 250 票表决通过授权戴高乐组阁。戴高乐一上台就对法国的政治体制进行重大调整和改革,谋求建立一个强有力的稳定的政权。1958 年 9 月 28 日举行的公民投票,以压倒多

---

① 美国对陆军、海军和空军分别进行援助,具体内容如下:(1)陆军:9 个摩托化步兵师;3 个新型的装甲师;2 个快速的机械化师;(2)海军:3 艘航空母舰(CVL);3 艘巡洋舰(CA/CL/CLAA);70 艘驱逐舰或者护卫舰(DD/DDE/DE/PE);6 艘巡逻兵舰(PC/PCE/SC);15 艘大洋扫雷舰(MSO);78 艘海岸扫雷舰(MSC);15 艘近海岸扫雷舰(MSI);8 艘潜水艇(SS);84 架巡逻机或者对抗潜艇的飞机;25 架直升机;(3)空军:9 架 UE16a/c 型拦截战斗机;16 架 UE25a/c 型拦截战斗机;9 架全天候战斗机(UE12a/c);11 架战斗轰炸机(UE12a/c);4 架战术侦察机(UE18a/c);5 架轻型轰炸机(UE12a/c);3 架运输机(UE16a/c)。

数通过新宪法。第五共和国宣告成立，追求法兰西的伟大复兴和独立，成为戴高乐外交政策思想的核心。

（一）美国政府内部的分歧

戴高乐的政策迫使美国政府必须认真考虑在这种形势下对法国政策该往何处去。1959 年 8 月 3 日美国国家安全委员会将一份题为"美国对法国政策"的 NSC5910 号文件草案分发给美国各相关部门征求意见，对新形势下的美国对法国政策进行了认真的讨论。

文件草案下发后，美国政府内部主要有以下分歧：

1. 在核领域与法国的合作问题。美国政府大多数人主张通过某种形式的欧洲多边核力量机制来满足法国的核要求，除非证明不可行才考虑是否进行双边形式的合作。参谋长联席会议主张寻求法国对多边核力量的支持不会让法国打消发展独立核力量的努力，美国应该决定优先考虑是否与法国达成双边援助协议，而国务院则主张利用多边核力量计划来解决。国务卿赫脱（Herter）认为："我们应该考虑美国的立法史，法国是排除在接受美国帮助之外的。"美国原子能委员会主席麦科恩（McCone）也认为关于与法国的双边援助只能是"研究"阶段。国防部也考虑到国会暂时不会同意与法国达成双边协议，赞同与法国的核合作应该在北约的框架内寻找办法，多边安排会更易于得到国会的赞同。①

2. 军事援助中"承诺"（Commitments）含义的界定。财政部和预算局担心国防部把"承诺"解释为已经计划的美国援助。预算局的主任斯坦·莫里斯（Stans Maurice）认为应对每个计划进行详尽的审查。国务院赫脱认为承诺更多是道德意义上的。总统同意其观点并认为可以逐渐审查每个项目，这并不是违背美国的信誉，而是研究每个项目后才决定是否作出承诺。

3. 对戴高乐的基本态度问题。美国面对的关键问题是在何种程度上与戴高乐的合作符合美国安全利益。② 美国面临三种政策选择：选择一，是多数人建议继续沿着目前美国的政策，努力适应和满足戴高乐的要求同时不能与美

---

① Doc 152,"Memorandum of Discussion at The 422d Meeting of The National Security Council",October 29,1959,FRUS 1958−1960,Washington,D.C.：U.S.Government Printing Office,p.291.

② PD00588,"U.S.policy on France",August 3,1959,NSC5910,DNSA,p.24.

国其他的核心利益背道而驰。美国的观点是："不论采取何种做法,估计将影响北约的未来和欧洲一体化甚至法国本身。强大甚至有些民族主义的法国对美国的长期利益十分重要。如果法国在一定程度上与美国的其他利益一致,我们应该尽所能适应戴高乐。很明显阿尔及利亚问题的解决对法国和北非的稳定都十分重要。而且戴高乐解决阿尔及利亚问题很大程度上要依赖于美国。不管我们在迎合戴高乐要求的路上能走多久,我们必须让他知道美国满足其要求必须符合双方的利益。"①

参谋长联席会议提出第二个选择,是给戴高乐的阿尔及利亚政策更多支持同时寻求其他问题的共同利益。支持者认为,这种选择的基本优势是戴高乐的措施最有可能解决阿尔及利亚冲突,并稳定法国和北非的局势。积极主动地支持戴高乐是美国最好的行动方向。这样将大大有助于阿尔及利亚冲突的解决并换取戴高乐在其他问题上对美国的妥协。北非逐渐成为欧洲和美国的特殊利益,这样美国的行动方向不仅是让法国重现政治和经济上的强大,也要保证北非尽可能不陷入政治、军事和经济的动荡。该行动方案如果成功可能促成阿尔及利亚战事的停止和法国的北约军力重回欧洲,以及实现阿尔及利亚政治和经济稳定。尽管很难预测美国支持法国政策对阿尔及利亚的影响,可以确定的是美国支持阿尔及利亚将对法国兑现这些承诺有些益处。

第三个选择是给予戴高乐在其他问题上比第一第二选择更多的最大的支持,并继续美国的中间道路的政策。赞同者认为因为戴高乐对西欧十分重要,美国必须给他更多的支持才能建立法美更密切的关系,同时希望阻止戴高乐派民族主义的反欧洲行动,防止对欧洲联合和北约防务造成损害。

带着上述不同意见,美国国家安全委员会于 1959 年 10 月 29 日召开第422 次全体会议,对于 NSC5910 号文件草案进行讨论。最后就上述分歧达成一致意见,对 NSC5910 号文件作出下列修改:(1)关于与法国的核合作,即第41 段 a 表述改为:"迅速研究在合适的时间,寻求法国参与某种形式的欧洲多边核力量。迅速研究是否和在何种情况下提供交流信息、物资或者核武器来

---

① PD00588,"U.S.policy on France",August 3,1959,NSC5910,DNSA,p.25.

增强法国核武器的能力才符合美国的利益"。① (2)委员会同意对第 46 段的承诺应该加以解释，是指美国与法国关系带有诚意的承诺，而不是指单边的美国的计划，该计划不代表美国作出对法国的承诺。(3)对戴高乐的基本态度问题上。美国在权衡后认为第一和第二方案较为符合美国安全利益。于是，美国适时微调了自己的政策，表现为在支持法国戴高乐的同时也要兼顾美国的核心利益。

(二) NSC5910/1 号文件的主要内容

1959 年 11 月 4 日美国国家安全委员会根据上述会议讨论结果的最终意见修改了 NSC5910 号文件，②经总统批准后，以 NSC5910/1 号执行文件的形式颁布，交由各相关部门执行。这份题为"美国对法国政策"的重要文件是继 NSC5721 系列文件之后指导下一阶段美国对法国政策的纲领性文件，完全替代此前的 NSC5721/1 号文件。

文件分为"总体考虑"、"目标"和"主要政策导向"三大部分。

"总体考虑"部分细分为 5 方面内容：

1. 导言

文件认为法国政治和经济在 1958 年 5 月 13 日阿尔及利亚动乱和戴高乐重返政权以来已经发生深刻变化。法国处于转型时期，戴高乐的"冒险"不仅避免军队政变和内战的危险，也带来国家最大程度的团结和新政府权威和稳定。这为一系列深远和建设性的政治和经济改革提供制度上的保证。而且法国人愿意追随戴高乐带领国家朝着重新充满活力和复兴法兰西民族去努力。但戴高乐是否在未来几年取得成功，不仅取决于他的领导还取决于法国关键问题即阿尔及利亚问题的解决。如果戴高乐不能解决使得阿尔及利亚战争毫无希望地拖下去，他的地位将受到削弱。

2. 法国国内形势

从政治上看，美国认为目前法国政权特点是总统部分权利的扩大。总理

---

① Doc 152,"Memorandum of Discussion at the 422d Meeting of The National Security Council", October 29,1959,FRUS 1958-1960,Washington,D.C.；U.S.Government Printing Office,p.293.

② Doc 178,"National Security Council Report：Statement of US Policy on France",November 4, 1959,FRUS 1958-1960,Volume Ⅶ,Washington,D.C.；U.S.Government Printing Office,pp.296-310.

的权威和连续性也得到稳固,这样以前包揽大权的议会作用相对削弱。只要戴高乐还在位就保有绝对的权力。强大的共产党的存在仍是法国一个主要的问题。粗略估计有 30 万,核心成员 3 万,还有大量的选民追随,加到一起大约 500 万人,占据所有选民的 1/4。① 如果目前政权不能解决阿尔及利亚问题,随之带来的结果是共产主义的复活。从经济上看,法国基本上是欧洲最有前景的国家之一。丰富的工业原材料和农业资源使得法国制造业处于领先地位。外部资源注入使得法国迅速从战争的影响中恢复并且进一步发展,从而现代化程度大幅提升。

3. 阿尔及利亚问题

美国认为阿尔及利亚问题仍是法国最关键的问题。阿尔及利亚冲突已经牵住法国一半的地面部队。戴高乐 1959 年 9 月 16 日宣布阿尔及利亚未来的计划,通过公民投票允许阿尔及利亚的自治。这与美国支持的希望自由平等地解决问题的原则相一致。阿尔及利亚共和国临时政府(PGAR—Provisional Government of the Algerian Republic)经过长期的考虑并与阿尔及利亚抵抗军领导商谈后,同时斟酌美国和其他政府的反应,尤其阿拉伯国家的反应,最终在 9 月 26 日宣布:"作为阿尔及利亚抵抗和解放军队的领导,准备和法国政府进行谈判,以讨论停火的政治、军事条件和民族自决的实现条件。"②美国也指出应考虑"在撒哈拉发现越来越多的石油和天然气以及阿尔及利亚战略地位"。③ 戴高乐似乎争取与穆斯林部分协商,可是穆斯林势力是法国和阿解放战线达成一致的最困难的障碍。这样阿问题会从自决的问题转移到实现的问题。实现的一个困难就是戴高乐指出的撒哈拉在任何情况下仍将处于法国控制下。另一个困难是法国选民必须承认阿尔及利亚的选择。

4. 法国的军事作用和能力

与 NSC5721/1 的表述相同,认为从军事角度看,美国主要关心的是法国

---

① Doc 178,"National Security Council Report:Statement of US Policy on France",November 4,1959,FRUS 1958—1960,Volume Ⅶ,Washington,D.C.:U.S.Government Printing Office,p.297.

② Doc 178,"National Security Council Report:Statement of US Policy on France",November 4,1959,FRUS 1958—1960,Volume Ⅶ,Washington,D.C.:U.S.Government Printing Office,p.297.

③ Doc 178,"National Security Council Report:Statement of US Policy on France",November 4,1959,FRUS 1958—1960,Volume Ⅶ,Washington,D.C.:U.S.Government Printing Office,p.297.

保证对防务持续和有效的参与,尤其是在北约的框架内。因为法国的战略地位对北大西洋联盟和北约在欧洲的军事计划十分重要。对法国港口设施、公路、铁路和机场的利用对美国在北约军事力量亦有重要影响。戴高乐已经要求法国处于和美国和英国同等的地位并希望他们在阿尔及利亚问题上支持法国。他削减法国在北约某些防务项目上的合作,如法国地中海舰队的撤退,拒绝法国北约空军防务的一体化,除非在法国的控制下否则拒绝在法国境内储存核弹头等。美国也对法国军队力量和构成进行了评估,截至 1959 年 8 月 1 日,陆军 70 万人(19 个不同类型的师包括招募士兵的重型装备队和处理阿尔及利亚危机的后备部队),海军 8.7 万人(231 艘备战军舰和 711 架飞机),空军 13.4 万人(包括 59 空军中队,总数为 3944 架飞机包括 1767 个机动部队),国家宪兵 6.3 万人(17 个团和 15 个营)。[①]

另外美国认为阿尔及利亚问题解决直接关系到法国对北约的贡献。原用于北约的、现部署在阿尔及利亚的法国军队已经大大削弱最高盟军司令部(SACEUR)实施北约防务任务的能力。法国军队面临严重的现代化装备不足的问题。尽管有着美国大量的援助,防务花费仍占据较大的比例(1958 年 34 亿美元或者占国民生产总值的 7.1%)。为了重新构建法国军力,完成在欧洲大陆北约的任务,这些磨损的和过时的设备必须进行替换,同时优先发展法国先进的武器计划。

美国对法国的军事能力的自给自足充满乐观的估计。认为法国政治和经济在过去一年发生的巨大变化已经为法国军队实施长期的现代化计划提供政治准备。而目前不太可能得到阿尔及利亚设备的信息和磨损率,来预测最终提升和维持法国军队在常规和先进武器方面要求的花费。如果按照目前趋势发展的话,法国应该能够满足必要军事海外采购的外汇花销。但是由于法国军力的现代化受到阿尔及利亚情况的延迟,法国满足北约义务能力相应减少。法国经济状况虽有所改善,现代化的努力还是主要局限于没有布置在阿尔及利亚的军队。

---

① Doc 178,"National Security Council Report:Statement of US Policy on France",November 4,1959,FRUS 1958-1960,Volume Ⅶ,Washington,D.C.:U.S.Government Printing Office,p.298.

关于核问题,美国认为法国显然决定拥有独立核军事能力,包括核系统下的战略运输系统,并积极推进核武器的实验并有望在近期实施。①戴高乐仍延续第四共和国的政策,拒绝在法国境内存储在美国控制下的核武器,这导致欧洲最高司令部重新部署9个具有核打击能力的中队从法国前往英国和德国。戴高乐只有实现充分独立和控制自己核武器和运载系统才能满意。只有美国向法国提供核武器才能让法国停止自己核武器的研发。美国的结论是:"法国独立核政策反映戴高乐是如何看待法国成为世界的领导性大国,其愿望是减少美国保护法国的不确定性。"②

5. 国际关系

美国认为戴高乐重新执政表明法国民族主义的强势回归。"尽管戴高乐坚信大西洋力量的军事联合的合法性和在欧洲部署美国部队合法性,但基本上反对目前北约组织的结构和功能以及北约军事一体化。戴高乐关于在大西洋联盟中发挥法国的军事作用的观点将对北约提出严重的挑战。"美国认为美国政策制定的关键是在何种程度上与戴高乐合作才符合美国的利益,鉴于法国对西欧联盟的重要性,问题的难点在于美国在多大程度上实际能达到戴高乐的建议同时也不牺牲其他领域更多重要的利益。

美国最后的结论是:"戴高乐领导下的法国将是倔强的和难以打交道的盟友,法国和美国的关系将经历频繁的紧张状态。因此我们必须在这些问题上保持灵活性,以便我们能在考虑美国利益基础上适应戴高乐。"③

第二大部分为"目标"。

根据以上的分析,美国提出了对法国政策的六大目标:

(1)维持密切美法关系,使法国政策总体上与美国一致;(2)法国作为更强大、更积极和稳定的自由世界的力量继续发展;(3)提高法国对西欧一体化防务措施的支持,兑现法国的北约义务,美国继续利用在法国的军事设施和通

① 法国的核试验可能在1960年年初。很明显法国不符合接受美国援助的标准。

② Doc 178,"National Security Council Report:Statement of US Policy on France",November 4, 1959,FRUS 1958−1960,Volume Ⅶ,Washington,D.C.:U.S.Government Printing Office,p.299.

③ Doc 178,"National Security Council Report:Statement of US Policy on France",November 4, 1959,FRUS 1958−1960,Volume Ⅶ,Washington,D.C.:U.S.Government Printing Office,p.300.

信设施;(4)加强法国与西欧在各领域的密切合作,尤其与西德的关系,促进欧洲共同体条约的履行;(5)早日公平地解决阿尔及利亚冲突,以实现法国和北约总体稳定;(6)实现法国对非洲撒哈拉沙漠以南的政治和经济政策的延续,推动欧洲在非洲经济和技术发展的贡献。①

第三大部分为"主要政策指导"。美国新政策的指导思想有十二个要点:

1. 寻求法国对美国立场的最大程度的支持。为了这一目的,和法国政府商议国际重大问题并协调各自的政策。如果有与法国政策相左的地方,尽可能隐蔽地处理,并提供积极的替代办法来寻求法国支持。

2. 继续与法国协调我们关于苏联和德国统一的政策。避免给法国造成这样的印象:美国和苏联在涉及法国利益问题上抛开法国缔结双方协议。

3. 记住法国合作态度对西欧联盟的重要性,寻求对戴高乐主要诉求的积极反应:核合作、三方战略计划和支持法国在北非的政策,迄今为止其政策符合美国基本国家政策和利益。②

A.迅速研究在合适的时间,寻求法国参与某种形式的欧洲多边核力量。迅速研究是否和在何种情况下提供交流信息、物资或者核武器来增强法国核武器的能力才符合美国的利益。③

B.继续华盛顿三方会谈,包括军事谈话,向法国表达美国愿意商讨任何问题但反对将其机制化,美法会谈时应通知利益相关方,不要试图把决定强加给其他国家,反对替代或者贬低美国参与的其他组织的地位。不同意法国要求建立美英法会谈机制协调政治军事战略。

C.考虑到阿尔及利亚问题的解决对法国和北非稳定的重要性,利用合适机会提高美国影响力并实现该问题早日解决,并减少美国作为仲裁人公开干预的可能。继续支持法国戴高乐9月16日提出的解决路线,但是保留充分灵活性允许我们谨慎地发挥作用。为达到上述目的,第一,是美国大体要沿着戴

---

① Doc 178,"National Security Council Report:Statement of US Policy on France",November 4,1959,FRUS 1958-1960,Volume Ⅶ,Washington,D.C.:U.S.Government Printing Office,pp.300-301.

② 参谋长联席会议建议:利用美国支持阿尔及利亚获得的优势试图影响法国其他要求的修改。

③ 这里参谋长联系会议的意见被最终接受。多数人认为这不可行,参谋长联系则认为可同时考虑,应考虑它是否符合美国安全利益。

高乐提出的路线进行;第二,谨慎地通过合适渠道鼓励叛乱者和法国政府的谈判,早日成功地实现停火,努力成为友善的第三方以促进冲突的解决;第三,让法国理解美国的动机是希望早日和平和公平地解决;第四,除了在联合国之外,美国保持最小程度地公开卷入戴高乐建议的实施,但是继续明确上述谈到的我们大致立场;第五,可能的话,鼓励亚洲和非洲人民,尤其是阿拉伯国家对戴高乐建议采取稳健和中庸的态度。

4. 在阿尔及利亚解决后,鼓励法国尽快重建北约部队。

5. 鼓励法国和北非间友好关系的继续发展,继续仔细研究法国和北非某种形式的合作促进阿尔及利亚问题解决的可能性。

6. 努力保证法国在北约更积极的参与度,在可能的情况下充分考虑并支持法国在北约命令结构中发挥更突出的作用。在和谐基础上继续使用在法设施。

7. 通过提供经济援助到法国共同体以外的国家加强自由世界集体防务的行为中,让法国尽可能地参与,让法国相信美国战略和政策符合法国安全利益以及美国的利益。

8. 考虑到美国资源的可获得性和所有的要求,继续提供法国军事援助,目的是为了帮助法国实现美国批准的北约的任务,我们的援助只是被用于北约军事行动。没有特殊情况,常规设备和先进武器①和训练应该以补偿形式提供给法国。

9. 鼓励目前法国对非洲撒哈拉沙漠以南提供经济和技术援助。明确美国支持西欧和非洲互利和合作的关系的建立。因此美国给这些国家提供技术和经济援助时避免造成美国试图代替法国影响力的印象。

10. 帮助发展和维持令人满意的法德关系和鼓励法国和其他西欧国家密切合作。在这个意义上继续支持欧洲共同体的落实。

11. 在控制与中苏战略物资贸易问题上确保与法国合作,并阻止法国承认中国。

---

① 在军事援助计划下对先进武器的定义是弹道武器系统,有或者没有核运载能力,和其他这样类似的拥有核运载能力的武器系统。

12. 合适的话,鼓励法国采取政策取得国内经济稳定和国际收支平衡。①

美国国家安全委员会第 NSC5910/1 号文件是第二个关于法国政策的执行文件,标志着美国对法国政策的调整。从此美国对法国政策主要沿着三方面发展:其一,在关于苏联、欧洲一体化、西德、与中国贸易等重大问题上协调美国与法国的立场,面对戴高乐政府下法国民族主义的回归,美国对戴高乐的要求应做出符合美国利益的积极回应;其二,推动法国经济稳定和国际收支平衡,加强法国执行北约任务的参与度和执行力;其三,在处理法国与阿尔及利亚关系问题上要有所作为,但又要避免造成替代法国影响力的印象。值得一提的是,该文件体现了美国的自我定位,反映出美国与戴高乐合作过程中设定出的"低姿态",以期望在不牺牲核心利益的同时尽可能满足戴高乐的要求。面对这个倔强的盟友,美国的态度是尽可能"宽容和鼓励",以达到利用法国稳定西方世界的目的。

(三) NSC5910/1 号文件与 NSC5721/1 号文件的异同

NSC5910/1 号文件是在新形势下,美国政府最高决策机构所作出的对法政策指导性文件,它基本继承了 NSC5721/1 号文件的基本精神,但从具体的政策条文上来分析,还是能看到相隔两年发表的这两个美国对法政策重要文件的差别。

首先,从文件内容结构上来分析,这两份文件都划分为"总体考虑""目标"和"政策指导"三大部分,但从"总体考虑"这一部分来看,则明显增加了法国政治体制、核问题和国际关系领域等方面新的变化与分析,这反映了法国在这两年的时间里,特别在戴高乐重新执政后所表现出的强烈的独立意识。这种独立意识是美国在制定其对法政策时所必须要研究和考虑的重要问题。出于这种现实主义的原因,NSC5910/1 号文件在总体考虑中特别加上 NSC5721/1 号文件所没有的导言,来强调法国转型时期政治和经济表现出的深刻变化。

"目标"部分两个文件基本相同,都强调协调美法政策的一致性,增强法国北约参与度让其兑现承诺,改善法德关系和公平解决阿尔及利亚冲突稳定

---

① Doc 178, "National Security Council Report: Statement of US Policy on France", November 4, 1959, FRUS 1958–1960, Volume Ⅶ, Washington, D.C.: U.S. Government Printing Office, pp.301–304.

法国和北非。对于法国本身主张促进其经济和金融的健康发展,让法国成为更强大、积极和稳定的自由世界的力量。

"主要政策指导"首次提出鉴于法国合作态度与西欧联盟的重要性,所以美国对戴高乐的要求要作出积极反应。这一提法显然是针对戴高乐政权这一新情况而来。在美国的眼中,第四共和国尽管存在频繁的内阁更迭,但是法国战后的外交政策在基本问题上保持不变并且总体上都能支持美国政策,第四共和国由于依赖美援基本是对美国言听计从。而替代第四共和国上台的第五个共和国戴高乐政权,以法国日益增长的民族主义思潮作为后盾,在外交方面提倡展开抗美独立政策,不仅表示要继续追求独立核力量,与美英共同处理国际事务的要求而且表示将开展与中苏贸易和承认中华人民共和国的倾向。在内政方面,通过新宪法扩大总统的权力。其政治倾向明显表现出与此前政权的不同。为此,美国虽不能断定戴高乐会采取哪些措施,但感到有必要在对法政策中强调美国政府的倾向性,把戴高乐导向美国需要的政治方向上去。美国面对的关键问题是在何种程度上与戴高乐的合作符合美国安全利益。所以沿着目前美国的政策,努力适应和满足戴高乐要求同时不能与美国其他的核心利益背道而驰就成为美国制定对法政策的落脚点。美国尽管看到法国强大民族主义思潮泛滥,但仍尽力协调法国与美国利益。

其次,NSC5910/1 号文件首次提出要充分考虑在可能的情况下支持法国在北约命令结构中发挥更突出的作用。这也是 NSC5721/1 号文件中没有提到的。美国作出这一调整大致受到两个因素的影响:第一,是法国经济发展为其在北约中发挥更大作用奠定基础。法国基本上是欧洲最有前景的国家之一。丰富的工业原材料和农业资源使得法国制造业处于领先地位。外部资源注入使得法国迅速从战争的影响中恢复和进一步发展,使现代化程度大幅提升。法国经济实力的增长必然带来西欧的稳定和北约防务能力的提升。第二,是戴高乐刚刚上台就出现脱离北约军事一体化的行为对美国造成一定压力。1959 年 3 月法国宣布将地中海舰队撤出北约军事组织,用以保护法国本土与北非之间的航道安全;另外法国还拒绝美国在法国领土上储存核弹头和安装导弹发射装置的要求,迫使美国 1959 年 6 月将部署在法国约 200 架轰炸机撤往英国和西德。这两个行为让美国感到法国对北约的不满和不甘居于从属地位的强烈意愿。美国不得不在某种程度上作出妥协,考虑满足戴高乐关于在大西洋联盟中发挥法国的军事作用的要求。正是在这种形势下,美国必须搞好与法国的关系,避免法国进一步负面行为的出现,所以在一系列问题上有所让步,这就是美国这份对法国政策新文件中提出支持法国在北约命令结构中发挥更大作用的基本考虑。

再次,NSC5910/1 号文件在政治部分中删除了此前 NSC5721/1 号文件中"采取合适的步骤努力减少共产主义的势力和在法影响力"的内容。一是因为戴高乐的总统权力的扩大避免军队政变和内战的危险,也带来国家最大程度的团结和新政府权威和稳定。法共建立政权的可能性大大降低。另外是法共内部的问题也阻碍其政治力的发挥。在美国看来,法共的影响和潜在实力已经从战后的高峰跌落下来,并且还可能进一步分裂。虽然强大共产党的存在仍是法国一个主要的问题,比如有着大量成员,粗略估计有 30 万,核心成员 3 万,还有大量的选民追随,甚至大约有 500 万人占据所有选民的 1/4。但远不像此前那样迫切,因为新政府中完全没有法共的踪迹。美国尽管担心"如果戴高乐政权不能解决阿尔及利亚问题,随之带来的结果是共产主义影响的复活",但实际上这种可能是极低的。

最后,美国对法国的军事援助尽管原则基本保持不变但援助的规模大幅减少。如表 2-3 所示,即使在 1957 年计划向法国援助 1.6 亿美元但实际上最后只有 1.3 亿美元。从 1959 年往后军事援助的数目大幅降低。而美援助法国数目的大幅降低,自然折射出美国与戴高乐新政府关系的寒暑表。

表 2-3　美国目前已花费和计划花费情况

(单位:百万美元)

	实际		预计				总数
	1957 年	1958 年	1959 年	1960 年	1961 年	1962 年	1959—1962 年
军事援助	224	130	111	77.5	39.3	12.3	240.1
技术援助	0.2	0.3	0.3	0.2	0	0	0.5
进出口银行的发展贷款基金			三年共 48				48
教育交流	1.6	1.5	2.2	2.0	2.0	2.0	8.2

续表

	实际		预计				总数
	1957 年	1958 年	1959 年	1960 年	1961 年	1962 年	1959—1962 年
信息计划	3.9	2.7	2.7	2.6	2.7	2.6	10.7
第 480 号公法协议	0	28	28				

二、NSC5910/1 号文件的落实与行动协调委员会的中期评估

1959 年 11 月 17 日,NSC5910/1 号文件刚刚获得通过,美国总统艾森豪威尔就致信戴高乐表明美国同意法国提出的召开与苏联峰会的建议和支持戴高乐阿尔及利亚的立场,但同时也感到法国对美国的不信任[①]。随后戴高乐在 1959 年 11 月 24 日的回信中也解释了"法国追求独立核力量是由于盟友不愿帮助法国,而且未来的美苏关系也很难预测,加上美国一战前的孤立政策和二战参战也是在法国沦陷后,所以法国的脆弱性让其必须考虑不可知的因素"[②]。

1959 年 12 月,国务卿赫脱和国防部部长盖茨先后向艾森豪威尔总统表示法国的行为和主要领导人的声明都充分证明法国政府在防务问题上的不合作态度。盖茨建议:"应该保证法国对一体化理念的认同或者把与戴高乐相关的问题进行分类处理。"[③]

作为回应戴高乐召开三国会议的要求,美英法三国在 1959 年 12 月 19—21 日召开会议。艾森豪威尔与戴高乐在爱丽舍宫进行了会晤。会议中戴高乐首先表示三国代表会见商讨国际重大事件感到非常高兴。艾森豪威尔总统表示他愿意建立三方会谈机制,但应在秘密的基础上进行,并建议三方指派一个或两个代表,最好是较高级别的官员处理政治经济和军事等事宜。另外戴高乐在会议上也表达对美国在联合国关于阿尔及利亚问题的提案中投弃权票

---

① Doc 181,"Letter From President Eisenhower to President De Gaulle", November 17, 1959, FRUS 1958-1960, Volume Ⅶ, p.311.

② Doc 182,"Letter From President De Gaulle to President Eisenhower", November 24, 1959, FRUS 1958-1960, Volume Ⅶ, p.312.

③ Doc 185, "Memorandum From Secretary of Defense Gates to President Eisenhower", December 17, 1959, Volume Ⅶ, p.315.

表示不满。艾森豪威尔总统解释美国此举不是意味美国放弃支持法国的立场，是试图让法国理解美国的立场。

1960 年 4 月 7 日，在国家安全委员会的第 440 次会议上艾森豪威尔接受计划委员会修改 NSC5910/1 号文件第 48 段的建议。① 在补偿基础以外还同意在赠与援助的基础上对法提供援助。1960 年 7 月 29 日，美国行动协调委员会对 NSC5910/1 号文件第一次评估。② 此时"美国看到阿尔及利亚的穆斯林领导人通过恐怖主义的行为、游击战和准军事手段，并寻求通过亚非世界的支持来增加对法国政治压力。然而法国不愿看到美国公开介入此问题，他们只能接受美国安静扮演双方的仲裁者或者中间人的角色。尤其面对联合国支持阿独立的提议案的时候。如果美国准备在其他问题上比如三方会谈，核援助等肯通融，那么法国可能接受美国的建议"。所以在此次审查后第 42 段，即第三部分"主要政策指导"的第三点的第三部分涉及阿尔及利亚问题解决问题的部分，删去下列内容："利用合适机会早日解决，并签订协议早日成功地实现停火，努力成为友善地第三方发挥作用以促进冲突的解决。"

1960 年 11 月 9 日，美国行动协调委员会对 NSC5910/1 号文件第二次评估③。此次报告反映了美国对法国政策的具体执行情况。总体看来，美国对法国政策的执行呈现四方面特征：

其一，美国努力缓和与法国的分歧，使法国政策大体上与美国政策一致，但两国在苏联政策上的分歧逐渐显现。NSC5910/1 号文件政策执行初期还是取得了一定成果，从 1959 年政策制定到 1960 年此次评估，短短的一年时间里，美国努力改善美法关系，并尽可能满足戴高乐提出三方会谈的要求，举行了一系列三方会议，并承诺今后也将举行不定期的会议。但美国也意识到一方面这一做法"使得有些敏感国家，包括北约成员已经心存不满"，另一方面

---

① 即文件第三部分主要政策指导的第八点：考虑到美国资源的可获得性和所有的要求，继续提供法国军事援助，目的是为了帮助法国实现美国批准的北约的任务，援助只是被用于北约军事行动。没有特殊情况，常规设备和先进武器和训练应该在补偿基础上提供给法国。

② CK3100179245, "Operations Coordinating Board Semi-Annual Appraisal of Policy toward France(NSC5910/1)", April 29, 1960, DDRS.

③ CK3100179245, "Operations Coordinating Board Semi-Annual Appraisal of Policy toward France(NSC5910/1)", November 9, 1960, DDRS.

这些会谈没有取得预期效果并不成功,"虽然美国与法国举行三边会议商讨老挝和刚果问题等议题,但仍没有达到戴高乐要求"。① 法国对苏联的政策尽管总体与美国一致,但分歧逐渐显现,尤其是关于德国问题。法国政策有所改变表现在1958年11月苏联威胁把"西柏林作为自由城市"之后,法国对苏联采取强硬的立场。在此基础上,法国成了西德代言人,反对以牺牲西德利益为条件的所谓"灵活性处理"。

其二,关注法国国内政坛的变化。虽然 NSC5910/1 号文件删除了 NSC5721/1 号文件中"采取合适的步骤努力减少共产主义的势力和在法影响力"的内容,但仍十分关心法国共产主义的发展问题,认为"法国国内共产党的力量在审查期间没有重大变化,共产党和社会主义主要在地方活动。阿尔及利亚战争的继续让共产党人通过贸易、工会和社区活动来实现其政治主张",对自由世界影响甚微。除此之外,美国认为法国政治两极化趋势越发明显,"批评反对戴高乐的声音有所增加,主要来自右翼势力和极端主义势力。尽管左翼和中心势力表现出犹豫不决,一直关注戴高乐的北约、欧洲一体化和国内经济的政策。事实上,他们只有依赖戴高乐来解决阿尔及利亚问题,只是逐渐缺乏耐心。因此戴高乐的地位将由于两年半时间未能解决阿尔及利亚问题而濒临危险。如果阿尔及利亚局势恶化或战争的延续导致外部干预,这种威胁将变得更加严重"。②

其三,美国在提高法国对西欧一体化防务支持,实现法国对北约义务方面取得重大阶段性成果,让法国在欧洲发挥更大建设性作用的目标初步实现。法国同意美国继续使用在法军事设施和通信线路,并且双方达成一项关于空军防务一体化的协议,"法国保留对大部分法国领土的控制权,同时允许在法国其他地方的执行北约防务行动,包括法德边境地区。法国人没有重返北约地中海舰队的意图,但他们已表示愿意安排与北约的合作。"③关于欧洲一体

① CK3100286707, "Operations Coordinating Board Report on US Policy toward France (NSC5910/1)", November 9, 1960, DDRS, p.1.

② CK3100286707, "Operations Coordinating Board Report on US Policy toward France (NSC5910/1)", November 9, 1960, DDRS, p.2.

③ CK3100286707, "Operations Coordinating Board Report on US Policy toward France (NSC5910/1)", November 9, 1960, DDRS, p.3.

化问题美国认为戴高乐的建议仍是含糊的,但可以确定的是"戴高乐的目标是六国间更密切的协商与合作,反对超国家性质组织的建立"。①

其四,在非殖民化问题上法国的僵局和中苏两国的加入迫使美国试图发挥更大的积极作用。一方面,1960年1月阿尔及利亚殖民势力和军方发动叛乱,反对戴高乐阿尔及利亚自决政策。戴高乐将军被迫于1960年11月4日确立政策目标是建立独立的阿尔及利亚并使之继续与法国和西方的合作。这些事件表明一些因素限制戴高乐在解决阿尔及利亚问题上的灵活性。

另一方面,共产主义势力的影响引起美国政府的担心。文件谈到"叛乱分子威胁如果从西方和联合国不能得到满意回答,就会求救于中苏两国。苏联现在显示出更直接干涉阿尔及利亚问题的倾向。中共也给予政治支持,美国此时没有可靠的资料显示是否中共将提供军事援助"。在这一背景下美国提出还要"设法施加直接影响,成为推动阿尔及利亚自决进程的第三方"。②

关于撒哈拉南部非洲,文件指出:"在审查期间法国对法兰西共同体的政策发生了根本性的变化,法国允许撒哈拉南部非洲独立同时也是法兰西共同体成员国。美国希望,法国不会因为美国反对法国的阿尔及利亚政策而切断对这些国家的经济援助。"③

总之,美国政府按部就班地落实其政策,并认为满足戴高乐的三方会谈的要求并没有达到预期的效果,戴高乐仍不满意美国的做法。而且此时美国发现协调两者一致的立场变得越发困难,加上阿尔及利亚问题美国在联合国的弃权票更让法国不满。唯一取得的进展是美法双方达成一项关于空军防务一体化的协议,法国保留对大部分法国领土的控制权,同时允许一体化计划在其他地方进行。值得一提的是此时美国正值总统大选之年,所以政策全面落实的责任实际就落到新任总统肯尼迪的肩上。

---

① CK3100286707, "Operations Coordinating Board Report on US Policy toward France (NSC5910/1)", November 9,1960,DDRS,p.4.

② CK3100286707, "Operations Coordinating Board Report on US Policy toward France (NSC5910/1)", November 9,1960,DDRS,p.4.

③ CK3100286707, "Operations Coordinating Board Report on US Policy toward France (NSC5910/1)", November 9,1960,DDRS,p.4.

第四节　美国与法国在法属北非
非殖民化问题上的协调

冷战时期,美国对法国政策的宗旨在于维护美法同盟,使之纳入美国—欧洲同盟体系,成为遏制苏联的主要战略支撑。但在战后世界非殖民化运动蓬勃发展之际,极具战略地位的法属北非仍处于法国殖民统治之下,这就与美国标榜的反殖民主义对外政策不可避免地发生了碰撞。因此,全盘审视这一时期美法同盟关系,美国对法属北非的政策就是一个十分重要而且无法回避的课题。论及这一问题,不但可以深入解读美国政府在法属北非非殖民化这一特定历史中的决策过程及遭逢的困境,而且有助于我们深刻认识美法同盟的本质。对美国这一政策及其变化作一分析,以求理解美国法属北非政策与其构建全球战略的关系,揭示美国在"非殖民化"外衣掩盖下的外交政策,不过是为美国国家利益服务的本质。

一、NSC5436/1 号文件与"有序渐进"原则的确立

20 世纪 50 年代,国际关系发生着深刻变化:西欧逐步显示出联合的趋势;苏联随着斯大林的逝世对外政策出现新的变化;亚非拉国家随着亚非会议的召开反帝反殖民运动高涨。面对这种严峻形势,美国并不希望欧洲殖民国家法国的势力和影响从法属北非地区迅速清除,而是"希望它们能够明智地效仿像美国在菲律宾的做法,即逐渐把殖民地的主权转移给负责任的亲西方的当地精英,使欧洲殖民国家与原殖民地之间保持一种密切的合作关系,以继续获得平等的商业机会和原料"。[1] 为达到这一目的,美国积极地商讨对策。这一时期奠定美国对法属北非政策基础是标题为《美国关于法属北非政策(突尼斯、摩洛哥和阿尔及利亚)》国家安全委员会 NSC5436/1 号文件。该文件于 1954 年 10 月 14 日,美国国家安全委员会第 217 次会议上提出,经过行

---

① 孙建党:《美国在战后东南亚非殖民化过程中的政策》,《南洋问题研究》2005 年第 2 期。

政部门协调立场后于 1954 年 10 月 18 日最后成形,并于 1954 年 10 月 16 日由总统签署实施。

文件开篇就探讨了美国调整对法属北非政策的三种考虑:(1)美国在法属北非地区的整体政治经济地位;(2)美国的安全利益,特别是在非洲的战略需要;(3)美国与盟友法国和北非民族主义者的相互关系。很显然,美国政策制定者把法属北非放在了一个更宽泛的背景中考察,相关政策的制定和调整都以北非局势的变化为依据。

文件为制定对法属北非的政策设定了两个前提:"(1)苏联直接军事进攻该地区对于自由世界的安全造成的危险;(2)当地民族主义和法国冲突造成的不稳定性威胁美国利益。以此为基础,美国在法属北非的目标:继续利用该地区的自然资源和人力资源,为美国和其盟友所用;促进该地区与自由世界人民的联合;阻止苏联影响和共产主义意识形态在该地区的扩散;保持阿拉伯和亚洲国家对美国支持独立人民自决行为的政策的信心;就这样有序地朝着突尼斯和摩洛哥自治政府发展,达成双方都接受的安排,尤其关于法裔居民在这些国家持久性地位问题,这样做最有利于达成上述目标。"①

可见,"有序渐进"是美国决策层对法属北非政策新设定的原则和目标,为了更好地贯彻该原则,体面地达到保卫美国在法属北非利益即不疏远反殖民主义的世界也不损害美国战略利益或者在该地区与北约盟友的关系。它在操作层面必须保持最大限度的灵活性,这包含两个方面的努力:一要"如果减少民族主义提出的要求和该地区不稳定对西方利益的威胁,美国应使用最实际的方法即通过向法属北非三国进行技术和经济援助,寻求可能在任何需要的地方建立和行使基地权力";二要"有序地朝着法属北非自治政府发展,包括双方都接受的安排,处理好影响法属北非稳定的两个因素——欧洲控制和

---

① PD00433,U.S."Policy On French North Africa(Tunisia,Morocco and Algeria)",NSC5436/1, October 18,1954,p.1.该文件来源于美国 Proquest 公司开发的美国国家安全解密数据库(Digital National Security Archive hereafter cited as DNSA),DNSA 数据库被誉为"除美国政府之外,当代美国国家安全解密信息的最大收集库",现已有 22 个专题的完整收藏。下载网址 http://www.proquest,co,uk,下载时间 2008 年 12 月 3 日。

当地民族主义"。① 总之,美国是竭尽全力维护法属北非地区的稳定。可以这样说,NSC5436/1 号文件所确定的基调是"有序渐近",作为更好地实现这一目标的手段是援助,而法国政府稳定北非的有效措施,法属北非的政治经济稳定,民族主义者与西方合作的态度倾向则是中心环节,这三方面是有机统一的。总体而言,美国决策者试图在"维护与法国盟友关系"和"所谓的支持世界民族主义运动的意图"之间达到"现实"和"象征性"之间的平衡。

这样,美国关于解决法属北非殖民地问题的方式便逐渐发展成为一种渐进主义的非殖民化路线。美国决策者希望通过这一路线,既不违背美国支持殖民地最终获得独立的承诺,也不会因为过快的非殖民化而骤然切断欧洲殖民国家与殖民地的联系。在这一路线的指导下,美国政府在法属北非问题上开始持中立态度,对法属北非殖民地的政治变化采取一种模棱两可的"不干涉"和"中立"政策,并试图通过敦促殖民冲突双方进行谈判来寻求解决方案。然而,美国的所谓"中立"并非是真正的不偏不倚。战后日渐恶化的美苏关系,使美国亟须加强与西欧的可靠伙伴关系。在美国的战略选择中,虽然关注北非,但欧洲的重要性则先于非洲,非洲在美国的全球战略中毕竟处于边缘地位。因此,美国虽然希望通过施加一定的压力来促进欧洲殖民国家作出历史性的妥协,但它不会因支持殖民地的独立运动而激怒重要的欧洲盟友,基于外交上对欧洲的关注,美国的政策往往倾向于欧洲殖民国家,只不过是在支持他们时不过分地触怒殖民地民族主义者而已。

美国这种政策的出台,恰恰也证明法属北非在东西方冷战背景下的这种特殊地位。在美国看来政治稳定是必须保证的事情,否则法属北非事态发展势必对美国冷战的战略产生影响。"在尽可能不使用武力的情况下,保证法属北非作为法国军队主要来源(约占法国军队总数的15%)。使得西欧武装力量充盈以抵抗苏联进攻。如果法国从北非撤退,这些目标都会受到威胁,法国就必须调整与欧洲与世界的关系。鉴于北非对保证其世界地位的关键作用,法国未来 5 年会加强镇压来保证法国对其控制。法国和民族主义者的紧

① PD00433,U.S."Policy On French North Africa(Tunisia,Morocco and Algeria)",NSC5436/1, October 18,1954(Declassified 1993/2/17),DNSA,p.3.

张状态也对近东和部分亚洲地区产生影响,这些国家政府可能犹豫是否加入西方的势力。尽管如此,鉴于国内强烈的民族主义思想流行,多数的政府会发现尤其在面对法属北非紧张局势时,在联合国采取中立立场更加困难。一旦发生起义,至少伊斯兰国家很困难保持与美国或其他任何支持法国立场国家的持续合作。尽管突尼斯和摩洛哥的民族主义者可能认为如果西方承认他们的独立,就与西方进行政治和经济上合作,当然不能保证这种合作是长期的。北非民族主义者对美国基本的反殖民主义的愿望是信任的。他们相信美国会试图与他们一致。美国改善与他们关系并不表明他们会在美国和苏联的冲突背景下站在美国一边。实际上,一些赞同与西方发展更进一步关系的阿拉伯民族主义者已经表现出自身在东西冷战中的中立地位。美国援助和防卫计划加剧了法属北非的紧张状态。民族主义者认为美国的经济援助应该直接拨给法属北非,而不是由法国进行次级分配。"①

从美国当时全球军事战略的部署来看,总体作战方案的设计与有限的军事资源是一对无法克服的矛盾。尽管遏制战略框架下的战争是有限的形式,但是军方必须考虑到全球大战爆发的可能性,可供美国支配的军事资源又是有限的,这就决定了其部署需要考虑整个军事战略的效能——必须把有限的人力物力投入能迅速赢得总体作战的地区。所以法属北非无疑就是这样一个美国不能忽视的地方。美国对北非的关注还由于美国预测北非可能成为第三次世界大战爆发时所需的盟军基地。美国已经在摩洛哥建立海军空军训练基地和三个空军基地。法国在法属北非既有海军基地又有空军基地。从技术层面考虑,法属北非能满足更多的军事需求。在过去其人口已经成为法国和西班牙重要的军事人力资源的储藏库。而新的战争一旦爆发,摩洛哥、阿尔及利亚和突尼斯兵源会编入法国军队,甚至美国的军队。可见,随着"有序渐渐"这一政策的确立,法属北非在美国决策中的分量日益得到加强。

二、美国制定对法属北非政策的动因

战后初期是美国全球政策形成的阶段,法属北非虽然不是欧洲,但也在美

---

① PD00433,U.S."Policy On French North Africa(Tunisia,Morocco and Algeria)",NSC5436/1, October 18,1954(Declassified 1993/2/17),DNSA,p.4.

国全球政策设计之中。美国的战略利益和维持霸权的手段总是随形势变化而变化的。传统的掠夺性殖民统治方式已经不适应新形势发展。从某种意义上说,非殖民化已成为美国突破旧的经济框架,建立一种由美国主导的世界经济体系的必要手段和必然过程。摧毁欧洲殖民制度成为美国必须要考虑而且有能力解决的问题。因此美国口头上常常以反殖民主义的姿态出现,并深深地介入世界非殖民化的过程中。但是,在复杂的国际政治现实中,美国的某些具体政策往往受到诸多因素的影响和制约。战后初期美国在法属北非非殖民化过程中的政策走向,就是美国决策者对各种相互冲突的利益因素进行充分权衡的结果。它最终完全取决于美国政府在对自身安全利益和全球政策目标的整体考虑后所做的选择。

其一,冷战需求催生了美国法属北非非殖民化政策的变化。

20 世纪 40 年代末,美苏战时联盟已彻底分裂为敌对并武装到牙齿的两个不同阵营。美国和苏联都开始呼唤殖民地世界新崛起的民族主义者的支持。这种呼唤当然不能包括对殖民主义的合法化或者对自决与自治的拒绝。美苏两个超级大国相继把反殖民主义作为争取第三世界国家的支持的政治武器。50 年代冷战逐渐扩展到法属北非地区。关于法属北非,美国认为:"除非苏联统治者决定发动战争,苏联直接攻击该地区的可能性几乎没有。北非在苏联整体战略上不是最重要的,苏联在该地区主要利益是用非战争的手段阻止它成为西方军事基地发动对苏的空中袭击;或者要尽可能打断公共秩序和安全。共产主义可能继续努力利用民族主义的独立愿望,试图掌握民族主义运动。"[1]苏联利用意识形态指导殖民地民族解放运动的做法,无疑加剧了美国对第三世界前途的忧虑。当地的殖民冲突以及当地共产党积极活动,使法属北非形势与美国的全球利益是相悖的。在这一形势下,美国政府放低了对欧洲殖民主义抨击的调子,对其国家安全利益重新定位,将法属北非的殖民冲突置于美国全球战略框架下来考虑,成为美国处理法属北非非殖民化问题的原则。

---

[1]　PD00433,U.S."Policy On French North Africa(Tunisia,Morocco and Algeria)",NSC5436/1,October 18,1954(Declassified 1993/2/17),DNSA,p.2.

其二，美国需要法属北非丰富的资源和特殊的地理位置作为其全球战略的必要支撑点。从经济上看，法属北非有着丰富的矿藏资源："铅和磷肥储藏丰富，锰、钴和铁矿石的储藏次之，当地人口稳步增长，该地区有着丰富自然资源和人力资源，这会加强美国主导下自由世界的力量。"从战略上看，"一旦第三次世界大战爆发美国需要在北非建立盟军基地。摩洛哥已有海军、空军基地以及在建的第四个军事基地。从技术层面考虑，法属北非能满足更多的军事需求。它一直是法国和西班牙人力资源储藏库。一旦战争爆发，摩洛哥、阿尔及利亚和突尼斯大量人口可以编入法国军队，甚至美国的军队。"①可见，美国适时地提出了对北非的非殖民化政策，以保护自己和盟国有可供选择的人力资源和战略基地。

其三，世界范围内风起云涌的民族主义浪潮使得民族自决和自治观念成为美国外交政策制定不得不考虑的因素。"殖民主义既可以被合法化而得到辩护，也可以受到批评和谴责。评估取决于当时流行的行为标准，取决于有多少人奉行他们，并愿意实施它们，取决于实施他们的机会等等"②。到20世纪50年代，反殖民主义观念在主要的西方国家及其殖民地当中，同时也在国际社会当中广泛流行。相当多的政治活动家意识到，由于平等和自决观念的流行，殖民主义在道义上很容易受到批评。就像NSC5436/1号文件里所说："如果法国政府不能迅速回应他们的声明和要求并给予更大程度的自治政府的权力，那么阿拉伯和亚洲国家就会加大谴责法国政策的强度并向联合国施压。在这种情况下，美国继续支持法国立场可能招致在联合国内外遭受同样谴责。而且突尼斯和摩洛哥人民会产生对美国敌对的情绪，我们战略利益包括在该地区军事基地会受到当地暴力行为的破坏。最好的选择是让突尼斯和摩洛哥的民族主义分子与西方在政治和军事上达成合作。"③可见当时即使是作为西方领袖的美国，也不能忽视或不顾新的国际舆论所支持的反殖民主义思潮。

---

① PD00433,U.S."Policy On French North Africa(Tunisia,Morocco and Algeria)",NSC5436/1, October 18,1954(Declassified 1993/2/17),DNSA,p.5.

② ［美］朱迪斯·戈尔茨坦、罗伯特·基欧汉编:《观念与外交政策——信念、制度与政治变迁》,刘东国、于军译,北京大学出版社2005年版,第131页。

③ PD00433,U.S."Policy On French North Africa(Tunisia,Morocco and Algeria)",NSC5436/1, October 18,1954(Declassified 1993/2/17),DNSA,p.6.

所以美国的决策者,一则出于对其声誉的关注,二则出于保护自己全球战略利益的考虑,也是适应国际形势需要,最终提出了"有序渐进"的法属北非非殖民化的政策。

综上所述,美国在战后将法属北非各殖民地作为重要战略要地纳入了自己的全球战略体系,初时提出将它们"作为一个整体"对待的政策,承认法国的殖民地位,以此来遏制北非的共产主义活动;继而随着国际形势的深刻变化,又调整为"有序渐进"式的非殖民化政策,对法国有拉有打,有鼓励,有限制和约束。这一调整的动因,一是美苏冷战的需要;二是保护自己和盟国丰富自然和人力资源等战略基地的需要;三是适应世界范围内兴起的民族主义运动的需要。美国法属北非非殖民化政策的调整虽然披着"非殖民化"华丽的外衣,但本质上并不是为了法国或北非各国人民考虑,而是美国战略中的一种布局,归根结底,是为美国的国家利益服务的。

第五节　美国情报委员会对法国核武器研制的评估和对策

冷战时期,核问题是大国共同关心的焦点问题。核武器虽没有改变世界的基本结构,却改变了冷战时期战争的性质和超级大国处理彼此之间关系的方式。核威慑促使人们思考这样的问题:"假如你攻击我,我们可能无法阻止你的进攻,但是我手中的报复手段是如此强大,以至于你不敢首先对我发动攻击",因此,核武器成为评估大国实力的决定性因素。[1]

于是,拥有核武器成了冷战格局下许多国家追逐的大国梦想。20 世纪 50 年代,法国这个战后实力相对衰退的昔日大国也在加紧核武器的研制,并坦率地认为,只有掌握核武器才能真正实现法兰西民族的复兴。1960 年 2 月 13 日,法国在阿尔及利亚境内的撒哈拉大沙漠成功进行首次核试验,从此成为世

---

[1]　［美］小约瑟夫·奈:《理解国际冲突——理论与历史》,张小明译,上海人民出版社 2003 年版,第 205、208 页。

界上第四个核国家。法国总统戴高乐高呼"从今天早晨开始,法国变得更加强大和自豪"。50年代后期,美国对法国的核计划一直予以关注,并制定了一系列应对之策。

一、美国中情局对法国核试验时间和政治影响预测

20世纪50年代,美国始终密切关注法国核技术的发展以及法国的核政策。1958年6月11日,美国驻法国的原子能委员会特别助理马克斯·伊森伯格(Max Isenbergh)在发给美国国务院的电文中就提及:鉴于国内和国外的政治因素,法国势必研制自己的核武器。法国也有意愿根据已达成的关于控制辐射性微尘的协议进行地下核试验,目前不会进行完全的核试验。戴高乐的想法虽与此相近但是我还未最后确认。不过法国绝对不会同意终止核试验,除非以下条件得到满足:(1)在限制核武器研制问题上与苏联达成协议;(2)美国或者给法国一定数量的原子弹,或者在法国独立研制过程中提供一定技术信息的支持。马克斯·伊森伯格承认近期与苏联达成限制核武器研制协议的可能不大,修改后的美国1954年原子能法案也不会允许向法国提供核武器。剩下的选择只有提供研制的信息,这也是唯一的可行的办法。

20世纪50年代末,美国世界霸权地位开始相对动摇,"大规模报复"战略思想的基础逐渐削弱,有限核战争战略思想应运而生。随着法国核技术的突破,第一次核试验迫在眉睫,美国政府、军界及其情报界加强了对法国核能力的评估。

(一) 对于核试验时间和核原料的预测

20世纪50年代末,美国政府认定法国进行核试验已不可避免,因此其何时进行核试验就成为美国政府最为关注的问题。

1958年7月1日,美国的中央情报局向总统艾森豪威尔提交了一份题为《第四个核国家核能发展可能性与影响》的报告。这份情报由中情局、国务院、国防部和陆军、海军和空军相应情报机构、参谋长联席会议以及原子能委员会共同参与起草,并由中情局局长提交,在情报建议委员会(Intelligence Advisory Committee)一致通过的。该报告是对第四核国家或集团核武器发展程度的预测。报告开篇即对法国的情况进行了如下预测：

1.法国在过去几年时间,很可能确实进行了相当程度的核武器理论研究,在监视美国和苏联的武器研制同时,已经作了一些裂变材料的放射化学分析,我们预计法国只需 5 年就能具备独立提供大量铀-235 裂变材料的能力,接下来的 5 年法国的独立核武器计划必然也只能依赖裂变材料——钚。

2.我们的预测是基于这些设想:法国将进行渐进的实验计划,首要目标是成功进行低当量(Light Weight)的核试验,能同时适应多种武器系统的设计合理的设备。更高目标是取得百万吨级的大当量核武器的初期研究数据。[①]

我们的预测是推测性的,并非是对法国核试验发展计划的详尽揭示,仅仅是对法国核武器发展方向和程度的简要描述。

3.法国首次核试验可能发生在 1958 年末或 1959 年初,首次核试验后一年内将会拥有几个 2—4 万吨的中当量核武器,这种核武器可由小型轰炸机来运载。

报告同时还对法国、意大利和联邦德国(即 FIG nations)的核合作进行了预测:三国间的合作虽与法国独立研制核武器的思想相悖,但是这种合作可能使未来的核武器研制的进程加速,并取得更大当量核武器研制的成功,而且法国的经济负担在共同承担下会大幅减轻。

对于欧洲原子能共同体,报告认为,其成员国合作研制核武器计划与法国、意大利和联邦德国的努力相似,甚至由于比利时、卢森堡和荷兰的加入更会减轻发展核计划国家的经济负担。

关于瑞典,报告说,1961 年或 1962 年才有可能获得支撑核发展计划的裂变材料。如果瑞典决定发展核计划,它要在今后 4 至 5 年的时间内进行充分研究,才能开展与法国相类似的核发展计划。因而瑞典要到 1963 年才能获得法国在 1959 年取得的成就。[②]

从这份报告我们能清楚地看到,美国对法国核试验进程的估计更多是推

---

① CK3100562592,"Annex to National Intelligence Estimate Entitled:Development of Nuclear Capabilities by Fourth Countries-Likelihood and Consequences",July 1,1958.,DDRS,pp.1-3.

② CK3100562592,"Annex to National Intelligence Estimate Entitled:Development of Nuclear Capabilities by Fourth Countries-Likelihood and Consequences",July 1,1958,DDRS.

断性的。它并非是对法国核试验发展计划的详尽揭示,仅仅是对法国核武器发展方向和程度的简要描述。1957 年美国在苏联"导弹差距"的威胁下,加快了洲际弹道导弹和潜射导弹的研发和部署。美国将大部分注意力集中在苏联身上,并动用了当时最先进的"U—2"侦察机来搜集苏联导弹试验和训练、核武器存储、潜艇和核武器的生产等重要情报。从目前解密的档案文件来看,美国对法国核计划的关注所投入的精力远不及对苏联方面的情报关注。精力投入的不足直接导致美国对于法国核试验预测的偏差。

(二) 法国核试验的影响

美国政府认为,法国拥有核武器首先将给周边地区带来巨大的压力。首当其冲的显然是德国和意大利。美国时任欧洲盟军总司令诺斯塔德将军(General Norstad)认为:如果美国支持并协助法国成为一支核力量,就会面临未来德国同样的发展核力量的诉求。因为德、法两国在人口和国民生产总值方面相近,都属于"强大的力量";同时美国也很难向意大利解释法国为何具有特殊地位;与法国分享核武器信息不会赢得法国在北约内与美国更多合作,法国发展独立核力量的动机是重振大国声威。对美国来讲帮助法国获得独立核力量是不会有什么好处的,因为法国很快就会认为一切是他们凭借自己的努力而获得的。[①]

在美国看来,法国核试验的政治心理影响要远远大于其直接的军事影响。美法两国在核能力和易受攻击性方面存在着巨大的差异,法国研制核武器只是希望摆脱第二次世界大战沦陷带来的自尊心受挫的尴尬境地,带有鲜明的"法兰西民族主义"色彩。

另外,法德和解是美国的欧洲战略的重要组成部分。法国核试验的成功加剧美国对法德关系前景的担心。一旦法国拥有核武器,其对德政策将更加强硬,从而破坏美国的对德战略乃至整个欧洲战略。法国实行削弱德国的政策,与美国对德政策相悖。在美国看来,法国的军力越强,破坏性就越大。

---

① Charles · G.Cogan, Foreword by Stanley Hoffmann: *Oldest Allies*, *Guarded Friends*: *The United States and France Since 1940*, Connecticut: Graeger, 1994, p.130.

二、美国政府解决法国核问题的三种选择

面对法国研制核武器的现实,美国该如何应对确实是一个非常重要的问题,态度强硬毋庸置疑,但又不能过分刺激法国,把法国推上与美国进行公然核对抗的地步。因此应对的分寸掌握得好坏,决定着未来的美法关系,甚至整个北大西洋联盟内部关系。1959 年 10 月 4 日,美国国家安全委员会在NSC5910/1 号文件中明确表示:必须牢记法国在欧洲联盟合作问题上的重要性,在此基础上继续寻求法国对某种形式的欧洲多边核权威的支持;研究美国是否该为法国核能力的加强提供支持以及在何种情况下双方的合作符合美国的利益,而且,如果提供支持的话,究竟应采取哪一种方式? 是提供核信息、提供核材料还是直接提供核武器。①

对于上述问题,美国政府内部有如下几种不同观点:

(一) 观点一:拒绝向法国提供核试验的材料与技术

持这种观点的美国官员担心法国拥有核武器以后其独立性进一步增强,从而更不听命于美国。况且法国在北约等问题上与美国的不合作态度极大地刺激了美国的神经,因此拒绝对法国核武器技术援助,既是美国对法国不合作之举的报复,也是对法国加强独立性的限制。

美国政府在 1958 年戴高乐上台后就明确地表态:法国没有必要发展核力量,美国也不会支持和援助法国的核研究。1958 年 7 月 5 日,美国国务卿杜勒斯和重新掌权的戴高乐在巴黎会晤时,首次就核武器和分享核技术的问题进行磋商,为消除法国的不信任感,杜勒斯首先谈道:"现实中我们军事威慑是有效的,苏联长期集中研究远程弹道导弹(ICBM),但却没有中程弹道导弹(IRBM)。而这恰是我们所具有的优势。虽然苏联人造卫星上天,但我们会尽量减少在这领域的差距。"在安抚戴高乐的同时,杜勒斯主张:"美国会在法律允许的范围内对北约各国提供帮助,以抵御来自苏联任何可能的进攻,核武器也会在北约授意下立刻被使用而不会依赖美国的政治决定,如果法国希望的话,我们会帮助法国加快在潜水艇核能推进力方面的研究。……北约内部

---

① Doc 178, National Security Council Report, "The Statement of US.Policy on France", November 4, 1959, FRUS 1958–1960, Volume Ⅶ, p.308.

每个成员也不必迫于苏联的威胁而发展独立核力量。"谈到独立核力量等问题时,杜勒斯解释说:"它并不是指法国,这个问题是法国自己决定的,可是如果北约成员一个接一个地着手开展独立核计划,事实上是个浪费,是对我们联盟整个资源的严重浪费,我们已经花费大量的资源用于这方面的发展,这一核力量应该在一个可依赖的系统下运用于北约各成员国,像德、意等国家,就不具备巨大的核力量。"①显然,美国方面是在劝说戴高乐放弃独立核力量,接受美国的核保护。

1958 年 7 月 2 日,美国颁布了新的原子能法案(亦称麦克马洪法修正案),②声称"如果秘密信息是发展核能所必需的,如果该国已经取得实质性进展,美国可以与它在核武器有关限制的信息方面进行合作交流,合作的国家也必须满足某种安全标准"。这一法案在某种程度上默认了美国只与英国合作,在当时法国还未处在这个阶段。即使法国取得了实质性进展,也很难让美国国会接受法国具备足够的安全系数。因为法国政府中存在着共产党,有可能会造成"机密信息"的泄露,会对美国的国家安全造成威胁。就像美国海军上将海曼·里科弗(Hyman Rickover,原籍波兰的美国海军将领,曾负责创建核潜艇)认为:"没有必要让联盟内的成员知道彼此的军事秘密……他们(支持交换信息的人)并不知道,这些信息的价值,外国必须经过辛苦的努力才能获得,一旦我们提供了,这些信息很快就会泄漏给苏联,这必定会损害我们的国防安全。"③"在任何情况下,美国也不会主动赋予戴高乐使用美国核武器的权力"。北约盟军最高指挥官诺斯塔德将军,也不支持与法国分享核武器,他说:"这个法案最终会被呈给巴黎的官方,即便有一些实质性的新进展,国会的消极和不合作的政策也不会改变。"④美国政府内部关于拒绝向法国提供核

① Doc 32,"Memorandum of Conversation on the Secretary's Talks with De Gaulle in Paris",July 5,1958,FRUS 1958-1960,Vol.Ⅶ pp.55-56.

② 1946 年 8 月 1 日,美国国会通过原子能法案,即麦克马洪法案,严格禁止向任何国家提供关于制造可裂变物质或原子能武器的情报,1958 年 7 月又公布了麦克马洪修正案。

③ Charles · G.Cogan,Foreword by Stanley Hoffmann:*Oldest Allies*,*Guarded Friends*:*The United States and France Since 1940*,*Connecticut*:Graeder,1994,p.126.

④ Charles · G.Cogan,Foreword by Stanley Hoffmann:*Oldest Allies*,*Guarded Friends*:*The United States and France Since 1940*,*Connecticut*:Graeger,1994,p.128.

武器的调门越来越高,表明美国对法国拥有核武器的深切忧虑。

(二) 观点二:向法国提供必要的技术和材料

持此观点的主要是美国总统艾森豪威尔。他曾对翻译说:"戴高乐推行他的核计划并非全无道理。我想以这种或那种方式帮他一把。"其目的是倾向于同戴高乐达成某种核妥协以缓和日趋紧张的美法关系。但是国会和军方强烈反对。

美法核关系中的突出问题是核潜艇原料浓缩铀和相关信息的提供。向法国提供核潜艇相关信息的想法,起源于1957年12月杜勒斯在北约会议中的演讲,当时他允诺美国和北约联盟分享更多核信息,尤其提到核潜艇,他说美国政府将寻求新的方法来实现。此后新的原子能法案并没有实现此前12月份杜勒斯的预期,只有英国有权获得原子能信息(包括核潜艇领域)。1958年秋,美国认为法国原子能委员会从政治上讲是不可靠的(当时法国政府部分内阁成员是法国共产党党员)。1959年春,戴高乐又从北约统一指挥下撤出地中海舰队,导致华盛顿最后中止了与法国海军的核谈判。但是双方在1959年5月7日签署《美法共同防御问题协定》,它包括与法国原子能委员会〔CEA—Commissariat a I Energie Atomique(法语)〕达成的提供浓缩铀的燃料供应的协定,这一协定取消了"限制性数据"(Restricted data),并提出燃料只能用于地上建造的核潜艇工厂,并限定燃料提供期限为10年。从相关的记录来看,美国并没有与法国讨论关于它们是否想要发展北极星核潜艇,并将其作为核武器的发射平台这一问题。美国这一协议,是基于一种推定即合作最终目的是帮助法国提高一种建立"搜索并摧毁敌方核潜艇的能力(除了使用美国浓缩铀)"。使情况更为复杂的是,美国已经研制了自己"北极星"潜水艇(SSBN),考虑到保护这种技术优势的必要,尤其考虑到苏联在研制核潜艇所遇到的困难,所以对于法国的帮助中排除"北极星"潜水艇方面的帮助。

1959年春,美国就帮助法国建设核潜艇发动机和所必需核燃料的交付问题同法国展开了谈判。1959年末,尽管谈判没有中止,但是美国原子能委员会和法国原子能委员会之间的合作仍停滞不前。美国对法国的援助是十分微薄的。这也证实了戴高乐的想法:美国不愿与法国在这个领域进行合作。

（三）观点三：在北约框架内限制法国研制核武器

美国国务院和国防部部分官员主张应将法国核计划纳入北约的框架中。1960年4月22日至26日，戴高乐出访美国，两国首脑会晤前艾森豪威尔总统接到一份来自国务院的备忘录，就两国元首会面将要谈到的法国核问题提出了建议：（1）如果戴高乐就原子能法案作出扩展解释，要求法国与英国一样，属于已取得实质性核进展的国家。我们应向戴高乐指出，这一要求不会获得美国国会的支持。（2）我们应说明北约盟国统一进行核储备的益处，指出多国核力量的发展与单个国家昂贵的核发展计划相比，有着长远的优势。（3）美国主张和法国在核领域进行合作，可以通过和平利用原子能计划，同法国共享部分核信息。我们将协商拟订法国驻德部队第三部分核储备协议和允许这些部队训练的协议。①

1960年8月24日，美国原子能委员会主席麦科恩（Mc Cone）的备忘录记载了他与国防部部长盖茨、国防部长助理狄龙（Dillon）和史密斯（Smith）讨论是否与法国核分享的问题。他们认为，与法国分享核武器会产生一系列连锁反应，首先就要面对西德方面的压力，预计中国、东德也会向苏联方面施压。如果必须核分享，与双边协议相比美国更倾向于多边管理。狄龙赞同欧洲盟军总司令诺斯塔德将军的看法并指出，在戴高乐多次拒绝与北约合作之后，主动考虑同其核分享绝对是坏主意。如果是戴高乐本人先向美国提出建议情况也许会不同。欧洲盟军总司令诺斯塔德将军也建议美国政府向北大西洋委员会施压加速进行中程弹道导弹（IRBM——Inter Medium Range Ballistic Missile）计划。

可见，美国担心如果西欧大国谋求独立核力量的意愿不能得到有效抑制，将会使核武器进一步扩散，而且会使美国失去制定核政策的绝对权力，造成无法控制的恶劣局面。为弥合西欧盟国在核问题上的分歧，以诺斯塔德将军为代表的美国部分政府官员最终提出使北约成为"第四支核力量"的设想，希望借此限制法国核力量的发展。

---

① Doc 56,"Memo on Talking Points Prepared for President Eisenhower", May 25,1959,FRUS 1958-1960, p.88.

1960 年 12 月,北约理事会在巴黎召开。美国国务卿克里斯琴·赫脱(Christian Herter)在会上提出了一个比较具体的计划。他说:"北约应当研究在多国控制之下创建一支中程弹道导弹力量的可能性。"强调北约战略所需的灵活性及常规部队建设的重要性,这将有助于提高核门槛,并愿意与北约其他成员拟订适当办法,建立一支北约领导的核力量,并对其进行严密和灵活的控制。

看来,多边核计划此时正处于酝酿之中。在艾森豪威尔时期,美国与法国核分享的种种问题令华盛顿的政要们大伤脑筋。美国方面最大限度地团结法国以保证大西洋联盟的完整性和确保美国核领导地位的政策是不变的。双方的会谈也为两国提供了相互接触并交换意见的渠道,虽成果有限,却是美国的最佳选择。

事实上,对于法国核武器研制问题,无论美国采取何种对策,都不过是美国政府在新的时代背景下无奈的权宜之举。美国无论支持法国核试验与否都只是其意欲控制法国的一种手段。美国国务院最后选择的对策就是将法国核计划纳入美国设计的轨道,使法国核力量成为美国的附属品,即成立一支由北约管理的超国家的核打击力量。

整体上来看,美国对法国核武器研制的评估和对策是建立在过分夸大法国核威胁的基础之上的,是核强者压制核弱者的单向威慑战略体现。美法核安全互动过程中,各自有着不同的利益追求。很明显,美法在核问题上的博弈,既有隐瞒真实情况彼此猜忌的动机,也有通过合作利益最大化的愿望。美国的对策是最大限度的采取外交手段来遏制法国研制核武器。其实质是美国维护核垄断所作的现实努力。

法国的核试验证明,美国对法国核试验进程的估计过高。1960 年 2 月 13 日,法国核试验成功,法国电视台播放了这次原子弹爆炸试验的实况纪录片,观众看了大为失望。因为电视上没有显示出原子弹爆炸所产生的强烈闪光和巨大的蘑菇状烟云,只有一股稀薄的烟雾冲上天空,历时约两分钟左右。直到八年后的 1968 年 6 月 24 日成功地爆炸第一颗氢弹,法国才成为真正意义上的核大国。20 世纪 60 年代以后,随着法国核技术的突飞猛进,美国与法国在军备控制领域的矛盾依然难以化解。

小　结

综上所述,艾森豪威尔执政时期,美国第一次系统全面地制定对法国"利用和协调"政策。先后出台的 NSC5721 系列文件和 NSC5910 系列文件表现出美国政策反应的被动性。20 世纪 50 年代国际上西欧的一体化、美国朝鲜战争的受挫和法国殖民战争不断升级,加上美国国内出现了要求审视美国对法国政策,调整与法国关系的声音,这些国际和国内压力成为艾森豪威尔调整对法国政策的重要因素。美国把法国视为北约中"不是最积极的也不是最消极的"的盟友,对法国应采取"宽容和鼓励"的基本态度成为美国制定对法政策的基本出发点。1957 年 8 月 13 日,美国中情局会同国务院、美国陆军、海军、空军和参谋长联席会议的情报部门共同制定标题为《关于法国看法》国家情报评估 NIE22-57 报告。这个报告可以看作美国系统制定对法国政策之前对法国的"全景式扫描"。美国认为,"法国深受两大问题困扰,一个是阿尔及利亚战争,另一个是以物价飞涨和巨额财政赤字为标志的金融危机。只有这两个问题得到解决,法国才能推进国内改革和承担起在北约和欧洲共同体内相应的义务"。所以如何调动法国的积极性,使其在大西洋联盟中发挥更积极的作用成为美国政策制定者关注的焦点。也就是在这种情况下,美国先后在 1957 年 9 月 30 日和 1959 年 8 月 3 日,由美国国家安全委员会制定标题为"美国对法国政策"的 NSC5721 号文件和 NSC5910 号文件草案对新形势下的美国对法国政策进行了认真讨论。此后美国政府对政策的落实进行了评估,认为三方会谈这种做法并不十分成功。戴高乐追求的是协调一致的行动。而且美国认为法国对苏联的政策尽管总体与美国一致,但两国的分歧逐渐显现。这都证明美国的预测:"戴高乐领导下的法国将是倔强的盟友,法国和美国的关系将经历频繁的紧张状态。因此我们必须在这些其他问题上保持灵活性,以便我们适应戴高乐同时兼顾美国利益。"①此后美国和法国对待非殖民化和核

---

① Doc 178,"National Security Council Report:Statement of US Policy on France",November 4,1959,FRUS 1958-1960,Volume Ⅶ,p.307.

问题上的分歧也证明了这一点。美国政府在对自身安全利益和全球政策目标的整体考虑后作出选择,确立法属北非的"有序渐进"的原则。很明显,美法在核问题上的博弈,既有隐瞒真实情况彼此猜忌的动机,也有通过合作利益最大化的愿望。美国的对策是最大限度地采取外交手段来遏制法国研制核武器。美国在艾森豪威尔时期确立的"利用和协调"政策从此成为指导处理美法关系的基石。

第三章 肯尼迪政府时期"利用和协调"政策的实施

肯尼迪在 1961 年宣布就职时,东西方的冷战以及美国自身的发展都进入了新的阶段。这个阶段美苏的军事对抗越发激烈,出现了第二次柏林危机和古巴导弹危机等一系列战争边缘事件。随后赫鲁晓夫"和平共处"的倡导又使得美苏重新开启对话与合作。另一方面,美国国内经济逐渐受到国际收支失衡的困扰,开始寻求西欧国家的支持。20 世纪 50 年代末 60 年代初,西欧的政治和经济复苏已经基本完成,美国对西欧政策包括对法国的政策深深受到地缘战略和严重的黄金、美元外流问题的影响。肯尼迪更认为赤字问题是欧洲国家悬在美国头上的"达摩克利斯之剑":法国和其他西欧国家将自己手中大量的美元兑换为黄金,并以此作为制约美国的手段,促使美国在北约战略上作出让步。[①] 此时,法国国力上升,戴高乐总统根基渐稳,对美国态度愈发强硬。肯尼迪面对国际局势的种种变化,大体上继承了上届政府的对法政策,即争取法国的支持,并尽力协调分歧,缓解法国抵牾情绪。肯尼迪政府时期美法在各个领域进行一系列的协调,都反映了这样一种本质:联盟的一致性是普遍的,但分歧也是客观存在的。在冷战两极格局下,美国承担着维护西方盟友安全的责任,而法国勇于追求自身安全的独立,一定程度上削弱了联盟的一致性。

---

① Erin R Mahan: *Kennedy, De Gaulle, and Western Europe*, New York: Palgrave Macmillan, 2002, p.2.

第一节　肯尼迪西欧总体目标的确立

肯尼迪就任美国总统后,在国际事务中以讲究实际的理想主义者自居,在他的观念中,"美利坚合众国利益的最佳促进途径,在于维持和保护一个多样性的世界,不允许任何一个国家或国家集团能够威胁美国的安全"[1]。他对于美国独自承担北约花费所导致的赤字表达出很大的不满,认为"作为国际货币的主要存储方式美元的疲软将影响国际贸易水平,反过来会降低第三世界商品的价格。如果不发达地区的经济出现问题就会引发政治动荡,就会让苏联有机可乘"[2]。由此可见,肯尼迪想要寻求的"安全的世界"必然是美国主导、西欧跟随、第三世界顺从的世界。

一、肯尼迪"责任分担"原则的提出

肯尼迪所制定的西欧政策不仅受到冷战总体目标的制约,还与当时略显衰弱的美国经济密切相关。他意识到西欧的经济实力对于帮助本国和第三世界经济发展以及实现美国在全球领域的战略目标十分关键。在20世纪50年代,肯尼迪作为参议员时就表示"经济距离"和"导弹差距"是"对美国安全十分明显的威胁"。[3] 他认为第三世界的经济和社会的混乱会导致其政治上不稳定和苏联势力的发展。肯尼迪希望北约盟友帮助缩短北半球工业化国家和第三世界之间"经济差距"。

肯尼迪在相互依存的理念影响下,号召统一和恢复的西欧来帮助分担西方世界的责任。尽管苏联赫鲁晓夫提出"和平共处",但肯尼迪认为西方力量来源于生产力的提高和军事防务的充分发展。所以他自进入办公室就着手发

---

① ［美］约翰·加迪斯:《遏制战略:战后美国国家安全政策评析》,时殷弘等译,世界知识出版社2005年版,第214页。

② Erin R. Mahan: *Kennedy, De Gaulle, and Western Europe*, New York: Palgrave Macmillan, 2002, p.33.

③ 王玮、戴超武:《美国外交思想史:1775—2005年》,人民出版社2007年版,第442页。

展经济等相关事宜,比如延缓欧洲经济共同体制定不利于美国贸易的较高关税政策,努力扩大美欧贸易规模,平衡预算赤字,来推动经济的增长。

当然,应对苏联的军事威胁同时也成为肯尼迪首要的外交目标。1960 年竞选时,肯尼迪就表达了对艾森豪威尔政府政策失误而导致出现"导弹危机"的不满。肯尼迪认为苏联的"和平共处"的伪装,实质是"借提供经济和军事援助给不发达地区来煽动这些国家进行革命"。他批评共和党"未能认识到民族主义力量改写着世界地缘政治版图"。"随着要求独立和自由愿望的与日俱增,这种趋势似乎还会不断加强"。① 所以,肯尼迪试图调整西欧乃至北约的战略防务计划,从支持军事建设的大规模报复战略转向灵活反应的战略。在肯尼迪的脑海中,应对第三世界的革命运动和苏联对柏林的威胁需要的不是单纯的核威慑战略。他希望通过增强西欧盟友的常规军事能力来提高防务能力。

当美国提出"责任分担"的想法时,它只是一个为增加拨款而提出的宽泛概念。1961 年 3 月 22 日,肯尼迪向国会发表"外援特别咨文"就新政府打算实施的外援政策作进一步说明。但其增加对外援助花销的提议很快遭到国会强烈反对。为了实现拨款的要求,肯尼迪总统迎合共和党和部分保守的民主党成员控制的国会,用隐形的词语描绘了"责任分担"为"一个用于鼓励其他国家实现义务的计划",并表达其要求拨款的同时与西方盟友进行"多边"的"责任分担"的想法。肯尼迪政府希望西方盟友承诺拿出其国民生产总值的1%就可让美国国会减少担心并答应拨款援助不发达地区。② 所以在 1961 年2 月末肯尼迪让负责经济事务的副国务卿鲍尔(Ball——Under Secretary of State for Economic Affairs)访问主要西欧国家来讨论"责任分担"的具体形式。

鲍尔的"责任分担"的谈话让法国政府十分沮丧。这让法国政府担心美国对其前殖民地进行干预和渗透,并且他们认为没有简单的公式用以进行公正划分,确定各个国家接受援助的比例是很困难的,就像设定每个西方国家应

---

① [美]小阿瑟·施莱辛格:《一千天:肯尼迪在白宫》,仲宜译,生活·读书·新知三联书店 1981 年版,第 387 页。

② Erin R. Mahan: *Kennedy, De Gaulle, and Western Europe*, New York: Palgrave Macmillan, 2002,p.34. 1%的国民生产总值大约等于要求外国政府每年提供 500 亿美元。

该提供的具体数目一样难以确定。1961年初,肯尼迪政府在西欧的内部努力实施"责任分担"战略的时候遭到法国和德国的共同抵制。德国也认为与"责任分担"的援助相比更倾向于与他们进行贸易,在经济合作与发展组织框架内进行对外援助。随后肯尼迪的经济事务顾问委员会的主席沃尔特·赫勒(Walter Heller)在1961年1月出席了经济合作和发展组织会议,预想使用经济合作和发展组织来最大限度地促进成员经济的高速发展,援助不发达国家,扩大美国的出口。肯尼迪的建议者也希望借此次会议来批评某些欧洲国家资本市场,尤其是资本市场发展不充分的国家。他们认为如果减少西欧对海外资本的依赖,就会减少美元外流,繁荣美国国内投资和经济增长,缓解赤字问题。

除了在贸易领域采取措施减少赤字,肯尼迪很快把平衡支付赤字焦点扩大到"自由世界"的防务。因为在联邦德国的军事费用占据美国支付赤字的1/4。所以1961年1月和2月,美国与联邦德国展开一系列的会谈,美国财政部官员与德国外交部长一致认为,联邦德国有责任承担自己的防务,最后经过讨价还价美国从联邦德国得到承诺将通过军事订单偿还9亿美元。[1]

戴高乐对美国而不是法国得到德国军事费用补偿十分恼怒,认为"肯尼迪此举是为了永久把西德变为美国卫星国的行为合理化",并不赞成美国与法国达成相似的补偿协议,让法国承诺购买美国军事设备来补偿美国在北约的花销。英国对此也持不赞成的态度。英国首相麦克米伦(Macmillan)与戴高乐通话时表示:"英镑比美元更有贬值的危险。英国政府一直希望靠自己力量扭转外汇危机。现在英国人民不愿继续每年花费600万英镑来保持在西德驻军,并提出西德向英国支付部分驻军花费的要求。"[2]

总之,肯尼迪政府在早期制定西欧政策时主要考虑的是实现国际收支平衡和采取措施减少苏联对不发达国家的吸引。所以要解决国际支付困难,援助不发达国家,维持自由贸易的多边体系,也就意味着西方盟友必须承担这些

---

[1]　Erin R. Mahan: *Kennedy, De Gaulle, and Western Europe*, New York: Palgrave Macmillan, 2002, p.36.

[2]　Erin R. Mahan: *Kennedy, De Gaulle, and Western Europe*, New York: Palgrave Macmillan, 2002, p.37.

负担。可见,肯尼迪计划改变艾森豪威尔政府忽视第三世界的现状。为此肯尼迪意识到必须在现有的框架下整合西欧的各方力量。艾奇逊报告成为肯尼迪北约政策确立的标志。

二、艾奇逊报告与肯尼迪北约战略的酝酿

肯尼迪在就任总统之初,面对法国戴高乐改组北大西洋公约组织的要求,越发意识到美法关于北约领导权的角逐将不可避免,所以建立一个特别行动小组,任用前政府国务卿迪安·艾奇逊(Dean Acheson)作为北约咨询委员会的主席(Advisory Committee on NATO)来制定美国的北约战略。1961 年 3 月,在经过细致的讨论后,艾奇逊向美国国家安全委员会提交 72 页政策指导报告,标题为《北约未来问题的报告》(A Review of North Atlantic Problems for the Future)。①

这份报告从政治、军事和经济三个层次提出建议。

政治层面上,报告认为:"大西洋联盟是美国和西欧的主要纽带,北约作为这一联合的主要形式,首要是维持其一致和力量,……一致应该通过开诚布公的磋商来取得,最低形式的团结一致应理解对方立场并尽可能减少对联盟的损害。……美国和盟友的分歧主要来源于盟友和殖民地关系的处理上。""支持欧洲一体化并应建立两个组织——北约委员会和北约政策咨询委员会——来实现北约基本目标。"②

军事层面上,报告认为:"在实用主义的原则指导下,首要是准备应对可能发生的偶然事件、核攻击或者大规模的非核攻击事件。关于非核力量问题上,美国通过现代化设备,提高非核军力的灵活性来建立能阻止苏联地面进攻迅速部署到中欧的力量。"在涉及核力量问题上,"总统应该让核武器保留在欧洲,……并决定部署 5 艘北极星核潜艇,同时考虑在大西洋和地中海北约部队部署海基弹道导弹。如果欧洲国家希望扩大北约海基弹道导弹,在 1962—

---

① NH01131,"A Review of North Atlantic Problems for the Future,U.S.Nuclear History",March 1961,DDRS.

② NH01131,A Review of North Atlantic Problems for the Future,U.S.Nuclear History",March 1961,DDRS,pp.1–2.

1966年完成非核军力建设后,美国愿意讨论其可能性,但应坚守基本的原则:即避免国家拥有或者控制中程弹道导弹;避免集中控制出现削弱;避免引发从非核力量上抽走必要的资源"。报告还提到法国核计划,认为"美国不应援助法国核计划和弹道导弹计划,但是应寻求在核事务上对法国利益的积极应对"。①

经济层面上,美国应该支持欧洲一体化来并继续支持共同市场的建立,提高西欧在经济合作与发展组织贸易政策上的合作,"经济与合作组织应该是经济援助和贸易的主要方式,采取措施援助欠发达地区。发展援助小组应该寻求决定提高各国援助的水平并提供给欠发达地区政策急需的物资",②但是"不主张采取积极措施鼓励英国的加入"。这份报告建议通过降低多边关税来加强美国对外出口。与杜鲁门和艾森豪威尔政府西欧政策唯一明显不同之处是,肯尼迪希望多边责任分担来促进经济增长。报告呼吁"在给不发达国家援助问题上建立西方对外援助平等分担机制"。在财政和货币问题上,报告敦促美国和西欧"在国内经济政策上加强协调来取得共同的经济增长"。③

值得一提的是,报告反映出肯尼迪对核扩散的恐惧,在军事问题上如何防止核扩散成为报告重点。尤其关于对法国核援助问题上,报告重点强调美国的立场,认为:"北约未来的计划不应通过提供中程弹道导弹(MRBM)弹头帮助法国建立核能力和弹道导弹能力,或者通过帮助法国生产这种导弹作为法国兑现北约义务的回报。戴高乐不会允许法国承担任何束缚其行动自由的义务,其核计划本质上是与美国立场相对立的,他认为一旦美国帮助法国,对德国的核援助就会紧随其后,这与遏制德国的政策不符。"④"美国在让戴高乐改变国家核计划上无能为力。如果我们直接或者间接帮助他促成法国核计划实

---

① NH01131,"A Review of North Atlantic Problems for the Future,U.S.Nuclear History",March 1961,DDRS,pp.5-7.

② NH01131,"A Review of North Atlantic Problems for the Future,U.S.Nuclear History",March 1961,DDRS,p.11.

③ NH01131,"A Review of North Atlantic Problems for the Future,U.S.Nuclear History",March 1961,DDRS,p.11.

④ NH01131,"A Review of North Atlantic Problems for the Future,U.S.Nuclear History",March 1961,DDRS,p.14.

现,德国也会效仿。如果我们不帮他,就需要至少给他一些他希望得到的核事务上的发言权,这样法国核计划会停留在正常水平。法国核计划的目的是让法国获得在重大问题上的发言权,但也留给继任者面临是否决定核计划结束的尴尬境地。不论法国核计划是否结束,都不可能得到美国的帮助,因为那会刺激西德效仿。""美国涉及法国核计划的任何行为都冒险。平衡这种危险的办法不是对其计划成功做出贡献,而是寻求以其他方式满足法国的愿望。"①

报告解释美国拒绝核援助的主要考虑是维护联盟团结。"为了阻止核扩散,积极的行动比消极的防守要有用得多。如果多数成员国感到在涉及国家利益和生死攸关的时刻对核武器使用没有发言权,健康的联盟就不能长期维持。这种感受也是法国实施核计划的主要动机,戴高乐想要用独立的核能力来作为寻求影响力和大国地位的主要手段。阻止核扩散是保证联盟团结一致的力量,而不是分裂的诱因,因为团结一致对联盟至关重要。"②

可见,肯尼迪政府急于关闭全球核俱乐部的大门。鉴于戴高乐继续核试验的决心,特别小组指出美国应该对法国核计划施加影响,达到限制其规模,实行多边核计划(MLF)的目的。他们的逻辑是"如果美国和英国承诺实现成为多边核力量,并在北约部署5艘北极星导弹潜艇的中程弹道导弹力量实现核一体化"③,将有助于打消法国和德国通过建立独立于北约的核打击力来获得大国地位的野心。

关于恢复苏联封锁的通往柏林西部的通道问题,报告敦促北约进行相应军事准备。"在决定何时有必要作出军事反应"问题上,报告提出北约的三种可能反应:空中打击、地面武装或者核武器威胁。报告呼吁大幅提高部署于西欧的常规部队的数量,同时尽量避免部队部署所导致的费用提高。

我们可以看到报告列举的原则大体上沿袭了杜鲁门和艾森豪威尔两任总统的政策立场,建议继续坚持双重遏制的原则。1956年5月,北约委员会接

---

① NH01131,"A Review of North Atlantic Problems for the Future, U.S. Nuclear History", March 1961, DDRS, p.15.

② NH01131,"A Review of North Atlantic Problems for the Future, U.S. Nuclear History", March 1961, DDRS, p.14.

③ NH01131,"A Review of North Atlantic Problems for the Future, U.S. Nuclear History", March 1961, DDRS, p.7.

受了 MC14/2 号军事委员会指令,建议在欧洲不仅准备核战争同时也应抵御有限的地面进攻。欧洲盟军的最高指挥官劳里斯·诺斯塔德将军(Lauris Norstad)曾作为艾奇逊主要建议者就建议从大规模报复改变为灵活反应战略,建议"在必要的时候和只需利用常规武器的地方使用有限的军力"①。艾奇逊也认为:"大规模的报复不会阻止苏联对北约防御区发动任何形式的攻击,把常规力量和核战略结合起来,将有效吓阻苏联的进攻,更免受核灾难。"②一个月后也就是 4 月 20 日,他的报告被官方接受并略作修改后成为美国国家安全行动备忘录 NSAM40③ 号文件,从此确立了肯尼迪政府西欧政策框架。

第二节 美国对戴高乐政府政策的认知和判断

根据政策科学的一般理论,任何一项政策的产生都是以"社会问题"的存在为前提的,而且任何一项政策的制定也都必须以对社会问题的认知为基础,作为政策本身的逻辑起点,社会问题所反映的实际上是社会生活中"现实状态"和"期望状态"之间的差距。具体讲,"现实状态"是指社会关系或者环境发展所达到的状态,"期望状态"则是在现实状态基础上,政策制定者想要实现的力量状态。因此,一项政策的产生和发展就是在现实状态和期望状态的矛盾中找到解决这种矛盾的具体方法。④ 以此为依据,肯尼迪政府对法国的政策制定是以其对法国戴高乐政府的认知和判断为前提的,可以说正是美国欧洲战略中对法国的"期望"与法国并不符合美国的欧洲战略需求的"现实"之间的矛盾,决定了美国对法国政策的根本性质,也成为这一政策发展演变的内在根据。从这个意义上讲,对于法国戴高乐政府政策的理解和解读,也就成为我们分析和把握美国对法国政策的基础和出发点。

---

① Erin R Mahan: *Kennedy*, *De Gaulle*, *and Western Europe*, New York: Palgrave Macmillan, 2002,p.40.

② Beatrice Heuser: "The Development of NATO Nuclear Strategy", *Contemporary European History*, Vol.4, No.1, Winter(Spring) 1995, pp.33(7)-66.

③ "NATO and the Atlantic Nations", NSAM 40,20 April 1961,FRUS 1961-1963,pp.288-290.

④ 刘斌、王春福:《政策科学研究》,人民出版社 2000 年版,第34—37 页。

一、美国关于法国的北约政治军事态度的评估

如前所述，肯尼迪政府的西欧战略，基本是围绕"一个中心和三个基本点"而展开的，"一个中心"表明美国的欧洲战略目标是在欧洲确保霸主地位，对苏遏制，"三个基本点"是北约的常规力量发展，防止核扩散和西欧责任分担下援助不发达地区。艾奇逊报告提出的北约常规力量发展的1963—1966年发展计划显然成为肯尼迪政府西欧战略中不可或缺的重要支柱。

在这方面，法国因其"反美主义"的性格和不轻易屈从于美国压力的态度而成为美国肯尼迪"常规力量发展计划"的绊脚石。戴高乐复出后，其抗美独立政策从北约的防务政策发端。在戴高乐看来，北约具有美国控制西欧和苏联的双重作用，于是在北约的政治和军事方面发起了挑战。在1961年肯尼迪出访法国前夕，美国国务院向肯尼迪总统提交一份背景文件，标题为《法国对北约政治和军事问题的态度》，对戴高乐的北约政策进行系统总结。报告从北约部队一体化、北约指挥体系、核武器在法国的存放问题和核合作协议四个方面进行评析。

对于北约部队一体化问题，法国总统戴高乐认为这是"对国家主权的减损"，法国将继续保持独立于北约的部队。他的观点源于："每个国家最终必须有能力在必要的时候为国家安全而行动；北约部队一体化可能把过多的权利放在军事指挥者的手中而没有政治授权和足够的控制；北约部队一体化将减少国家部队的国家认同感，保持这种道德上为国家尽职的观念是必要的。"①这些观点制约着美国在北约一体化上的努力。

与法国不同，美国比较看重北约的一体化，主要包括两个层次：(1)防空一体化。1955年，北约接受其欧洲成员国实施防空体系一体化的理念。由于那时北约逐渐意识到需要整合欧洲防空体系以便应对现代空战的日新月异的技术发展。1960年9月，北约的委员会接受MC54/1的指令："号召现有防空体系逐渐形成一个新体系。新体系在和平时期由盟军最高司令统领，其本质是各个国家共同任命盟军最高司令在和平和战时负责并被授权面临空中攻击

---

① CK3100053932,"Background Paper for President Kennedy's 5/31-6/2/61 Visit to De Gaulle Discussing French Attitude toward NATO Political-Military Questions",May 24,1961,DDRS,p.1.

时进行防务。尽管各国达成总体协议,但法国仍有很大的保留,即同意MC54/1指令的基本原则,条件是法国本土部分保留法国空军指挥权,这样法国指挥官就需要与盟军最高司令合作,而且MC54/1原则适用于法国东部很小的区域。法国还坚持这些地方开火权仍由法国所有。法国的这一保留立场延缓了防空一体化的实现。但美国时任盟军最高司令诺斯塔德将军倾向接受法国保留是为了让北约其他国家建立统一的防空体系。"①

(2)后勤一体化。随着国家间相互依赖度的增加,北约各国首脑逐渐意识到建立有效的一体化体制能更好利用各国资源,所以1957年年末各国首脑原则上同意接受各领域的一体化,包括空军、海军和后勤的一体化。面对高涨的呼声,德国提出北约后勤一体化的建议。对此,美国也早有此意,同时考虑到北约一体化发展离不开德国的密切合作所以就顺水推舟地支持德国的建议。"北约军事委员会在1960年对后勤一体化进行研究并出台了MC86/1指令,即后勤一体化最好的办法是在现存框架内建立一个和平时期的统一的后勤体系,这会为北约在战时指挥提供最大可能的灵活性和有效性。"②面对美德的积极反映,法国则采取"明显民族主义"的态度,认为"后勤是国家的责任,任何改善现有系统的努力应建立在双边不是多边的基础上"。法国坚持认为限制后勤的发展才更适合于时代,所以反对后勤工作小组的建立,而应在法国建立北约供应服务机构(NATO Maintenance Supply Service Agency),并考虑在双边基础上加强与德国的合作,而不是在北约框架内以德国向法国军事采购作为条件来使用训练基地。

美国认为法国在涉及北约指挥权问题上主要有三方面主张:(1)法国以保持军力满足国家需要为由,提出法国地中海舰队从北约退出,并认为:"由于北约不愿将法国的军事责任作为其责任,因此认为法国必须保证在阿尔及利亚利益和在其他地区的利益。同时法国也愿意与北约讨论其他合作事宜。"(2)北约海军指挥的改组问题。1960年12月北约军事委员会让盟军最

① CK3100053932, "Background Paper for President Kennedy's 5/31-6/2/61 Visit to De Gaulle Discussing French Attitude toward NATO Political-Military Questions", May 24, 1961, DDRS, p.2.

② CK3100053932, "Background Paper for President Kennedy's 5/31-6/2/61 Visit to De Gaulle Discussing French Attitude toward NATO Political-Military Questions", May 24, 1961, DDRS, p.2.

高司令考虑组建北约海军，1961 年 2 月法国建议指挥官应由法国人担任。（3）法国在北约指挥体系中的地位问题。由于没有法国人取得北约高级别指挥权，而且调查显示较高层次的位置均由美国和英国占据，法国对此明确表达不满。对此文件指出："美国的立场是任何北约军事指挥的变化应符合北约军事权威的基本利益，而且法国应通过这些渠道提交建议。美国也准备考虑对北约军事指挥的重组问题。目前没有其他国家提出要求指挥结构的重组。"①

针对美国核武器在法国存放的问题，文件明确法国持反对立场。1957 年，北约首脑决定建立北约核反应堆时，"美国和法国讨论向法国军队和驻法美军提供核弹头支持，于 1958 年向法国建议核反应堆在美国控制下，在紧急情况下才由法军使用"。可是，戴高乐表示不愿接受美国核弹头存放的惯例，不愿在法国领土上考虑在共同决定机制下使用核基地。法国的态度表明美法双边重点不应放在北约事务上。受此影响，1959 年 5 月关于在法国重新部署 9 个美国空军中队的计划也陷入僵局，因为这些飞机都能携带核武器。最后美国被迫暂时放弃在法国存储核武器的想法。唯一让美国欣慰的是，两国在 1960 年 9 月达成协议，美国核武器将存放在德国，法国同意北约在法国部署空军。

关于核合作协议方面，"基本与法国达成一致，驻法大使加文（Gavin）被授权开始履行协议。该协议允许提供给法国核信息，以使得法国的北约部队在核运载体系上获得充分操作权。操作层面上，该协议只适用于法国在德国的部队"②。

可以说，从这份文件看，美国在如何应对法国在北约的利益诉求方面逐渐陷入困境，愈发面临法国不合作的态势。法国为了避免在北约被边缘化，在承认美法非对称性相互依赖的同时极力通过北约体制调整对其进行弹性修补。它体现了北约以美国为主导，其他欧洲国家为辅的结构性缺陷。当美法两国安全利益和目标出现分歧，法国缺少北约发言权的现实会加剧双方在决策和行动上分歧。

---

① CK3100053932, "Background Paper for President Kennedy's 5/31—6/2/61 Visit to De Gaulle Discussing French Attitude toward NATO Political—Military Questions", May 24, 1961, DDRS, p.4.

② CK3100053932, "Background Paper for President Kennedy's 5/31—6/2/61 Visit to De Gaulle Discussing French Attitude toward NATO Political—Military Questions", May 24, 1961, DDRS, p.5.

二、法国"火力"核计划的实施

1958 年戴高乐重返政坛后的最初四年主要的精力都用于解决阿尔及利亚问题。这也让戴高乐认识到法国军队现代化的重要性,视其为实现法国伟大复兴的必要条件。法国军队出于结束阿尔及利亚战争的需要,超过一半的人都在海外服役(1958 年总数约为 100 万),其重型装备多是在美国援助下建立的。当非殖民化完成后戴高乐决定追求法国独立防务政策,并于 1959 年 11 月 3 日在法国高等军事学院演说时宣告:"法国的军事防务必须属于法国,法国必须有自己的防务,法国必须依靠自己的力量,为自己的利益并按照自己的方式保卫自己。"[①]"显然,在未来几年我们要获得自己行动的能力,核武器将成为我们军力的基础,因此我们必须拥有核武器,因为法国可能受到来自地球任何地方的攻击,所以我们必须具备能攻击任何地方的能力。"[②]

前文提到在法国第四共和国时期核武器的研制已经开始,1955 年之后则加快研制步伐,并于 1960 年进行第一次原子装置的试爆。在法国人民为此欢呼的时候,法国政府向议会提交了第一份有关军事设施的立法计划。"1960 年 12 月法国制定了第一个核军备 5 年计划,法国决定花费 39.83 亿法郎,以实现真正的核武库,建立中等当量的核弹头。同时计划拨款 10 亿法郎用于筹建一支能携带原子弹的幻影Ⅳ式(mirage Ⅳ)轰炸机组成的战略空军,7.7 亿法郎用于研制特殊设备如弹道导弹,以及 2.5 亿法郎用于开始建立第一艘核动力潜艇。但巨额花费很快遭到反对派的攻击,尤其是来自议会。参议院曾经两次投票表决,多数持反对立场。"[③]但是戴高乐仍顶住压力继续建立独立核力量。

当然核武器的研发是一国经济和技术实力的综合反映,当时法国的技术还不完善,比如研制的幻影轰炸机有一个缺点就是需要在飞行中途加油才能到达苏联上空。但法国国防委员会仍决定建立第一代法国核力量:1963 年计划进行第一架核轰炸机试验。核轰炸机进行试验时主要携带 AN-11 型号和

---

① 张锡昌、周剑卿:《战后法国外交史(1944—1992)》,世界知识出版社 1993 年版,第 138 页。

② Edited by Robert Paxton and Nicholas Wahl, *De Galle and the United States-A centennial Reappraisal*, Oxford, UK: Berg Publication, 1994, p.351.

③ Edited by Robert Paxton and Nicholas Wahl, *De Galle and the United States-A centennial Reappraisal*, Oxford, UK: Berg Publication, 1994, p.352.

AN-22 型号核弹头。AN-11 核弹头是 1962 年 5 月首次试验,并于 1963 年开始装备的。AN-22 核弹头则是试图替代 AN-11 的大批量生产并能由幻影Ⅳ式轰炸机投放的新一代弹头。

随后法国国防委员会提出发展三位一体战略核力量。核运载轰炸机代表了第一方面,第二方面包括载有浓缩铀弹头的核动力潜艇。配备 20—40 个陆基弹道导弹,这弥补了空基和海基运输的差距。三位一体的第三个方面是建立永久的核基地,进行核研究、试验和核弹头制造和运输。国防委员会意识到建立能生产气态分离工厂(Gasous diffusion plant),分离放射性核元素并用于生产浓缩铀是发展核军备的关键。当法国官员在与美国谈到核援助的时候也曾表示过希望美国能优先帮助他们建立气态分离工厂。①

当然核武器计划的花费也是巨大的。表 3-1 所示,法国整体国家预算都向"火力计划"(Force De Frappe)倾斜。尽管阿尔及利亚战争即将结束,法国防务预算却提高了,军事贷款从常规军力向核武器计划倾斜。核计划占据大约 7% 的国家预算。

表 3-1　法国关于火力计划的财政预算②　　（单位：十亿法郎）

	国家预算	国防预算	军事设施贷款	火力计划的花费
1960	59,788	16,886	5,895	0,538
1961	66,139	17,415	5,739	0,909
1962	73,331	17,841	5,601	1,245
1963	81,428	19,483	7,831	2,432
1964	87,399	19,715	9,100	3,701
1965	93,338	20,859	10,378	5,040
1966	104.047	22,025	11,268	5,575
1967	121,238	23,769	12,982	6,277
1968	133,733	25,485	12,982	6,267
1969	147,150	26,090	13,069	5,367

① Erin Mahan：*Kennedy, De Gaullem, and Western Europe*, New York：Palgrave Macmillan, 2002, p.68.

② Erin Mahan：*Kennedy, De Gaullem, and Western Europe*, New York：Palgrave Macmillan, 2002, p.69.

在财政的支持下,法国核计划很快取得成效。1964 年法国建成第一代核力量,即一支由 36 架幻影Ⅳ式轰炸机组成的战略空军,1967 年第一艘导弹核潜艇"可畏"号下水。①

总之,只要核武器为美苏所垄断,法国就不可能掌握自己的命运,戴高乐寻求独立核力量来结束超级大国核垄断,在一定意义上更是政治手段,虽然法国无法实现与美苏相当的水平,但是法国实现了从弱到强威慑的战略。更重要的是,法国核武器即使规模很小,也可能迫使美国抛弃灵活反应,法国拒绝美国提高常规军力要求的原因之一,就在于法国要实现与大规模报复战略相似的核战略。正如 1963 年 11 月戴高乐解释的:"如果法国遭受攻击,美国会干涉,但是何时干涉和如何帮助呢? 他们的利益不一定会与我们一致,联盟也不会让美国立刻站在我们这边并使用全部的力量和全部的武器。这就是为什么我们必须要拥有核力量。这只是个开端。"②

三、美国关于法国共同市场政策的评估

1963 年 1 月 14 日,戴高乐以记者招待会的方式正式否决英国加入欧共体的申请。法国的这一决定招致美国不满的同时也引发美国对法国共同市场的政策的关注。1963 年 3 月 20 日,美国中央情报局标题为《法国对共同市场和美国的经济政策》的报告反映出美国对法国经济政策的理解。报告从三个特定领域探究法美两国经济政策的差异,以及法国经济在多大程度上受到两国政治关系的影响。③

鉴于法国和美国在政治、军事和经济诸多领域的不和谐,报告首先指出戴高乐涉及欧共体方面主要有三方面目标:实现法国国家利益、法国在西欧的领导权以及使欧洲大陆更加独立于美国。在美国看来,"由于戴高乐表现出对纯经济或者技术的鄙视,显然法国经济政策不仅仅是经济政策,更是作为武器

---

① 张锡昌、周剑卿:《战后法国外交史(1944—1992)》,世界知识出版社 1993 年,第 140 页。
② 张锡昌、周剑卿:《战后法国外交史(1944—1992)》,世界知识出版社 1993 年,第 141 页。
③ "French Economic Policy toward the Common Market and The US", Central Intelligence Agency Office of Current Intelligence OCI No.0511/63,国家图书馆微缩胶片,美国中情局解密档案,3013 卷。

来获得更大的政治目标"①。

法国政府的经济政策,是受国家经济利益的指引,因而有时与美国利益存在差异。备忘录试图评估法国经济政策在下述三个领域与美国有着怎样的不同,以及在何种程度上受到政治因素的影响。这三个领域是:法国对欧共体发展的政策,美国与法国对贸易和关税的讨论,涉及收支平衡方面的金融谈判。

（一）关于法国对欧共体发展的政策

报告首先提出:"坚持共同市场的发展必须按照欧共体的罗马条约规定的进度"是法国否决英国加入共同市场的主要考虑。法国认为:"如果减缓经济发展速度,欧洲共同市场发展会出现问题,也威胁着'肯尼迪回合'谈判和关税减免的会谈。关税联盟必须按照原计划于 1963 年 7 月 1 日开始,而且必须对悬而未决的共同市场农业政策的部分达成协议。"②

美国此时看到戴高乐虽基于政治动机否决英国加入,但对欧共体的态度是积极的,在美国看来"戴高乐更像是欧洲一体化的真正支持者并试图迫使其他成员一道来拒绝英国加入的请求。戴高乐意识到共同市场会带来经济繁荣和政治上的繁荣,所以热情极高并极力打消其他成员对他的不信任态度"。

其次,报告认为虽然法国在欧共体的发展中表现出的积极主动是受到其经济利益的驱使,但这一领域经济目标与美国的政策是"和谐的"。此时美国感到"由法国来领导比其他任何国家更能有效发挥共同市场的影响,欧洲密切经济联合是政治联合的重要一步"。法国恰恰在通过经济联合最终实现政治联合这点上与美国不谋而合,成为美国"最好的盟友"。③

最后,报告关注欧共体在农产品的自由流动方面的进展。1962 年 1 月 14 日,欧共体部长理事会作出决议,全面启动共同农业政策,此举是为迎合法国日益强烈的实施共同农业政策的要求。美国认为该决议是"共同农业政策的

---

① "French Economic Policy toward the Common Market and The US", Central Intelligence Agency Office of Current Intelligence OCI No.0511/63, p.1.

② "French Economic Policy toward the Common Market and The US", Central Intelligence Agency Office of Current Intelligence OCI No.0511/63, pp.2-3.

③ "French Economic Policy toward the Common Market and The US", Central Intelligence Agency Office of Current Intelligence OCI No.0511/63, p.3.

必要机制和总体框架,可是这个共同的农业政策如果变为保护主义,就可能危害美国利益。法国坚持在贸易领域加强合作的观点与美国相同"。

总之,美国的结论是"法国与美国在共同市场经济一体化的政策大体一致。法国追求的动机尽管有时与美国不同,但是法国远不是简单或者纯粹迫使其他欧共体成员支持法国而反对盎格鲁—撒克逊"。

（二）法美贸易谈判

在涉及美法贸易和关税问题的谈判时,美国认为,"从政治角度看,法国可能试图利用美国想要取得成功的心理作为手段来换取美国在其他领域对法国的让步"。这意味着法国要扩大减免关税的会谈,讨论采取何种措施让美国实现在贸易领域之外与欧共体的合作,这也意味着法国试图把接下来的贸易谈判与大西洋联盟的核军备等政治和军事问题联系在一起。

其次,报告认为:"法国的保护主义传统解释了法国在解决贸易和关税谈判的立场不仅仅是反美的政治策略。基本是出于经济动机,但目前说来不利于美国的利益但又是美国所希望的政策。"法国认为欧共体加速发展会提高抵御美国的大工业竞争的能力。

再次,报告还提出美法在农业贸易问题上"冲突是公开的"。法国希望通过共同市场为其农产品打开更多的销路,而美国则尽力保持作为欧共体农产品主要提供者的地位。涉及小麦、面粉、饲料、谷物、家禽产品将面对越来越多的来自欧共体的竞争,法国希望"改变美国在欧洲享有不正常的市场份额"的现状。

美国也看到法国也为了弥合法美的分歧,提出积极的建议,比如"通过支持性的政策和调整进口水平而不是固定关税来进行调整"。同时由于法国在促进世界商品协议方面发挥领导作用,"协议的主要目的是稳定价格,其签署无论对法国还是美国都十分重要"①。

（三）法美的金融谈判

法国和美国关于收支平衡的金融援助是另一个重要问题,报告认为美国

---

① "French Economic Policy toward the Common Market and The US", Central Intelligence Agency Office of Current Intelligence OCI No.0511/63,p.4.

重点是要考量"法国是否出于政治目的与美国产生分歧并采取敌对态度,并提供背景作为判断法国真正动机的依据"①。这表明面对持久的财政赤字,美国努力利用各种手段减少开支,努力使某些欧洲国家扩大在美国的军事采购,并缴付战争时期部分对美所欠债务。美国财政部与欧洲国家就美元稳定和暂时限制黄金流出美国问题签订两类协议:一类是所谓的"交换"协议,即主要贸易国的中央银行同意给受援国提供资金;第二类是安排欧洲国家向美国提供中期贷款,时间约为15—24个月,以此减少债权国要求用黄金来补偿美国赤字的要求。

美国承认"法国在帮助解决美国赤字困难方面做得与其他欧洲国家一样好,甚至更好"。法国政府预付给美国大约4亿美元的长期贷款,而且法国央行在"交换"协议上能较好配合。1963年2月,法国财政官员与美国财政代表在巴黎会晤,他们指出尽管在其他领域双方存在一些分歧,但法国愿意做一些事情来显示两国间的货币合作。法国表示将计划向美国提供1亿至1.5亿美元的中期贷款。

总之,美国对法国关于共同市场政策的评估是理性和务实的,显然认识到欧共体的合作尽管以法国追求利益最大化为其行动的原始动力,但法国利益诉求的手段却出现明显的变化,法国主要作用的发挥实际将美国置于一种两难的选择困境之中,支持或不支持法国主导下的欧洲联合都将对美国带来一定程度的负面影响。

第三节　冷战的加剧与美国"利用和协调"政策全面实施

如上所述,在美国观念中所谓"法国的问题"并不是具有单一内涵的问题,它在结构上表现为许多不同的层面,而所有这些层面又都是美国在谋求其

---

① "French Economic Policy toward the Common Market and The US", Central Intelligence Agency Office of Current Intelligence OCI No.0511/63,p.5.

国家利益的过程中所不能忽视的,这也从根本上决定美国对法国政策的复杂性。从这段时期美法关系的发展过程看,对于如何解决两国关系的分歧与争执,双方都采取"循序渐进"的方式,而缺乏一种长期性的政策措施。不仅法国在处理对美关系上经常表现出"步步讨价"的"短期行为",而且美国的对法政策也并非始终如一,而是表现为一个不断调整和变化的过程。利用和协调政策正是美国对法国外交实践中,各种力量综合作用的结果。

一、肯尼迪对法政策目标的确立

1961 年 1 月 19 日,肯尼迪总统与艾森豪威尔的交接过程中,曾表现对法国关系的不重视。当时美国政府急于处理东南亚。但艾森豪威尔总统指出:"戴高乐的态度是主要西欧国家签订协议增强合作的关键因素。"他还提到"戴高乐考虑每件国际事务都受到美英法'三方政治'的左右",所以提醒肯尼迪在"处理这些事务的时候应该考虑这个因素","任何这类行动的采取都会立刻分裂北约"。涉及阿尔及利亚和美国与法国问题时,肯尼迪指出:"不需再做讨论,但指出戴高乐与叛乱者的谈判结果是较为积极的。"①可见肯尼迪执政伊始还未对法国的分歧给予充分的关注,对艾森豪威尔的建议置若罔闻。

艾奇逊报告出台后,肯尼迪考虑如何落实其中的基本原则,改善与欧洲盟国的关系,所以决定展开一系列高级别的双边会谈来落实美国对欧洲政策的原则。他个人也认为如果他能亲自会见主要欧洲领导人,一定程度上"利用"戴高乐等盟国领导人对美国的支持,为以后的具体落实欧洲政策有所裨益。所以肯尼迪先后于 1961 年 4 月会见英国和德国的领导人,计划并在 6 月会见苏联赫鲁晓夫之前出访法国与戴高乐会面,希望这次面会"协调"与法国戴高乐关系,达到"利用"法国在欧洲的独特作用来起到对抗苏联的目的。

出访之前美国国务院向总统提交了一份备忘录,阐述肯尼迪出访法国的基本要点的背景文件。文件首先确立了出访的目标:短期目标:(1)把美国充满活力的新印象传递给欧洲;(2)让法国相信实现美国与法国的共同目标是

---

① CK3100118157, "Memo Regarding A Meeting Between President Eisenhower and President-Elect John F.Kennedy to Discuss Transfer of Power", Jan 19,1961,DDRS,p.2.

最为重要的。长期目标：（1）给戴高乐感觉美国愿意完全和坦诚地告诉其基本立场和长期看法以减少他的敌对情绪；（2）谋取法国在联盟的支持；（3）关于法国核计划应以阻止核扩散为指导原则。①

备忘录谈到"戴高乐问题"时认为戴高乐的想法主要体现在五方面：（1）让法国获得美国和英国的认可，通过三方会谈得到平等的地位；（2）继续法国单边核计划以赢得法国力量和威严，让法国发挥世界性的作用并在使用核武器时出现法国决定性的声音；（3）重组北约让法国发挥更大作用并干扰苏联在不发达国家地区尤其是非洲的影响；（4）成为西欧发言人和组织者；（5）承认法国在非洲的特殊历史地位。

要想达到美国的目标，国务院认为可行的办法是："如果联盟想要成为一体，必须有所动作来满足戴高乐的要求。而我们不能接受正式三方会谈组织，它的建立会永久损害联盟。我们尽力劝服戴高乐，他的观点会在政策制定的过程中予以考虑，但是我们不能帮助法国实施核计划，因为这会提高西德想要发展同样计划的可能性。我们要作出让法国在使用和控制核武器上能发挥更大作用的政治姿态。"②可见，法国计划对德国的影响是美国优先考虑的因素。

美国国务院的结论是："如果会议成功，美国的最佳预期是法国在国际政治政策的执行中和实施北约非核建设问题上采取更合作的态度。美国在互利的领域尽可能满足法国的要求，这样才能让美国新政府和法国有良好的工作关系，并保证伙伴关系不受到分歧的销蚀，并调动戴高乐为联盟服务热情。如果能做到这些，未来的会议会取得成功。"③

这份备忘录明确了肯尼迪出访的基本立场，表明美国在某些领域可以作出部分妥协，以争取法国在重大问题上的合作。

1961 年 5 月 31 日到 6 月 2 日，肯尼迪对法国进行访问，与戴高乐先后五

① CK3100485728，"Scope Paper For President John F.Kennedy's Paris Trip to Meet with French President Charles De Gaulle"，May 15,1961,DDRS,p.2.

② CK3100485728，"Scope Paper For President John F.Kennedy's Paris Trip to Meet with French President Charles De Gaulle"，May 15,1961,DDRS,p.3.

③ CK3100485728，"Scope Paper For President John F.Kennedy's Paris Trip to Meet with French President Charles De Gaulle"，May 15,1961,DDRS,p.4.

次会面,双方主要围绕欧洲防务、建立常规武器的可能性、核武器的控制和部署、非洲的事务等问题进行广泛的探讨。因为戴高乐强烈不满法国被排除在全球事务决策之外,尤其关于欧洲安全方面,所以会谈中美国没有按照预定的目标进行就被法国拖进"三方会谈"的商议。

从政策层面上看,法国要求三方会谈需要制度化作为基础,希望北约决定军事行动前美法立场能够一致,最重要的是使用核武器时法国能平等表达想法。"戴高乐不是想要两国或者四国峰会,实际上是寻求协调一致的政策并且反对和阻止美国单边主义行为。"①讨论过程中戴高乐试图扮演辅导教师的角色,这印证了麦克米伦对戴高乐的评价:"和戴高乐的会谈很艰难,因为他有明显的命令语言,又不可能被直言打断。"会谈中双方主要聚焦于柏林问题和欧洲防务。戴高乐强调应让赫鲁晓夫相信,"任何对柏林的攻击将等同于对西德的攻击并因此引发全面战争。"肯尼迪认为则坚持有限常规军事行为为主。因而,柏林问题对戴高乐而言一定程度上"诠释了美国缺乏对大陆的义务,而且戴高乐置疑美国是否在核战争中用纽约来换取巴黎安全"②。换句话说,美国核威慑的可信度在美国考虑制定核战略对抗苏联的时候不是简单的议题。戴高乐通过怀疑美国对西欧承诺来证实法国核计划和三方会谈的合理性。法国外长顾夫·德姆维尔(Couve De Murville)回忆说,"核问题在两国关系讨论中占据主导性地位"。③

会谈中,戴高乐批评肯尼迪把大西洋联盟等同于北约组织。他认为这个机制不能让法国满意。尽管承诺在国际危机时刻不破坏北约,他也警告说在目前的结构下不确定会继续。肯尼迪认为从美国的角度看北约作为联盟和组织是一致的,把机制和概念分开只会有利于苏联。法国从北约完全退出和拒绝允许美国部队在法国本土会损害北约在欧洲的战略。肯尼迪解释西欧的防务和美国的防务是一致的。他预想的战略不是意味着"减少美国的义务,而

① Frank Costigliola:"Kennedy,The European Allies,and The Failure to Consult",*Political Science Quarterly*,Summer 1996,pp.105-123.

② Doc 233,"President's Visit to De Gaulle,Talking points",May 27,1961,FRUS 1961-1963, Volume XIII,West Europe,France,Washington D.C.:USGPO,1992,p.655.

③ Erin Mahan:*Kennedy,De Gaulle,and Western Europe*,p.47.

是提高有效的控制"。①

在会谈接近尾声时,肯尼迪希望能通过不确定的三方会谈来敷衍戴高乐的各种战略要求。肯尼迪为增加戴高乐的信心"保证关于核武器在何时何地使用将与法国会谈商议,除非面临迫切威胁"。为了让戴高乐更确信,肯尼迪建议美国、英国和法国建立政治机制来商议,但这一机制不应仅包括三国首脑而应包括北约军事常设成员的军事代表,并承诺考虑逐步建立三方会谈机制。

戴高乐与肯尼迪会谈后对其承诺官方建立机制化的三方会谈持怀疑态度,认为这不过是美国说得好听的话,会谈不过意味着"通知"法国。戴高乐仍认为,"实际上美国的态度只有法国在拥有核武器后才能转变"。②

总之,1961 年美国与法国的会谈呈现出"求同存异"特点,虽然双边会议没有形成具体合作框架,但是由于肯尼迪关注的焦点还是黄金和美元,希望在西方联盟发挥领导作用的法国能够与美国共同负担,也使美国与盟友的权利平衡产生微妙的变化。这也部分解释了美国对法国作出部分妥协的根本逻辑起点。肯尼迪所最为关心的优先问题对戴高乐来讲可能是第二甚至是第三位的问题。戴高乐关注的是通过三方会谈商议北约重建问题。美法间核心战略的差异逐渐凸显。

二、柏林墙危机与戴高乐的不合作政策

1961 年 8 月 13 日,民主德国沿东西柏林分界线设置了路障和铁丝网,后来又筑起了一道高达 3.6 米的水泥墙,这就是有名的"柏林墙"。苏联赫鲁晓夫认为柏林墙的建立在某种程度上能解决民主德国所面临的问题,如阻止民主德国的人大量西去,和大批联邦德国人涌入东柏林抢购造成的财政亏损。而美国和西方国家虽然抗议和谴责构筑"柏林墙",但并没有采取措施推倒它,实际上是默认它的存在。这种默认和容忍的态度也引发法德两国对美国的信任危机。柏林墙危机最终遭到美国的盟友尤其是法国的抵制,法国退出

---

① Doc 245, "Memorandum of conversation with the president and the de Gaulle", FRUS 1961-1963, Volume XIII, West Europe, France, Washington D.C.: USGPO, 1992, pp.662-665.

② Erin Mahan: *Kennedy, De Gaulle, and Western Europe*, London: Palgrave Macmillan, 2002, p.48.

了西方对苏联谈判,使得美法关系陷入僵局。可见,柏林墙危机是美英法德四国对抗赫鲁晓夫挑战西德政府的一次危机,在这过程中,英国支持美国立场,而法国则坚定地站在西德政府的一边,也使得美国与西方盟国之间出现错综复杂的关系。

面对柏林墙危机,肯尼迪政府认为,"赫鲁晓夫建墙对得到西柏林不是好的办法,但一面墙要好于战争。作为非自然的障碍,总有一天会倒塌"。① 所以肯尼迪政府没有采用任何措施。但柏林危机让德国问题和北约战略成为欧洲超越一切的重要问题,甚至优先于肯尼迪此前看重的赤字问题,一定程度上延缓了肯尼迪西欧政策的全面建立。

对法国来讲,尽管戴高乐不赞成拆墙来解决问题,但是认为肯尼迪政府糟糕的危机解决能力影响柏林的稳定甚至容易引发战争。"美国考虑柏林危机立场是与法国是不同的,因为他们的利益不等同于欧洲的利益。"美国对危机的处理方式让戴高乐对美国单边主义的认知更为清晰,美国的错误管理使得戴高乐开始计划让法国空军和海军从北约一体化中退出,更加坚定了发展国家核武器的想法。只要苏联接管柏林的幽灵还在,戴高乐就不能改变法国的北约战略。肯尼迪和戴高乐在如何解决柏林问题上存在分歧就不可避免。②

此时,肯尼迪政府也把柏林问题作为检验西欧可靠性的试金石,它作为冷战的焦点,映射出各大国的既得利益。苏联对西欧施压希望得到两个结果:一个是西欧大国对柏林的地位不同认识产生冲突和纠纷,二是利用西欧的不团结来把西欧力量驱逐出柏林。对美国来说,保证北约团结是十分关键的,尽管它认为戴高乐政府的态度是令人烦恼的问题,但正像美国国务卿腊斯克所说:"法国在与苏联关于柏林的对话中发挥极重要的作用。"③

为预测柏林危机进一步发展的各种可能,肯尼迪政府积极制定战略以应对意外事件,在国家安全委员会中建立一个柏林特别任务小组,并任命国务院

---

① Memorandum of Conversation, 20 November 1961, FRUS 1961-1963, Vol. XIV, p.591.

② Erin Mahan: *Kennedy, De Gaulle, and Western Europe*, London: Palgrave Macmillan, 2002, p.50.

③ Erin Mahan: *Kennedy, De Gaulle, and Western Europe*, London: Palgrave Macmillan, 2002, p.51.

的欧洲主义者马丁·希伦布兰德(Martin Hillerbrand)为这个小组的主席,与艾奇逊的指导小组分别汇总白宫、国务院和五角大楼的意见和信息,并统合个部门间的意见来处理柏林危机。最后艾奇逊的指导小组实际主导了1961年柏林问题政策制定。在评估赫鲁晓夫的目的,预测柏林的战略意义和制定可能的反应时,他们认为中苏的分裂和东德大批难民流入西德对赫鲁晓夫产生巨大压力。该小组认为赫鲁晓夫不过是虚张声势,通过与西方大玩战争边缘游戏展示其强硬,以缓和国内对他的批评。

1961年6月28日,艾奇逊向总统提交一份报告,建议实施强硬路线,即提高欧洲的常规军力;举行军事演习;重新开始核试验和U-2侦察飞行;提高军事预算和宣布国家紧急状态。① 这份报告立刻在政府引发热议。沃尔特·罗斯托(Walt Rostow)批评这份艾奇逊路线不能表明美国的政治目标。邦迪也认为应争取时间建立欧洲的常规地面部队。可见美国最初的想法是把重点放在了核威慑。

肯尼迪政府内分歧像面镜子也反映了西欧内部的不同看法,尤其是法美两国在柏林问题上的分歧。戴高乐亲身经历过1958年柏林危机,感觉比新任总统更有资格了解赫鲁晓夫的意图。他认为赫鲁晓夫只是在虚张声势所以建议采取强硬的对策。美国和法国在柏林问题上的分歧转变为两国在北约战略态势上的激烈争论。对肯尼迪政府来讲,应对柏林威胁需要确立北约战略。如果苏联试图封锁西方到柏林的通道,美国政府需要充足的常规地面军力和空军、海军运载能力的武器来对抗苏联的常规武力威胁。理论上,美国提高常规力量如坦克、炮兵和部队的根本理由有两方面:肯尼迪政府相信建立常规武器将展示美国愿意承担武器竞赛的高昂花费;另外也让欧洲盟友相信美国承诺牺牲自己的人来保卫欧洲。参谋长联席会议主席莱曼·莱姆尼策(Lyman Lemnitzer)将军建议如果苏联向柏林进攻的话,应确定何时美国使用核武器。肯尼迪对此表述模糊,认为使用核武器关键的时刻就是苏联使用前的一刻。同时肯尼迪也担心与法国和英国商议部署核武器的可能性。换句话说,这种

---

① Doc 255,"Reported by Dean Achson",June28,1961,FRUS 1961–1963,Volume XIII,West Europe,France,Washington D.C.;USGPO,1992,p.128.

关于灵活反应的辩论反映了其政治价值和战略价值的差距。①

1961 年 7 月,肯尼迪告知戴高乐等西方主要大国的领导人,他试图要求国会补充军事预算来提高美国在中欧的军力。艾奇逊曾指出北约在中欧的数量远低于北约在 1958 年达成 MC70 协议的水平,苏联与北约军力比是 22∶16。而且苏联军队的灵活程度远高于北约。该报告结论是常规部队与苏联的差距很难牵制苏联对柏林的进攻。②

尽管法国向美国保证它会满足美国的要求并允许在法国存放核武器,肯尼迪政府则认为法国和主要西方国家只是拖延与美国常规部队方面合作协议的签署,认为"法国是给我们设置困难最多的国家"。在常规军事措施方面,法国政府没有采取足够多的措施来准备东西方可能军事冲突。法国军队不会像美国预想的那样部署 6 个师的军力。法国所做的全部只是从阿尔及利亚调回 2 个师兵力,以应对柏林可能的军事冲突。

法国的不支持立场主要源于戴高乐对肯尼迪建立常规武器提议的不赞同,认为"柏林战争迅速发展会使法国变为战场"。大部分法国官员也认为常规武器作为威慑手段缺乏政治和战略上的可信度。但法国当时的核水平对于迫在眉睫的威胁没有军事或者威慑价值,缺乏在军事行动中用于打击苏联的核武器,因此法国政府加速核武器的研制和发展。国防部长皮埃尔·梅斯梅尔(Pierre Messmer)认为应沿着法国德国边境建立核弹头的仓库。1961 年 7 月 20 日,顾夫·德姆维尔在国民议会的演讲也建议提高国防拨款用于增强法国独立核军军备。可见,在苏联威胁柏林的时候,法国与美国各有自己的盘算。

就在西方领导人应对柏林危机问题上不能达成一致的时候,肯尼迪总统认为拖延回答苏联 1961 年 6 月的最后通牒,将受制于赫鲁晓夫,所以在 7 月 25 日没有等待西方外长会议商议出结果就作出了回应。他在全美电视讲话中用庄重的语气强调柏林是对美国可信度的测试,"西方勇气和意愿的最佳

---

① Gavin, Francis: "The Myth of Flexible Response: United States Strategy in Europe during The 1960s", *International History Review*, December 2001, pp.858–859.

② Erin Mahan: *Kennedy, De Gaulle, and Western Europe*, London: Palgrave Macmillan, 2002, p.53.

测试场"。随后肯尼迪要求增加 32.5 亿美元防务预算提高常规武器能力。美国在西欧的驻军从 22.8 万提高到 27.3 万人，同时也部署 11 个空中战斗机中队。①

美英把谈判看作稳定中欧的做法，与法德拒绝谈判的立场形成鲜明对比。肯尼迪考虑从三方面与西方盟友协调立场：柏林的新地位、整体欧洲的安全、核不扩散协议。当腊斯克询问法国官员为什么反对和苏联谈判，法国国防部长皮埃尔·梅斯梅尔告诉他："法国不同意任何可能削弱德国地位的柏林协议。法德这两个国家命运是紧紧连在一起的。苏联会利用和美国谈判巩固其在中欧的地位。"②戴高乐和阿登纳的立场最终没有被美国所采纳。

苏联和美国原本希望柏林墙的建立会暂时稳定中欧的局势，可是它们的算盘打错了。1961 年秋天，东西方关系越发紧张甚至出现坦克对峙的局面。法国政府认为这些行动是不必要的挑衅，是美国单边行为导致的结果。坦克对峙再次证明戴高乐理念即相信机制化的三方会谈是必要的。

面对法国的批评和苏联的压力，邦迪向肯尼迪提交备忘录，对柏林危机可能导致军事冲突作出政策上的准备。1961 年 10 月 23 日，出台了国家安全行动备忘录 109 号文件③，标题为《美国柏林危机中的军事行动政策》。

备忘录对柏林危机可能出现的军事冲突提出政策建议。首先，"如果苏联和民主德国通过空中和地面干扰连接西柏林的通道，三国应该执行柏林紧急计划，派小部分地面部队去探查苏联的意图。尽管冒着战争危险，但是三国不能采取明显的行动。"其次，"如果苏联和民主德国决心封闭通往西柏林的道路，北约盟友应该实施非军事行动，比如经济禁运、海上封锁和联合国行动，同时迅速加强采取上述办法的能力。"④美国是希望在采取军事行动前利用其

---

① Erin Mahan：*Kennedy, De Gaulle, and Western Europe*，London：Palgrave Macmillan，2002，p.53.

② "Memorandum of Conversation of Tripartite Foreign Ministers Meeting"，14，September 1961，FRUS 1961-1963，Volume XIII，West Europe，France，Washington D.C.：USGPO，1992.

③ PD00779，"US Policy on Military Actions in A Berlin Conflict"，National Security Action Memorandum No 109，October 23，1963，DNSA.

④ PD00779，"US Policy on Military Actions in A Berlin Conflict"，National Security Action Memorandum No 109，October 23，1963，DNSA，p.1.

他的办法来达到目的。最后,"如果通过上述行动还没有打通到西柏林的通道,盟友应该采取进一步适当的措施来审视苏联是否要继续保持封闭通往柏林的道路。"为了达到上述目标美国将进行以下扩展性的军事行动:第一个阶段是"欧洲战场",分为两个层次,一个是"扩大非核空中行动来对抗地面力量,来获得当地制空权;一个是扩大在民主德国非核地面行动。这个行动是政治导向的军事行动,目的是向苏联施压"。第二个阶段是全球范围采取措施,"海上控制、军舰封锁或者其他全球性措施向苏联报复和施压"。① 这个措施不会非常有效,可能导致苏联在中欧随时采取行动。参谋长联席会议的观点是海军封锁应该伴随其他在中欧的军事行动。

在盟军采取大量非核部队还不能让苏联停止侵害美国利益的情况下,美国认为"应该使用核武器,并设想三个阶段的核反应:选择攻击特定目标来显示使用核武器的意愿;有限使用核武器,即向目标施压和取得战术上的优势;全面核战争"②。备忘录尤其强调盟友只能部分地控制核武器使用时间和规模。

1961 年 11 月 9 日肯尼迪在对来访的阿登纳忧虑地指出:"法国的戴高乐将军不愿参加任何旨在协调西方立场、确立对苏联策略的会议,因为戴高乐认为这是强迫进行而他又拒绝让步。"戴高乐在柏林墙危机处理与美国采取迥异的立场是有一定原因的,首先,戴高乐认为除非谈判具备局势缓和的条件,否则谈判就容易被视为西方的软弱,谈判就意味着是承认东德的步骤;其次,美法双方在战争的可能性判断上,美国认为战争爆发的可能性要高于戴高乐的评估;最后也是最为重要的,是柏林危机有利于戴高乐从阿尔及利亚问题中脱身出来,需要法国公众的视线聚焦在柏林问题上而不是阿尔及利亚问题上。③

在 1960—1962 年柏林危机问题上,法国和美国战术上的差异主要在于如

① PD00779,"US Policy on Military Actions in A Berlin Conflict", National Security Action Memorandum No 109, October 23, 1963, DNSA, p.2.

② PD00779,"US Policy on Military Actions in A Berlin Conflict", National Security Action Memorandum No 109, October 23, 1961. DNSA, p.3.

③ "Telegram From Embassy in France to the Department of states", October 7, 1961, FRUS 1961-1963, Vol. XIV, p.481.

何构建令人信服的对苏威慑,这种分歧对两个联盟具有决定性影响并对西方盟友整体性具有深远意义。但是美国 NSAM109 号备忘录的出台一定程度上反映了法国的要求。原来对法国不予理睬的态度有些许的改变,开始部分采纳法国提出用核武器进行有效威慑的建议。但是这种核威慑仍由美国控制。另外美国与法国的分歧一定意义上促进了法德和解,因为美国谈判的主张加深了德国阿登纳被美国抛弃的恐惧,因此促进戴高乐采纳争取西德的策略。这种缓和反过来又制约了美国从常规武器到战术核武器的灵活反应为基础的北约战略的制定。法国的不合作让本应部署 4 个师,变为实际上只有 2 个师的兵力驻扎在中欧。1962 年,美国前总统艾森豪威尔出访波恩和巴黎。艾森豪威尔回到美国后对肯尼迪说,"戴高乐不想和我谈实质上的内容。他只是非常热情,但是就不和我谈"。肯尼迪总统灵活反应的北约战略由于法国和西德的反对仍处于理论层面而非实际层面。①

柏林危机对法国军事政策的影响较大。法国开始制定计划,并以 1966 年法国退出北约达到高潮。戴高乐坚持认为法国领土不应在美国控制下,并寻求美法政府间抛开北约达成双边战略协议。美国官员尤其是国务院最初没有意识到柏林问题对法国防务战略的影响,曾认为阿尔及利亚战争结束会让法国地面部队重回西德以及欧洲的防务。② 柏林危机背景下美国单边主义行为让戴高乐更加坚定发展独立核能力的信心,由此美国与法国逐渐在核问题上展开角逐。

三、美国内部关于"核援助"的讨论与法英核合作谈判的开启

肯尼迪政府时期美国更加偏向反对与法国进行核合作,主要是因为肯尼迪总统对核武器的巨大摧毁力和苏联爆发核战争的巨大危险性的深刻认识,试图与苏联努力建立互相威慑关系,争取解决军备竞赛的问题。基于这一点肯尼迪政府认为,更多的国家拥有核能力副作用是明显的,"美国不赞成建立

---

① Gavin Francis: "The Myth of Flexible Response: United States Strategy in Europe During the 1960s", *The International History Review*, Vol.23, No.4, Dec., 2001, p.859.

② Doc 266, "Coordinating Group on Berlin Contingency Planning", 16 June 1961, FRUS 1961-1963, p.302.

国家拥有独立的威慑力量"。阻止西欧核扩散成为其对欧政策的重点,尤其在大西洋联盟内阻止法国发展独立核力量。这一行径使得美法在核问题上公开对立。

（一）美国政府核不扩散政策和肯尼迪拒绝向法国核援助的逻辑

美国核不扩散这一计划最早于1960年艾森豪威尔任期末发起。1960年12月16日美国国务卿克里斯琴·赫脱(Christian Herter)在北约会议上提出:"北约应当研究多国控制中程弹道导弹的可能性"。这就是强调北约战略所需的灵活性及常规部队的重要性,并有助于提高核门槛。① 法国外交部长顾夫·德姆维尔(Couve de Murville)对此采取谨慎的态度,指出执行过程中会遇到某些困难,如财政问题、所有权归属、核弹头的保管,而最重要的是使用导弹的决定权,认为"时机成熟后,我们可详细地考虑这些问题"②。

1961年,肯尼迪提出了"灵活反应"战略,但在欧洲看来,"灵活反应"战略意味着美国正竭力从以核为主的北约战略中撤退。美国担心如果西欧大国谋求独立核力量的想法得不到有效抑制,会使核武器不断扩散,最终美国将失去制定核政策的绝对权力。肯尼迪政府反对与法国核分享的逻辑起点是,面对法国核计划的挑战,肯尼迪政府反对是基于统称的"第 n 个国家",担心法国坚持发展核武器计划会激发西德的核愿望。如果美国向法国提供核援助,西德可能要求同等的待遇。这会让很多人担心德国纳粹重新崛起。在考虑应对柏林危机时,独立核能力将激怒苏联。相反,如果美国拒绝向法国戴高乐提供核援助,法国可能向西德寻求技术和资金上的合作,这会提供德国发展独立核能力的信息。换句话说,联盟核分享同样会导致一系列令人担忧的后果。③ 为解决西欧盟国分歧,美国诺斯塔德将军首先提出"第四支核力量"的设想,随后肯尼迪政府主张实施"多边核力量"的计划。但这些只是美国政府在当时无奈的折中之举。

---

① ［英］D.C.瓦特编:《国际事务概览1960年》上册,上海译文出版社1988年版,第163、164、173页。

② ［英］D.C.瓦特编:《国际事务概览1960年》上册,上海译文出版社1988年版,第174、175页。

③ John Newhouse: *De Gaulle and the Anglo-Saxon*, New York: The Viking Press, 1970, pp.149-183.

面对美国的提议,戴高乐作出了反击,并威胁法德加强合作进行核武器的研制。法国的外交官弗朗索瓦·罗斯(Francois de Rose)通知美国驻法大使加文(James Gavin)说:"戴高乐现在不准备给德国核信息,但以后会。"他解释说:"西德愿意支付一半的花费建立气态扩散工厂来分离放射性的核元素。这可能导致法国交换核信息。"①戴高乐利用美英害怕德国得到核武器的心理作为筹码以获得他们的帮助。

戴高乐与西德合作的威胁困扰着肯尼迪总统。1961 年 12 月 31 日,肯尼迪提出建议,成立一支由北约组织管理的超国家的核打击力量。1962 年 1 月 9 日,戴高乐回复表明法国必须拥有一支单独的核打击力量的立场。3 月,法国政府在答复购买武器帮助美国摆脱国际收支逆差时表示,尽管法国能供应自己的武器需要,但它希望能从美国买到生产原子能的各种设备、材料和技术,包括从潜艇核反应堆的设计到生产浓缩铀的工厂的关键设施。美国方面以此举会引起北约其他国家反感和无法得到国会批准为由拒绝法国的提议。②此后美国政界也引发如何应对法国核政策的讨论。

(二) 美国国内"对法核分享"问题的讨论

对于是否在北约内部进行核分享,美国国内发生了激烈的争执。国务院内支持西欧一体化的人被戏称为"神学家",如鲍尔(Ball)、罗斯托(Walt Rostow)等。他们建议总统打消所有西欧国家的核计划,鼓励他们放弃追求国家核威慑力并支持英国加入共同市场。"作为新边疆的开拓者,希望立即解决大西洋的核分享问题。但是作为难以驾驭的问题,认为有时什么都不做好过积极行动。如果不能回避盟友的艰难抉择,就应寻求多边方式来迂回解决。也不是拒绝所有形式核分享。"③因此他们提供欧洲国家参与海基中程弹道导弹(MRBM)的北极星潜艇的机会。在肯尼迪政府执政前两年里出现北约内多

---

① Erin Mahan: *Kennedy, De Gaulle, and Western Europe*, London: Palgrave Macmillan, 2002, p.72.

② 朱明全编:《二十世纪六十年代国际关系》,上海人民出版社 2002 年版,第 350 页。

③ Erin Mahan, *Kennedy, De Gaulle, and Western Europe*, London: Palgrave Macmillan, 2002, p.74.

边力量的各种名目的称呼①,这暗示在大西洋联盟内大家无法决定关于核武器具体的控制和发射程序。②

罗斯托更坚持只有成员国处于特殊核地位,西欧政治上和经济上的一体化才能实现。他意识到在西欧内部成员主要从国家核力量角度抱怨第一集团的政治地位。核领域的不平等只能增加民族主义仇恨,这会损害欧洲经济一体化进程尤其是英国加入欧洲经济共同体的进程。他鼓励肯尼迪把多边核计划作为调节政策使得所有欧洲国家核领域处于平等地位。

肯尼迪尽管尊重上述看法,但更多存有疑虑。他更加认同财政部和国防部部分高级别官员观点,比如邦迪(Bundy)、凯森(Kaysen)、麦克纳马拉(McNamara)、狄龙(Dillon)、国防部副部长罗斯韦尔·吉尔帕特里克(Roswell Gilpatric)和国防部国际事务助理保罗·尼采(Paul Nitze)。他们强调应该从实用主义角度看待大西洋共同体政策,比如是否核分享,如何达到支付平衡,关税谈判或者扩大共同市场。

肯尼迪政府内关于核分享尽管存在分歧,但多数人尤其是肯尼迪总统,邦迪和许多国防部的顾问都意识到美国的政策不会改变戴高乐决定发展独立核力量的意愿。1962年2月总统要求国务院对法国的核政策进行新评估,并告诉他们"考虑的角度是如果可行的话我们应否改变我们目前的立场"。

虽然美国对法国核计划的基本方针已经确立,仍有部分美国官员意识到这对美法关系会造成损害。代表人物就是美国驻法国大使加文(Gavin),他在劝说肯尼迪考虑向法国提供核援助方面曾发挥关键的作用。1961年11月他建议像给英国一样给法国同等帮助,向法国提供导弹技术和浓缩铀提炼技术。但他的建议遭到腊斯克反对。因为腊斯克认为:"美国已经明确向各国政府表态我们致力于不采取积极行动帮助任何国家获取或者发展独立核力量"。

---

① 各名称如下:NATO MRBM Force,NATO Nuclear Force(NNF),Multilateral Nuclear Force(MLF),Multinational Force,Inter-Allied Nuclear Force(INF),Atlantic Nuclear Force(ANF)。

② "欧洲多边力量"计划最初是在艾森豪威尔任期末1960年12月提出的。最初构想是由美国派出若干艘装备"北极星"导弹的核潜艇。到了肯尼迪政府时期人员混编成为决定性因素——由来自美国、英国、联邦德国、意大利、比利时、荷兰、土耳其和希腊八国的策划小组,开始拟定一个详细的协议。将由25艘舰艇组成,每艘配备8枚导弹,在靠近欧洲海岸的地方巡游。

邦迪也把加文此举描绘为"在圆洞里钉个正方形的桩"①。

但是加文的看法引起肯尼迪对他的关注。1962 年 3 月初，加文到华盛顿直接面见肯尼迪，他意识到肯尼迪总统深受美国财政赤字的困扰，解释如果美国改变在核分享问题上的立场可能让法国改变不合作的立场。他说："法国有充分地方存储核武器，这会为美国在德国建立相当的设施节省很多的资金，而且法国可能停止不合作的态度"，他也提醒肯尼迪"法国可能妨碍美国让英国加入欧洲经济共同体的贸易谈判，除非美国政府改变对法核政策"。他解释道，"我们请求法国通过军事采购来帮助我们缓解支付赤字，但是我们又不卖给法国他们想要的东西，只是因为这些东西与发展现代核系统密切相关"。② 加文从解决支付赤字角度论证对法核援助的建议正中肯尼迪总统的隐忧。但就在加文在 1962 年 3 月在白宫游说的时候，法国代表团来到华盛顿与麦克纳马拉商讨与法国有关的补偿美国军事开支事宜。最后法国并没有得到他们想要的，例如弹道导弹技术、浓缩铀或者在法国南部建立用于气态扩散工厂的压缩机等。

当然与加文持有相同观点的还有国防部副部长罗斯韦尔·吉尔帕特里克（Roswell Gilpatric）和国防部国际事务助理保罗·尼采（Paul Nitze）。他们曾私下表达与法国进行等价交换的想法，肯尼迪授权保罗商议："为得到戴高乐在北约的支持，美国是否应允许让其得到裂变武器层面的核信息"。肯尼迪政府希望"戴高乐能参与到多边核力量中，增加执行北约任务的常规地面部队，允许美国在法国贮存核武器以及由北约控制核武器代替法国核计划。作为回报美国会帮助法国取得与英国相等的核地位"。

负责经济事务副国务卿鲍尔对上述看法不以为然，并告知国防部长麦克纳马拉向法国核援助与已批准的 1961 年 4 月国家安全行动备忘录第 40 号文件（NSAM40）确立的政策相矛盾。他告诉加文："目前最好的选择是避免陷入更多与法国官员核问题的谈判，这只能恶化我们的双边关系。"因为西德的核

① Doc 267,"Rusk to Gavin Telegram", November 29,1961, FRUS 1961-1963, Volume XIII, West Europe, France, Washington D.C.: USGPO, 1992, p.453.

② Doc 297,"Telegram From the Department of State to The Embassy in France", May 5,1961, FRUS 1961-1963, Volume XIII, West Europe, France, Washington D.C.: USGPO, 1992, p.655.

热情是必须考虑的问题,反对向法国提供援助的深层次原因是"担心这种行为对盟友作出暗示,而西德会怨恨被排除在三方核俱乐部之外"。就像总统负责科学核技术的特别助理杰罗姆·韦斯纳(Jerome Weisner)总结的:"我们帮助法国越多,就越刺激其他人要求达到那个阶段,美国必须在这个问题上十分小心"。①

1962 年 3 月 15 日,肯尼迪因为对多边核计划的可行性还存在质疑,召集主要官员商讨北约核问题。肯尼迪考虑:"在戴高乐明显决定追求独立核力量的时候继续该计划是否明智? 美国继续拒绝给法国任何核援助是否会迫使法国与西德合作? 在美国保有否决权的前提下其他欧洲国家对该计划是否还感兴趣?"②总统国家安全事务特别助理邦迪对上述问题作出回答:"关于多边核力量可行性的多种疑问,本身代表该计划的不合实际。"看到肯尼迪政府的内部分裂,戴高乐私下甚至认为该计划是出"核闹剧",希望肯尼迪在 1962 年 5 月的北约会议前得出最终结论。

与此同时,1962 年 3 月法国代表团访问华盛顿时,得到肯尼迪允许的保罗继续与法国讨论用核援助作为交换得到法国在欧洲问题上的合作问题。但 1962 年 4 月 18 日在记者招待会上回应美国是否向法国提供核援助时,肯尼迪回答道:"美国政策当然是继续不愿看到核武器的扩散,我认为如果核武器出现扩散将是十分遗憾的事情,因此我们的政策继续以此为基础将来也将如此,除非我们感到安全需要而必须做出改变。"肯尼迪的回应促使戴高乐否决了尼采与法国核分享协议,因为肯尼迪政府混乱的信号激怒了戴高乐。看到美国的犹豫不决和混乱,法国总理米歇尔·德勃雷(Michel Debre)称美国的政策是"愚蠢"。

1962 年 4 月 18 日肯尼迪发布美国对法国核援助政策指导,即国家安全行动备忘录第 148 号文件(NSAM148),文件指出:"最近关于美国将向法国提供核援助让其加入中程弹道导弹计划的报告是没有根据的。美国现行政策不

①　Erin Mahan: *Kennedy, De Gaulle, and Western Europe*, London: Palgrave Macmillan, 2002, p.77.

②　Erin Mahan, *Kennedy, De Gaulle, and Western Europe*, London: Palgrave Macmillan, 2002, p.80.

需作出任何改变。总统也指出行政机构的成员不应再与法国官方讨论美国援助法国中程弹道导弹计划和核计划的任何可能。"可见,肯尼迪最终接受拒绝核分享的建议,"限制政府人员与法国官员再谈有关核分享问题,相信做好的选择是避免陷入更多与法国官员核问题的谈判,防止恶化美法双边关系"。①

（三）英法核合作谈判与美国对法国核技术的适度放开

1962 年 6 月 16 日,国防部长麦克纳马拉在密歇根大学的演说中发表北约部长讲话,在提及法国核援助问题时提出"更多国家核力量的建立会造成核力量扩散,单独的控制室危险和花费巨大的"。② 对美国来说集中控制的美国核威慑力量是有效和安全的。用肯尼迪和麦克纳马拉的话来说,只要"一个指头扣在扳机上就行了"。这意味着要把英国和法国的核力量纳入美国核力量。③ 面对美国的傲慢演讲,戴高乐在每周例行的新闻发布会上重申法国继续发展核威慑的决心。

法国不是唯一一个不满的国家。英国的麦克米伦(Macmillan)私下认为麦克纳马拉的做法是"愚蠢的做法",认为没有必要激怒戴高乐并在他的日记里写道:"所有盟友对美国建议欧洲购买他们的火箭深感愤怒,这个不是欧洲的火箭,是美国的工业火箭。"他也讨厌美国标榜的"责任分担"。"英国购买的美国弹道导弹仍在美国的控制下,所以有些英国防务官员认为中程弹道导弹是不公正的也是经济上的浪费。"④英国对美国核控制的不满一定程度上促成英法关于核问题的会谈,实现了英国和法国核问题合作的重启。

戴高乐和麦克米伦在谈判中都试图捞取一定的政治资本,麦克米伦希望通过诱使戴高乐可能得到英国核援助赢得法国同意英国加入欧共体。而为了保证法国在大陆的主导地位,戴高乐则需要实行独立核力量并需要英国的帮助。两位领导于 1962 年 6 月见面,决定举行英国和法国的国防部长参与的高级别会谈具体商议细节。英国国防部长哈罗德·沃特金森(Harold Wat-

---

① PD00835,"Guidance on US Nuclear Assitance to France",NSAM148,April 18,1962,DNSA.

② Doc 134,"Memorandum of conversation",June 7,1962,FRUS 1961–1963,Volume XIII,West Europe,France,Washington D.C.:USGPO,1992,p.233.

③ ［法］阿尔弗雷德·格罗塞:《法国外交政策史》,上海译文出版社 1988 年版,第 160 页。

④ Erin Mahan, *Kennedy, De Gaulle, and Western Europe*, London:Palgrave Macmillan,2002,p.80.

kinson)和法国的国防部长皮埃尔·梅斯梅尔(Pierre Messmer)探讨导弹核潜艇的合作可能和海军层次上的合作。1961年英法防务常设小组建立,继续探讨英法在三个方面合作问题:在核物资的制造和生产方面的合作、建立威慑的共同目标、建立运输系统的合作。当然,此时英法核合作仍是探讨性的阶段,其进展与英国加入欧洲经济共同体的进程密切相关。

在戴高乐和麦克米伦会见之时,欧洲和美国的媒体对英国给法国核援助换取英国加入共同市场的谣言四起。肯尼迪政府内部对此发生辩论,美国的反应是复杂的。腊斯克敦促英国不应接受与戴高乐的任何协议。助理国务卿鲍尔向肯尼迪提交了一份备忘录,标题为《英国与法国的核合作》。该文件从核分享的影响入手,分析英国核分享的必要性,对可能引发的问题进行深入分析,并得出结论。

关于英法核分享带来的影响,助理国务卿鲍尔认为:"第一,英国核分享会增加戴高乐发展其欧洲政策的能力,而这些不符合美国的利益;第二,英国与法国核分享将产生与美国提供援助一样的西德问题;第三,法国可能对美国采取更加敌视的态度;第四,苏联对此的反应是在中欧采取更加进攻的态势;第五,美国的欧洲政策没有回旋余地;第六,国会对英国援助法国是持反对态度的。"①

关于核分享的必要性,鲍尔认为:"第一,在保障英国加入共同市场上英国没有必要这么做。第二,英国实际上不能找到比核分享更好的政策,来争取加入共同市场。第三,英国寻求关于共同市场农业等地位的政策,可能与美国基本利益相反。"对于英法合作引发的问题,鲍尔认为:"我们怀疑英国是否愿意与法国分享弹道导弹和飞机关键技术;英国不可能在没有美国同意前提下进行,如果损害美英特殊关系,英国也会犹豫不决。当然英国也有可能相信他们能够处理这个问题同时又不会引发美国的反对。英国分享的类型将以英法核协议的某些形式进行。"②

---

① CK3100108875,"Memo From Under Secretary of State George W. Ball to President John F. Kennedy Outlines Ball's Views Regarding British Nuclear Cooperation with France", May 21, 1997, DDRS, pp.1-3.

② CK3100108875,"Memo From Under Secretary of State George W. Ball to President John F. Kennedy Outlines Ball's Views Regarding British Nuclear Cooperation with France", May 21, 1997, DDRS, pp.3-4.

最后,鲍尔结论是:"美国应该明确向英国表态美国强烈反对任何形式的英国与法国的信息分享;美国应该采取最有效的方式继续寻求促进英国加入共同市场,劝服法国接受英国是合理并符合他们的利益的;总之,鲍尔相信欧洲政策将继续,不应去损害欧洲一体化的基础。"①

肯尼迪总统看到鲍尔的分析后,寄希望于麦克米伦不会与法国达成这一协议,并采取措施让英国加入经济共同体,以瓦解英法核分享的基础;同时他考虑完全阻断与法国核合作存在困难,因为他发现即使美国不提供帮助,法国仍有可能从其他渠道获得核信息和技术,那么美国也将面对戴高乐更加敌视的态度。

缺乏一致性和表现出的优柔寡断是美国肯尼迪政府在 1961—1962 年对法国核政策的主要特点。1962 年面对反对核分享呼声,美国政府仍卖给法国12 架 KC-135 空中加油机(KC-135 Jet Tanker Plane)。这些飞机主要用于为法国幻影Ⅵ式核轰炸机加油,以便它们能够攻击苏联目标。1962 年 9 月,肯尼迪政府又寻求国会授权来卖给法国政府鲣鱼核潜艇(Skipjack Nuclear Submarine),肯尼迪希望以此弥补美国军事支出并阻止法英、法德核合作。1962年 9 月 7—9 日美国国防部副部长罗斯韦尔到巴黎会见法国的国防部长皮埃尔·梅斯梅尔,探讨美法在核领域的研究、发展、采购和生产上的合作和相互支持。美法关于提供法国核武器的试探性会谈又重新开始。

实际上,肯尼迪政府关于是否向法国提供核援助主要基于是否会改变戴高乐的欧洲政策这一根本立场。尽管肯尼迪顾问总体上认为戴高乐不会抛弃独立核力量的政策,法国在北约战略和英国加入共同市场问题上变得更加合作也是值得商榷的。另一方面,戴高乐没有直接要求英美援助,通过威胁与德国合作作为手段迫使美国作出让步。如果说实用主义迫使肯尼迪考虑给予法国核援助,那么冷战期间意识形态上双重遏制德国和苏联的想法最终影响美国在核问题上的立场。尽管同法国分享核技术的讨论存在分歧,但是肯尼迪政府内部反对西德获得核能力的立场是一致的。多边核力量提出的一个重要

---

① CK3100108875, "Memo From Under Secretary of State George W. Ball to President John F. Kennedy Outlines Ball's Views Regarding British Nuclear Cooperation with France", May 21, 1997, DDRS, p.5.

现实考虑就是,给法国核援助可能转移戴高乐与西德合作带来的威胁。美英法三国核俱乐部的建立造成西德排除在外的事实,这会造成西德阿登纳与美国的疏远。美国尤其担心在苏联进攻柏林的时候,西德不能与大西洋联盟同呼吸共命运。正在进行的柏林危机对北约核分享政策投下阴影,也限制了肯尼迪政府在对西欧的政策上尤其是法国核分享问题上的回旋空间。

四、美法美元危机的出现与解决

20 世纪 50 年代由于美国货物价格上涨,抑制了出口鼓励了进口,加上美国在海外的投资造成资金外流不断加剧。1960 年 10 月,西欧国家对黄金的严重追逐更恶化这一趋势。国际社会对美元信心下降,并提高美元贬值的预期。所以,肯尼迪在竞选时承诺保持黄金的官方价格,以此来恢复信心逆转这一趋势。

从国内看,为了得到其他政党对民主党的支持,肯尼迪必须考虑提高生产率来证明国内发展计划的正确性,希望通过关税自由来提高美国的出口。1962 年肯尼迪告诉国家安全委员会"美国所面临的全球问题有着高度的联系,政治和军事因素密切相连,共同市场的建立和国内在贸易政策争论都直接影响美国的军事利益,如果我们不能保持出口顺差,就不能满足海外的军事承诺"①。"支付平衡问题对我们军事安全的重要性能清楚地通过英国的经历来理解。第二次世界大战以来英国从无数基地的撤退正是支付平衡困难的反映和结果。"②英国的反面例子促使肯尼迪极力避免这一情况的发生——被迫在保持经济发展和满足冷战安全义务间作出抉择。所以,支付问题让肯尼迪十分苦恼,也成为当时美国所有防务决策的背景。肯尼迪甚至认为支付赤字是欧洲国家放在美国头上的"达摩克利斯之剑"。

在 20 世纪 40 年代末马歇尔计划的实施、欧洲经济共同体的建立和 1957

---

① Doc 312,"Summary of President Kennedy's Remark to the 496th Meeting of The National Security Council",18 January 1962,FRUS 1961−1963,Volume XIII,West Europe,France,Washington D. C.:USGPO,1992,p.699.

② Doc 312,"Summary of President Kennedy's Remark to the 496th Meeting of The National Security Council",18 January 1962,FRUS 1961−1963,Volume XIII,West Europe,France,Washington D. C.:USGPO,1992,p.702.

年欧洲原子能共同体的建立，这些使得西欧不再是饱受战争蹂躏的大陆，至60年代，欧洲经济共同体国家在世界生产总值中所占的份额超过了美国。美国和欧洲经济共同体的出口水平大体相当。60年代围绕不稳定的布雷顿森林体系问题美法分歧逐渐上升。法国和其他西欧国家通过兑换大量数目的美元为黄金，促使美国在北约战略上作出让步。

此时肯尼迪政府考虑黄金地位一个主要原因就是法国对国际货币体系的诟病。面对有瑕疵的国际货币体系，法国和美国都努力追求狭隘的国家经济利益。对于法国来讲，戴高乐对美国主导布雷顿森林体系和以美元作为储备货币十分不满。他厌烦用美元而不是用法郎替代黄金作为支付手段。而且美国掌控货币特权会使法国付出经济方面的代价："美国能够用高估的美元购买法国公司和资源。美国要想解决赤字可以通过印刷和出口美元就能办到，而法国央行必须接受美元作为外汇储备。"在很多方面，法国政府对于外国尤其是美国的投资是"左右为难"。戴高乐和其经济顾问首先希望国内资本对法国经济进行投资，但另一方面，财政官员寻求外国投资，因为这通常会带来外国的先进技术。他们意识到如果不允许美国投资，美国的先进技术会流向英国和其他欧洲国家，就会让法国出口处于不利地位。

另外，法国对美国不满也是由于英国和美国之间的特殊关系。肯尼迪政府和麦克米伦政府希望稳定英镑和美元，倘若美国黄金外流，肯尼迪政府就没有理由支持英镑，因此以支持英国加入经济共同体作为交换条件。法国不愿看到英国加强在西欧的经济影响力。实际上在1962年法国是少数几个没有将大量美元兑换为黄金的欧洲国家。例如在1961年美国被迫卖给其他国家约9.7亿美元黄金，当中不包括法国。那时，法国希望通过欧洲合作和发展组织的框架内来处理国际货币问题。

此外，柏林危机使肯尼迪总统认识到控制美元和黄金外流的迫切性。尽管柏林危机和美国支付赤字的问题间没有必然的因果关系，但是中欧的混乱加剧了肯尼迪政府货币问题与安全问题产生连锁反应的恐惧。危机导致对伦敦黄金市场的反思和促使肯尼迪政府必须保护美元防止发生投机行为。肯尼迪也曾认真思考减缩部队对美国支付问题解决的意义，但是柏林危机持续产生非常消极的影响。美国派往柏林的常规部队人数在上升，这又恶化美国的赤

字问题。1961 年 8 月 28 日,肯尼迪发布国家行动备忘录第 81 号文件
(NSAM81),肯尼迪要求财政部长狄龙评估美国赤字情况并提出保护性措施。
肯尼迪"让财政部尽可能研究当前黄金地位,确认我们失去多少,与其他年份
比较情况如何,是否我们未来六个月能有更好结果? 我们应该做什么"。在
肯尼迪看来,"黄金外流的原因是美国在西欧的美元投资,肯尼迪考虑是否应
该像国会宣布考虑立法措施来改变现状? 这是否会帮助阻止黄金外流?"[1]实
际上,美国对支付赤字应控制在多大限度内才不会激发外国央行大规模的美
元兑换成黄金是不清楚的。狄龙建议通过在国际货币基金组织的谈判能部分
解决美元持有者通过央行突然兑换黄金的风险,并敦促把提高美国出口作为
长期战略。

可是,美国很大程度上依赖于法国的帮助来保持黄金价格的稳定。但问
题是怎样使对美国安全战略提出挑战的法国成为美国解决赤字问题的合作伙
伴? 财政部部长狄龙告诉肯尼迪,必须意识到法国持有美元,既是政治问题也
是经济问题。一份国务院备忘录也告诫肯尼迪说:"戴高乐已经准备利用手
中持有的美元与美国玩外交游戏。除非法国被平等地对待,否则戴高乐会毫
不犹豫地采取手段来造成美国难堪。"[2]

美国与法国之间的分歧早在 1961 年 4 月美国参加经合组织第一次扩大
会议时就十分明显。肯尼迪政府在扩大国际流动性问题上没有得到法国的积
极回应。相反,法国提出在多元化层面上,西方国家应协调国内经济和货币政
策防止在国际货币领域发生国家间的赤字和顺差。法国外长顾夫·德姆维尔
后来解释道:"法国反对扩大国际流动性的理由是该措施作为国际货币基金
组织特别借款协议可能招致通货膨胀。"[3]

1962 年,法国和西德计划兑换多余的美元为黄金,这一行为让肯尼迪十
分愤怒,他认为此举是反对美国的阴谋。法国存储黄金比率是 70%,意味着

---

① PD00742,"US Gold Position",NSAM NO 81,DNSA.

② Francis J.Gavin:"The Gold Battles within the Cold War:American Monetary Policy and the Defense of Europe(1960-1963)",*Diplomatic History*,Vol.26,No.1,2002,p.60.

③ Francis J.Gavin:"The Gold Battles within the Cold War:American Monetary Policy and the Defense of Europe(1960-1963)",*Diplomatic History*,Vol.26,No.1,2002,p.62.

其顺差储备总数为 35 亿美元,1962 年第一季度法国兑换 4500 万美元为黄金,第二季度增加到 9750 万美元。所以在与法国官员的会面中肯尼迪难以掩饰心中的愤怒,甚至威胁要撤离驻欧洲的部队。1962 年 5 月肯尼迪与法国负责文化事务部长见面时,他抱怨美国所承担的"不公平"的经济和军事负担,认为:"如果戴高乐希望我们停止承担在欧洲的义务,那是再好不过的,美国每年为维持驻欧部队花费大约 13 亿美元,这些花费如果节省下来正好解决赤字问题。"①当然美国肯尼迪政府不会真的实施部队的撤离,但他的确曾让高级顾问研究该行动的可能性。就像核问题一样,关于部队撤离欧洲问题在肯尼迪政府内出现争论,国务院对此强烈反对,像鲍尔和腊斯克等人担心此举会让阿登纳质疑美国的承诺。最后,1962 年 6 月 22 日关于驻欧部队问题的国家安全政策出台,"美国地面部队将继续驻扎在欧洲并维持目前力量"。由此看出,肯尼迪对黄金和美元外流的担心已经严重影响到了美国在欧洲的驻军规模的地步。

　　大西洋盟友间不信任的气氛加剧。美国对法国和德国兑换多余美元心怀芥蒂。而戴高乐和阿登纳担心美国会让美元贬值来抵消他们顺差的价值。在此氛围下,1962 年 6 月 22 日,美国执行国务卿鲍尔和法国财政部长吉斯卡尔·德斯坦(Giscard D'Estaing)进行了会面,以解决美法间的问题。

　　首先,法国财长解释了法国近期的行为。他说:"法国最近购买黄金是为了把法国存储的比例从 65% 提高到 70%,以达到最近国际通行的 70%—75%标准。法国希望肯尼迪总统能理解法国意图也是为稳定美国支付平衡。"②法国财长同时告诉鲍尔:"美国对法国经济投资造成法国对关键部门经济的失控。法国将采取措施进行补救。"③他同时建议:"美国不能单方面处理美元的

　　①　Doc 122,"Memorandum of Meeting", May 11, 1962, FRUS 1961–1963, Volume XIII, West Europe, France, Washington D.C.: USGPO, 1992.

　　②　Doc 273, "Payment Arrangement among the Atlantic Community", July 20, 1962, FRUS 1961–1963, Volume XIII, West Europe, France, Washington D.C.: USGPO, 1992, p.731.

　　③　Francis J. Gavin: "The Gold Battles within the Cold War: American Monetary Policy and the Defense of Europe(1960–1963)", *Diplomatic History*, Vol.26, No.1, 2002, p.73.

运作问题。只有欧洲各国中央银行共同合作才能解决。"①随后法国财长访问美国时,鲍尔警告肯尼迪政府应对法国兑换黄金行为有所准备。因而美国政府开始计划改革美国货币政策和改革国际货币体制。② 其中值得一提的就是黄金固定协议(gold standstill agreement)。

在经济顾问委员会的允许下副国务卿鲍尔建议实行多边的黄金固定协议。"在未来两年西欧国家同意继续持有美元,而美国政府提供协议数量的黄金。在这期间,西欧和国际货币基金组织将资助美国支付赤字。美国基本达到账户平衡后商议用新的国际货币安排来代替布雷顿森林体系。"③

鲍尔的建议得到多数人的认同,他试图利用西欧多边政治安排迫使盟友接受美国论点,即其赤字是对欧洲和全球安全承诺带来的结果。让鲍尔惊奇的是,法国财政部长吉斯卡尔·德斯坦采取合作态度,肯尼迪政府对他接受大部分协议感到疑惑不解。法国财政部长吉斯卡尔·德斯坦向肯尼迪总统解释只要其他欧洲国家继续兑换存储美元,法国也将被迫效仿。关键是避免任何一方的单边行动,形成一致的政策。这样的协议可能延缓黄金持有和建立固定存储比率。在他看来美元贬值不符合法国经济利益,因为法国外汇储备会因此大幅缩水。而戴高乐对美国潜在的怨恨让其接受经济顾问、著名的国际货币经济学家雅克·吕夫(Jacques Rueff)的观点:当前的黄金交换制度应有"真正的黄金标准"。但是法国财政部长吉斯卡尔·德斯坦仍希望能劝服戴高乐接受这一协议,因为这符合戴高乐对抗美元霸权的目标。

1962 年,后法国越来越在国际货币事务上采取不合作的态度。法国政府提高美元的兑换,仅 1963 年前两个季度,美国被迫卖出约为 1.011 亿美元的黄金。1963 年 1 月,狄龙汇报美国黄金流失的情况。肯尼迪表示:"我们目前和法国的矛盾可能升级,如果事情变得严峻,可想而知他们一定会采取某些措施

---

① Doc 273,"Payment Arrangement among the Atlantic Community", July 20, 1962, FRUS 1961–1963, Volume XIII, West Europe, France, Washington D.C.: USGPO, 1992, p.732.

② 黄金固定协议主要内容是持有美元的各国中央银行达成一致:在某段时间内不向美国财政部购买黄金,黄金担保指美国承诺在境外银行保证美元的价格。

③ Erin Mahan: *Kennedy*, *De Gaulle*, *and Western Europe*, London: Palgrave Macmillan, 2002, p.123.

来对抗美元，以此来显示他们的力量，我决定制订计划以应对法国的任何行为，如果必要会采取任何极端的行为。"此后总统提醒国家安全委员会："戴高乐可能准备分裂北约，法国可能突然兑现他们手中的美元作为给我们经济压力的手段。"①1963 年 1 月 22 日，肯尼迪在国家安全委员会内部会议上提出："美国赤字应于 1964 年末前解决，如果欧洲各国采取使我们赤字更糟的行为，美国将利用某种权利来达到目的。"②"如果法国确实攻击我们金融稳定，我们应在军事和政治领域做出反击，国会坚持如果戴高乐仍我行我素，美国不必帮助欧洲。"③

最后，黄金固定协议没有获得通过，因为肯尼迪政府对建立何种形式的国际货币体系还不明确，经济顾问对解决支付赤字也存在深刻分歧。像狄龙就建议应该围绕美元的问题，继续通过双边的合作尤其是央行的合作来解决。此前政府的措施比如军事补偿协议、黄金池、交换协议足以应对未来的金融问题。尽管如此，关于黄金固定协议的讨论显示美国不愿彻底改变布雷顿森林体系，新建立的体系可能直接反映西欧经济实力的增长，给予欧洲在国际货币体系中更大的权力，这是美国不愿看到的。

总之，肯尼迪政府在处理支付平衡问题时是混乱不清的。面对法国的进攻，当时美国不能完全拒绝讨论改革国际货币体制问题。经过几年的商讨，1968 年 8 月，国际货币基金组织理事会原则通过建立"特别提款权"（Special Drawing Rights）④以补充有关国家黄金和外汇储备之不足。戴高乐强烈反对

---

① "Memo for the Secretary of the Treasure", January19 1963, From Francis J.Gavin, "The Gold Battles within the Cold War: American Monetary Policy and the Defense of Europe(1960-1963)", *Diplomatic History*, Vol.26, No.1, 2002, p.69.

② Doc 258, "Remarks of President Kennedy to the National Security Meeting", January, 22, 1963, FRUS 1961-1963, Volume XIII, West Europe, France, Washington D.C.: USGPO, 1992, p.486.

③ Doc 177, "Summary Record of NSC Executive Committee Meeting", January, 31, 1963, FRUS 1961-1963 Volume XIII, West Europe, France, Washington D.C.: USGPO, 1992, pp.159-161.

④ 张锡昌、周剑卿：《战后法国外交史（1944—1992）》，世界知识出版社 1993 年版，第 163 页。"特别提款权"于 1970 年 1 月 1 日开始生效。每单位含金量与 1971 年贬值前的美元相同。它根据成员国所交份额按比例分配提款权，作为国际流通的补充手段，可同黄金、外汇一样作为国际储备，也可支付国际收支差额，偿还国际货币基金组织贷款，但不能兑换黄金，不能直接用于国际贸易或非贸易支付，只能用于政府间结算，实际上是一种记账资产。1974 年 7 月 1 日，"特别提款权"与黄金脱钩，改用"一篮子"16 种货币定值，以增加稳定性。1981 年 1 月起改为以美元、西德马克、英镑、法国法郎、日元 5 种货币按一定比例重新定值。

"特别提款权",拒绝了这种安排。但最后由于法国出现 1968 年的十月货币危机,导致法郎的贬值,美国取得了黄金战的最后胜利。

小　结

冷战需要一直是美国制定对法国政策的主要考量因素。肯尼迪面对冷战局势的种种变化,基本继承上届政府争取法国的支持、尽力协调分歧、缓解法国抵牾情绪的政策。在责任分担原则的指导下,1961 年 3 月,艾奇逊向美国国家安全委员会提交标题为《北约未来问题的报告》的政策指导报告,成为肯尼迪对欧政策的立足点,并成为美国制定对法政策的主要考量。另外法国戴高乐的抗美独立政策在肯尼迪执政期间表现越发明显。所以美国重视对戴高乐政府的北约、核计划和共同市场等政策的评估。可以说美国所一心塑造的欧洲战略图景中的"法国"与现实中常常背离美国战略需求的"法国"之间,存在着理想和现实的差别,存在着这样那样的一些矛盾,这决定了美国对法国政策的基本走向,也成为这一政策发展演变的内在理据。1961 年,美国与法国举行一系列会谈呈现出"求同存异"特点,虽然双边会议没有形成具体合作框架,但是由于肯尼迪关注的焦点还是黄金和美元,希望法国发挥领导作用与美国共同负担。肯尼迪对黄金固守的强烈愿望使美国与盟友的权利平衡产生微妙的变化。这也揭示出美国对法国作出部分妥协的逻辑起点。肯尼迪最关心的问题对戴高乐来讲可能是第二甚至是第三位的问题。美法在柏林危机的处理、核问题和美元危机三方面核心战略的差异逐渐凸显。

第四章　约翰逊政府时期"利用和协调"政策的停滞

肯尼迪遇刺让约翰逊登上总统的宝座。约翰逊全盘继承了肯尼迪的国内和国际政策。并且,约翰逊是战后美国政坛最为努力处理美法分歧的总统。不论是核领域"有效控制"策略的实施还是后来的"选择性否决"政策的实施,以及面临法国退出北约军事一体化组织的重大危机,约翰逊都采取积极的应对之策,并借此重新理顺了美欧关系,巩固了北约合法性的基础,切实维护了美国在北约的主导地位。但是由于法国的反美独立行为日趋加剧,使得美国长久以来奉行的对法国利用和协调政策在约翰逊政府时期陷于停滞。

第一节　冷战与约翰逊政府欧洲总体目标的确立

约翰逊继任总统之时,国际局势异常波诡云谲。此时,欧洲大陆正在经历深刻变化。西欧的重新繁荣带来政治诉求的变化,开始希望能对美国决策发挥更大影响力。柏林危机、古巴导弹危机的解决间接开启了欧洲两大阵营的"暂时稳定"阶段,并允许西方联盟内部进行积极的变革。但是,北约合作和欧洲经济共同体一体化的进程却受到了法国戴高乐抗美独立政策影响。同时,东欧内部也出现了独立于苏联的倾向,加之中苏分歧加剧,这些都为美国约翰逊政府制定新的政策带来较多的变量。约翰逊执政的 5 年,为了保证美国政府外交政策的连贯性,继续重用肯尼迪时期的外交班底,用他独特的方式处理对外事务。

约翰逊谋求美苏关系的改善,也极为重视美国国内改革,将两者视为互相关联互为前提的重要条件。约翰逊总统的外交顾问国务卿腊斯克也认为："解决好国内民权问题是加强美国海外声音的先决条件。"约翰逊希望他的外交政策能服务于国内目标,相信和平、缓和的外交环境利于他进行大范围的国内变革。换句话说,国内的改革需要考虑更适合的外交政策。约翰逊重视国内政治对美国外交政策的限制,成为约翰逊制定对外政策的独特视角。为了赢得良好的国际环境,对苏缓和策略成为欧洲政策的主要基点,开始主张对苏缓和,认为应该减少冷战的言语攻击,避免类似词语如"无情的集权主义者"出现。同时他把美国和苏联想象成"大家庭里的最大的两个孩子,有责任保持和平和家里的秩序。家里年少的孩子现在长大了要求独立的,因此两国应该满足大家庭的要求,尽力避免冲突,为建立和平的环境以作表率"①。

美苏进入有限缓和阶段,除了约翰逊国内政治改革的需要,还有一个重要的因素是国际政治经济发展的多极化趋势,美苏的力量对比发生变化。与美国深陷越南战争背负沉重包袱不同,苏联的实力得到较快的发展。1964 年 10 月苏联进入勃列日涅夫时期。由于进行工业计划体制和农业方面的某些改革,经济得到较快的发展,核武器方面也取得了对美国的战略均势,同时继续保持常规力量的优势。此时美苏两国领导人都认为要减少对抗改善双边关系,决定在军控方面采取合作的态度。在慎重处理美苏关系的基础上,约翰逊着手解决国内问题。1964 年约翰逊提出"伟大社会"计划,并为此敦促国会通过了民权法案、税收法,宣布"向贫困开战"。这些改革使美国国内政治、经济形势发生重大变化。

约翰逊外交的第二个目标是解决大西洋联盟内部的矛盾。美苏的"和平共存"使得东西方出现缓和之际,约翰逊总统逐渐面对如何维持联盟团结的极大挑战。为此,约翰逊表示要忠于大西洋联盟,忠实履行对盟国的义务。1963 年 12 月 16 日他在给北约理事会的信件中作出保证:"继续努力实现大西洋伙伴关系的目标","使一个联合的欧洲和美国更加密切的合作","致力于建立和保卫自由国家共同体"。② 但是约翰逊在与戴高乐的接触中,很快就陷入了尴尬境地:他的政策不仅在联盟内甚至在全世界范围内都遭到了法国的

---

① Thomas Alan Schwartz, *Lyndon Johnson and Europe: In the Shadow of Vietnam*, London: Harvard university press, 2003, p.21.

② 刘金质:《冷战史》(中),世界知识出版社 2003 年版,第 591 页。

挑战。其实在 1963 年之后戴高乐高调谴责美英的拿骚协议，两次否决英国加入共同市场，并与西德签署《法德友好合作条约》，从而对美国的领导提出直接挑战。1963 年 6 月法国退出北约大西洋舰队，坚持建立自己的独立核力量，尤其对美国《部分禁止核试验条约》的攻击使得两国关系在肯尼迪去世前便跌进冰点。1963 年的一个民意调查显示，法国只有 33%相信"美国有能力领导法国度过目前的全球问题"，而 49%的法国民众表达了"强烈怀疑美国的领导能力"。①

约翰逊刚就职之时对外交事务还不熟悉，更多依赖顾问和专家。与肯尼迪不同，约翰逊不喜欢与外交官见面，极力避免与西方领导人尤其是戴高乐会面。美国驻法国大使查尔斯·博恩（Charles Bohlen）认为：戴高乐"与美国打交道时宁愿出现某种摩擦"，这更让约翰逊反对会见，主要原因是约翰逊认为即使与戴高乐会见也不能取得富有成效的结果。但是一些共和党人对此十分担心，认为"联盟正在破裂，约翰逊的拒绝见面造成联盟内的分离，约翰逊正在搞砸每件事"。1964 年 7 月，美国《时代》杂志发表社论，"从北约到联合国，从拉丁美洲到红色中国，在世界政治里任何问题或者地区，法国都采取与美国不同的立场和姿态"。在象征性政治领域，比如在纪念诺曼底登陆 20 周年的纪念活动时戴高乐拒绝参加。"这种忽视和冷落极大刺激美国国内公众敏感的神经，他们很难认为戴高乐是简单的反美主义。这也让约翰逊了解赢得戴高乐的支持注定是让人失望的，关键是避免更多严重危险的公共辩论对联盟关系的损害，辩论很可能让其他盟国在美国和法国之间做出选择。"

为了对抗戴高乐影响防止其成为"第三方力量"和"法国控制下西欧的出现"，②约翰逊对于西欧的政策大体上继承了肯尼迪政策"伟大设计"，意在促进美国和欧洲合作，主要包括三方面的内容：政治和防务领域以北约为主的自由的大西洋共同体；彻底实现大西洋经济领域内关税削减；核领域实现多边核力量。

在经济领域，肯尼迪政府时期通过《1962 年贸易扩大法案》，并授权肯尼迪总统就主要出口品的减免税问题同西欧国家展开谈判，是为"肯尼迪回合"

---

① Alfred Grosser, *The Western Allliance : European - American Relations since* 1945, New York : Continuum, 1982, pp.227-228.

② Thomas Alan Schwartz, *Lyndon Johnson and Europe : in the Shadow of Vietnam*, London : Harvard University Press, 2003, p.34.

谈判。此举是为了解决美国持续黄金外流,通过扩大到西欧出口来解决美国对外贸易赤字问题,并把其视为促进西方贸易自由化,让各国受益的重要计划。实际上要打破共同市场的保守政策,为美国商品重新敞开大门。

美国提出一揽子减税的计划,要求美欧按照"对等减让"原则各自削减工业品关税50%,农产品也应减税。而共同体国家则提出高关税多减,低关税少减的"削平"方案。当时欧洲共同市场法德两国针对谷物价格展开激烈对峙,并且法国坚持解决该问题后再进行肯尼迪回合谈判。这在美国国内又引起分歧和辩论,美国担心会影响肯尼迪回合谈判的进程。约翰逊的许多顾问认为"共同市场不能就统一的谷物价格达成一致,会大大损害肯尼迪回合谈判"。而且由于欧洲共同体对农产品关税的坚持,迫使美国不得不作出让步。鲍尔和邦迪认为"美国需要进行工业关税的减免,重点是避免让法国有机可乘毁掉谈判",他们害怕"如果美国坚持农业问题立场,可能欧洲共同市场会采取单边行为减少美国农产品的进口"。① 最后约翰逊采纳建议,在政治上作出某些牺牲以换取美国提供工业产品的谈判进行。这表明约翰逊经仔细考虑后已从"伟大计划"的不实期望中回到了现实。约翰逊必须作出艰难的选择,决定什么政策才能真正促进美国利益。约翰逊认为面对欧洲反对,强行推进农业谈判是不明智的。美国愿意为了欧洲一体化的更大的利益作出牺牲短期利益的决定。

在核领域,约翰逊政府上台后,鉴于核武器的强大破坏性和扩散趋势会使美苏之间的威慑关系复杂化,加上美国试图改变深陷越南战争声名狼藉的被动境地,所以需要在核方面采取某些实际行动以平息世界舆论。美国一方面面临国际社会要求它和苏联对各自核武器库进行限制的压力,另一方面又面对部分欧洲国家尤其是法国对核武器的执着追求。与苏联进行不扩散核武器谈判和在欧洲实施"多边核力量"成为约翰逊政府核政策的两个落脚点。

总之,冷战国际局势的新变化促成约翰逊政府对欧洲目标的确立。而如何应对法国的挑战,维持美国在北约体系内的合法性,有效进行霸权护持成为约翰逊政府亟待破解的难题。

---

① Thomas Alan Schwartz, *Lyndon Johnson and Europe*: *in the Shadow of Vietnam*, London: Harvard University Press, 2003, p.36.

第二节　美国核出口管制法律
维度下的美法核关系

核武器以其相关设施、材料、技术的扩散一直是当代国际关系中最重要也是最敏感的问题之一。围绕着核能利用，各国在政治、安全、军事、经贸和科技等各个领域形成较为复杂的双边或多边互动博弈关系。鉴于核商品常常兼具军民两用性质，因而受到比一般国际间的商品贸易更为严格的控制。战后美国为达成对核产品及其技术的出口管制，先后出台了一系列相关政策及法律。这些政策及法律对国际社会防止核扩散问题提供了可资借鉴的标准，具有深远影响。聚焦特定双边关系下的美国对法国的核出口管制政策并加以历史解读，有助于深入理解美国出口管制政策及法律背后的利益考量。

美国借助相关国内法律法规对国内和国际市场核贸易主体加以规制，一方面考察核进口国的意图是否符合美国战略安全，借以约束和管制对象国遵守美国法律，另一方面也促进了国际核贸易控制体系日臻完善。美国核出口管制呈现出以下特点：核出口管制的实施程序和控制机制存在着多元化的法律规则体系；核出口管制的目标也呈多层次化，但易陷入评估困境；核出口管制政策的管理模式，实质上是运用法律进行治理的模式。[1]

---

① 目前，国外史学界专著多是研究美国出口管制政策。如 Douglas E. McDaniel, *United States Technology Export Control, an Assessment*, Westport：Praeger, 1993。Richard T. Cupitt, *Reluctant Champions：Truman, Eisenhower, Bush, and Clinton：U. S. Presidenial Policy and Strategic Export Controls*, Routledge, 2000. Eckert Theodore J., *The transfer of U. S. technology to other countries：an analysis of export control policy and some recommendations*, Princeton N. J.：Princeton University, 1981. 这些著作主要将核出口管制政策包括在美国整个出口管制框架下来研究，缺乏对核出口管制政策及法律本身进行全面、系统的研究。还有国外学者聚焦于国际法领域中的核出口管制问题，如 Namira Negm, *Transfer of Nuclear Technology Under International Law-case Study of Iraq, Iran and Israel*, Boston：Martinus Nijhoff Publishers, 2009。其中有一节专门探讨 20 世纪 70 年代美国的核出口管制政策。国内涉及此课题的最有代表性的研究成果是阎政：《美国核法律与国家能源政策》，北京大学出版社 2006 年版，但该著作聚焦于美国宏观的核法律政策，对于核出口管制政策及法律缺乏具体的关注和分析。

一、美国核出口管制法律溯源

出口管制政策作为贸易政策和国家安全战略的重要组成部分,是指一国为了达到某种政治、军事和经济目的,对于其国内公司和个人的出口进行审议和控制的过程或者行为。出口管制根据不同的标准,可以做出如下的分类:(1)根据管制物品的用途可以分为军品出口管制和军民两用品出口管制。军品是指用于军事用途的武器,设备以及其他相关的物资、技术和有关服务。军民两用品又称为双重用途物品,主要指既具有商业效用,又具备军事效用的产品和技术。而核商品在美国和平利用核能政策出台后属于典型的军民两用品。(2)按照受管制物品的性质和特点,分为商品出口管制,技术或服务出口管制。一些国家的出口管制法律法规中会明确规定涵盖范围较广的商品清单,技术或者服务清单。尤其鉴于技术的无形性、创新性和对经济的潜在贡献等特殊属性,美国对科技附加值较高的技术采取更为谨慎的态度。(3)根据出口原因可以分为国家安全出口管制,短缺供应出口管制。核商品属于此类国家安全出口管制的对象。可见,核出口管制跨越不同的管制类型。美国对核商品的出口管制既体现对军民两用品出口管制的特点,又有基于美国国家安全的考量,同时涉及核设备和相关技术等的出口管制。

美国是世界上最早进行核出口管制的国家,其政策主要依靠法律来进行相应的规制。美国核出口管制法律是其核出口管制政策的具体体现。这些专门性的法律规范对加强美国核出口统一管理,促进核能的国际合作,防止国际核扩散,规范核出口行为起了很大作用。

1945年8月,美国在日本投下原子弹后,美国政府官员和国会议员就开始思考核武器这种新技术的监管和管理方法。关于核武器核所有权集中于军管还是民管的讨论体现出美国政府的"理性决策模式"①。美国国会于1946年通过《原子能法案》并确立核能发展和研究的民管原则,同时法案严格禁止任何私人或私人资本涉及任何核能源的行为。杜鲁门总统签署了法案,并根据法案建立了美国原子能委员会(the United States Atomic Energy Commission,

---

① 理性决策模式是指参与决策的所有人、机构,无论职位高低、权力大小,都从理性出发,根据同样的国家利益,目标、价值观来决策。楚树龙:《国际关系基本理论》,清华大学出版社2003年版,第137页。

AEC)。作为独立的原子能管理机构,原子能委员会具有相对独立的编制和预算,控制着美国涉核设施的运行管理和行政权。1949 年苏联成功研发出首枚原子弹后,美国政界和军界官员均向原子能委员会施压,要求进行热核武器的研制和生产以对抗苏联在这一领域的成功,不久美国成功引爆氢弹,并思考和平利用核能的可能性。此时的核领域相关物资管理和商用核能工业的管理主要由联邦政府负责。作为国家安全的关键部分,联邦政府希望通过原子能委员会"缩小美国全球责任和(核物质)薄弱的管理之间的差距"①。可见,美国政府当时需要首先理顺国内对核设备,核材料和核技术的管理机制问题。

1947 年下半年,美国国务院开始和商务部探讨对苏联和东欧国家的出口管制政策及相关法案的拟定。1949 年,《出口管制法》正式出台。该法案明确提出进行出口管制的目的:第一,防止稀缺物资过度外流,和外部非正常需求造成通货膨胀;第二,促进美国外交政策落实,帮助履行美国的国际责任;第三,从国家安全角度考虑,对出口保持必要的警惕;第四,出口管制尽可能适用于与美国有防务条约义务的盟国;第五,与东方阵营的国家贸易过程中要利用美国经济资源来推进美国国家安全和外交政策目标。② 其中,核商品作为十分稀缺的资源同时又攸关美国核垄断地位,即使在盟友之间也属于严格限制和极其敏感的领域,不论设备技术还是相关两用物资均在严格禁止之列。

1953 年,艾森豪威尔总统提出和平利用核能计划以及随后联合国召开的关于和平利用核能的日内瓦会议上,大量解密的核信息为其他各国运用核技术铺平了道路。③ 美国需要对特殊核物质、核原料、核物质衍生物的国际转移问题以及相关涉核国际活动作出新的规定,《1954 年原子能法案》应运而生。该法案作为美国核领域重要的基本法,它严格界定国家对开发和发展民用核能源的政策:"核能的发展,使用和控制应该严格定向于促进世界和平,改善

---

① Charles Neu,*The Rise of the National Security Bureaucracy-The New American State:Bureaucracies and Policies Since World War* II,Baltimore:John Hopkins University Press,1987,p.154.

② PD 00056,"US Nuclear Export Controls:Policy and Procedures",December 10,1964,DNSA. p.7.(DNSA,即 Digital National Security Archive,数字化国家安全档案,是由美国 Proquest 公司的提供的数据库)

③ Namira Negm,*Transfer of Nuclear Technology Under International Law-Case Study of Iraq, Iran and Israel*,Boston:Martinus Nijhoff Publishers,2009,p.41.

社会福利……一切民用企业使用任何核物质和使用任何核技术、核设备、核设施必须首先获得使用许可证,该法律授予原子能委员会'授权立法权',去贯彻相应的法律,法规和命令,并且有全部的权利强制民用核物质和核设施的使用者接受美国原子能委员会认为'为保护公众健康和安全,最大限度减少对生命和财产的威胁所采取之必须或有理由认为必须'的命令,管理和要求。"①法案规定,原子能委员会和美国联邦调查局共同负责制止涉核犯罪行为,涉核犯罪行为的最高量刑是死刑。同时法案对法律的司法裁判程序、权限也作了规范。

在规范核物质国际转移方面,上述法案的第11章国际活动中第123条款作出了明确规定:美国与其他国家的核合作须满足下列条件:委员会和国防部需要提交给总统国家核商品合作草约,同时应包括下列内容:(1)条约的具体条款,执行条件,期限,性质和合作范围;(2)合作方要保证按照协议中规定的安全标准进行;(3)合作方保证转移的材料不能用于核武器研发或者使用,或者用于其他军事目的;(4)合作方保证不会把协议涉及的任何材料和限制性数据转移给未经授权的个人。此外总统批准和授权的协议需要确保不会威胁美国国防和安全,协议在总统签署后最终生效前需要交给国会进入30天的审查期。同时该法案第12章信息控制第144条款明确规定,总统可以授权原子能委员会与另一个国家合作,与该国交流受限制的数据包括:核原料的提炼;净化核后期处理;核反应堆发展;特殊核物质生产;工业或其他和平使用核能源的项目;以及上述内容的研究与发展成果。但不允许交流涉及制造核武器的受限制数据,同时必须符合第123条款法律规范之下的协议。②

在立法实践上,《1954年原子能法案》是世界上第一个系统规范民用涉核事务的管理法,也是美国第一个进行核出口管制的国内法。它开创了美国民用核法律的制定法的立法形式,使其后的美国民用核法律基本上以制定法形式立法。更为重要的是,这个法律开启美国民用核法律的"授权立法"的先

---

①　阎政:《美国核法律与国家能源政策》,北京大学出版社2006年版,第148页。
②　阎政:《美国核法律与国家能源政策》,北京大学出版社2006年版,第172页。

河,原子能委员会拥有的"授权立法"方式弥补了美国制定法立法程序上的迟缓和低效,减少民用核工业的管理与现有法律框架的非适应性。在国际社会和平利用核能背景下,美国由核垄断者到核商品提供者的身份转换,促使其开始关注双边协议中核技术、核原料的精细化管制,以及开始考虑建立相应的国际核商品转移和管制机制。

20 世纪五六十年代是美国核工业的逐渐成熟期,但随后核工业管理存在的漏洞逐渐显现。到了 70 年代中期,美国国会以美国的外交和能源政策不足以应对核武器的扩散为由,在 1974 年 10 月 11 日通过《能源重组法》(The Energy Reorganization Act of 1974),废除了原子能委员会并建立美国能源研究和发展局(The Energy Research and Development Administration,缩写为 ERDA)和核立法局(Nuclear Regulatory Commission 缩写为 NRC)。1974 年的《能源重组法》最为关键的意义是国会通过对《1954 年原子能法案》的第 123 款的修订。① 这为国会在核工业领域实施司法审查权提供合法性。国会对涉及核反应堆海外销售的双边协议司法审查权的行使也确立"立法—行政"互相制约的原则,为美国防止核扩散提供很好的法律基础。

二、核出口管制下的美法早期核合作:法律约束背后的利益考量

和平利用核能提出初期,国际核合作更多是在双边框架下实现,合作范围从提供铀到提供核设备,双边协议常包含一些具体的目标,比如研究反应堆安全性,发展快速增殖反应堆。"双边协议是提供可裂变物质的主要途径,亦被视作资助其他国家建设核能发电厂的唯一途径。"②对于 20 世纪 60 年代美国和法国来说,早期核合作主要依托于双边的框架来进行。而这样的双边合作亦要遵循美国既有的法律框架。

国际核能方面的合作通常与核提供者和接收方的经济实力密切相关。在艾森豪威尔提出和平利用核能时,很少有国家拥有这一新技术的专门知识和

---

① Namira Negm, *Transfer of Nuclear Technology Under International Law - Case Study of Iraq, Iran and Israel*, Boston: Martinus Nijhoff Publishers, 2009, p.91.

② Shaker, mohaned, *the Nuclear Non - Proliferation Treaty: Origin and Implementation* 1959 - 1979, London: Oceana Publication, 1980, p.340.

进行研发的经济实力,核技术的国际合作对于接受国至关重要。但这也意味着技术接收方严重依赖于技术提供国的国内法律规定。一方面,法国作为接收方既需要符合美国《1954年的原子能法案》相关法律规定,另一方面,又要面对美国专门机构的审查和批准。值得注意的是,美国核贸易管理法律体系极为复杂,涉及核贸易的机构也较多,虽各自的职责和权限较为明晰,但这种体系就使得当时法国与美国的核合作事实上受到诸多法律限制。这是因为,美国涉及核贸易的机构职责各有差异:第一,核立法局,主要负责发放核设备、核材料、核部件出口许可证;第二,美国能源部(DOE)负责控制核技术出口,以及双边、多边的技术交流协议,并负责合作协议的后续安排,比如美国提供核材料国际间再转移和核材料的再处理问题;第三,商务部主要对军民两用设备核出口发放许可证。核贸易在行政机构的管理程序上需要经过美国国务院、国防部、能源部、商务部、武器控制和裁军机构和核立法局共同监督和管理。

20世纪五六十年代,美国在国际核贸易市场中处于绝对优势地位,1963年以前这个市场主要是进行研究型反应堆的交易,美国作为主要提供者还会进行人员培训。大规模的国际核电力设备的贸易直到1963年才开始兴起,主要由美国通用电气公司和西屋电气公司主导,他们很快占据大量国际市场份额,并与诸多外国公司签署了技术许可协议。截至1964年,全球共有15个正在建设或已经完成的核反应堆。[①] 但是,和平利用核能发展也为无核国家发展核武器提供可能性。面对这一情况,美国国务院从政策高度对国际核贸易进行管制,1964年美国国务院出台国家安全行动备忘录294号文件(即NSAM294),对核贸易实施"有效控制"策略。这一举措直接针对已经成功进行第一次核试验的法国。该文件明确"拒绝向法国提供涉及核战略运载系统的援助",认为"不帮助法国核弹头研发和战略核运载能力是符合美国国家利益的","禁止两国政府信息和技术的交流,设备买卖,联合研发,工业和商业组织的交流"。不论直接还是间接通过第三方的合作,"对影响法国核武器研

---

① Namira Negm, *Transfer of Nuclear Technology Under International Law-Case Study of Iraq, Iran and Israel*, Boston: Martinus Nijhoff Publishers, 2009, p.111.

发进度、质量或者美国确认为主要提供者或合作方均列入严格的法律审查范围，同时也不能过度限制和平利用核能的非战略性合作"①。美国国务院以法国为范例，明确对进行发展国家核力量的国家实施"有效控制"。

　　法国是美国"最早的盟友"，美国战后在经济和军事领域都对法国持援助的态度。美国同时也是法治国家，即使对待盟友也需照章办事。但是，笔者在此并不聚焦于美国对法核政策如何在法律要件上与美国核出口管制法律相符合。而试图聚焦美国对法国核出口政策背后的特定历史逻辑：首先，此时正处于国际核不扩散条约框架谈判的关键时期，如何管理核电站增多带来的内生性核扩散，如何处理核武器国家向其盟国转让的核装置问题，是美国和苏联的共同利益诉求，这些无疑把法国与美国核合作推向了风口浪尖。就像约翰逊总统所说的"记住处理大西洋核问题时，应牢记苏联的利益关切"②；其次，法国拥有核武器的意愿从本质上讲是追求最高层次的国家安全，这与美国和平利用核能的初衷背道而驰。冷战时期法国具有强烈的不安全感。虽然美国在欧洲部署了核武器，但游离于决策核心的感知使得法国更倾向于把"核能力的自我实现作为大国地位获得承认的途径之一"③。20 世纪 50 年代初期，法国提出的火力计划（Force de Frappe）于 1964 年基本实现，即研发出第一代幻影Ⅳ式运载飞行器。下一步计划是于 1967 年具备路基弹道导弹运载能力，并最终于 1973 年计划建成核动力北极星核潜水艇武器系统。而这些计划超出美国和平利用核能的基本范畴。因而美国反对与法国达成涉及核武器的出口，武器设计信息，用于核武器的裂变材料，核运载系统和核武器试验等以发展国家核力量为终极目标的核合作。最后，法国核武器的研发不仅需要先进的技术为基础，同时还需具备足以支持高昂花费和培养大批技术专家的经济实力。美国恰恰抓到法国的这一弱点，以此延缓新生核国家法国建立"无懈

① CK3100148235，"US Nuclear and Strategic Delivery System Assistance to France"，National Secutiry Action Memorandum 294，April 20，1964，DDRS.（DDRS，Declassified Document Reference System，解密档案参考系统是由美国盖尔公司提供的数据库。）

② Thomas Alan Schwartz：*Lyndon Johnson and Europe：in the Shadow of Vietnam*，London：Harvard University Press，2003，p.41.

③ CK3100153452，"Draft for The Implementation of National Security Action Memorandum No 294"，September 18，1964，DDRS.

可击核力量"的进程。① 1961 年法国核试验表明核弹头研制已经取得里程碑式的成果。因而运载能力就成为研发重点,1949 年开始的法国国家空间开发计划为其发展中程弹道导弹提供支撑,比如空间助推技术和硬件运用到中程弹道导弹,大大提高空间定位能力以及稳定性和可控性,但随着试验增多,难度的加大,导致费用激增。法国相关费用中"85%用于核潜艇动力系统和导弹武器发射系统。动力弹道导弹点火潜水艇是高度复杂的系统,可能面临技术难题,进而引发下一阶段试验日期的延误,或者面临计划花费的增加"②。

虽然美国严守自身的核出口管制法律,禁止发展与法国国家核武器方面的合作,但还要维持与"最老盟友"法国的"利益平衡"③,进行一些有用的非战略性合作,但是这类合作必须符合下列原则:"用于非战略计划;会给美国带来益处和相同的回报;从安全角度考虑是美国政府可以接受的;必须与现行核法律和国家政策相符和一致;政策层面必须是美国政府已知的"④。美国认为,"火力"计划第一阶段以幻影Ⅳ式轰炸机作为运载工具,美国技术帮助体现在射程、穿透能力,弱点方面的性能改善。第二阶段法国虽没有外部帮助也能完成,但美国在关键技术上的帮助将大大影响计划所需时间、花费和质量,"符合美国利益的做法是利用某些技术项目来改善计划的安全性或者减少脆弱性"。可以看出,美国对法国核政策是与美国国内核法律政策相符合的,因而,针对法国核出口管制方面,美国最终核定和评估它对法国"火力"计划的潜在价值,明确了管制清单,并把与法国核计划相关的设备和技术分为三类(具体内容见表格 1):"第一类(CAT A):对法国核计划发挥关键和至关重要作用的。'至关重要'定义为技术和设备对核计划试验时间至关重要的;构成生产的大部分费用;极大影响整体武器系统的性能。此类合作是被禁止的;第

① [美]斯科特·萨根、肯尼思·华尔兹:《核武器的扩散——一场是非之辩》,赵品宇译,上海人民出版社 2012 年版,第 50 页。

② CK3100153452,"Draft for The Implementation of National Security Action Memorandum No 294",September 18,1964,DDRS.

③ Randall Schweller:"Bandwagoning for Profit:Bringing the revisionist State Back In",*International Security*,Summer 1994,Vol 19,No1,p.85.

④ CK3100153452,"Draft for The Implementation of National Security Action Memorandum No 294",September 18,1964,DDRS,p.11.

二类(CAT B):此类技术和设备是'有用'的,但对法国核计划发展和精进不发挥关键作用。'有用'的定义为使用那些军事设施和技术不符合'至关重要'的定义但又是武器系统发挥功能的所需部分;第三类(CAT C):技术和设备对法国核计划进展没有用处的。"[①]为了防止存在疏漏之处,美国还将对技术和设备进行分类的、定期的审查,让其更加完整,不包括在目录中的,如果被认为与法国核计划有关也将逐个的进行审查。所有与法国的合约,会议,出访,协议需详细地向国务院军需品控制办公室(Office of Munitions Control)报告。这条规定适用于所有拥有技术信息或生产设备活动的机构、公司或个人。个别设备和技术,除非得到国务院和白宫的同意,否则必须严格遵守这些限制。

表4-1 美国对法国核出口管制清单

	第一类	第二类	第三类
飞机	制导,侦查系统 电子干扰和反干扰装置	推进系统中涡轮风扇巡航发动机和涡轮喷气巡航发动机,机载通信和命令系统系统	雷达多普勒导航
导弹	战略导弹的系统,部件,地面网站硬化,地下飞弹发射室的设计和建造,指令和通讯控制,火箭推进器发动机直径大于12英寸		战术导弹武器系统的常规弹头,反坦克,空对空常规弹头,火箭推进器发动机直径小于12英寸
潜水艇	核动力舰队弹道导弹潜水艇武器系统,核动力供给武器系统,核动力核附属部件	其他类潜水艇核潜水系统,除核动力外的动力系统,鱼雷和声呐系统	船壳设计和设备

资料来源:美国国务院1964年出台《落实NSAM294号文件的工作草案》。

可见,美国政府依据事先制定的相关法律,通过严格的分类,防止关键核技术和设备泄露到法国。美国与法国核合作的,只允许在非战略相关系统和技术的合作。究其本质,美国加强阻止法国成为"额外的核武器独立决策中

---

① CK3100153452,"Draft for The Implementation of National Security Action Memorandum No 294",September 18,1964,DDRS,p.13.

心",这种带有单向度的歧视性的核出口管制不仅为美国赢得与苏联谈判的主动性,也为美国处理核出口管制提供了可资借鉴的标准和经验。最终,1965年联合国大会通过 2028 号决议,核不扩散条约的概念性框架取得突破性进展。

三、纳入法治轨道的美国早期核出口管制体系

从美国对法国的核出口限制可以看出此时的美国已经意识到国际安全环境发生的变化,"1964 年的世界与 1946 年的世界完全不同。反对扩散和修正核出口管制政策尽管已得到认同和理解,但美国还应立足现实考虑到更多的国家开始对运载工具和核弹头给予更多关注"①。正如 1964 年 10 月 29 日国家安全事务顾问乔治·邦迪和副国务卿乔治·鲍尔在电话交谈中谈道"美国应严肃认真看待核扩散的问题——通过利用内部机制制定一个更好的政策",1964 年 12 月美国国务院借鉴对法国核出口管制的经验,扩大核出口管制政策的接受国的范围,通过了《美国核出口控制:政策和程序》,并开始作为整个军备控制政策框架内的一项最重要的防止核扩散的内部机制。总体上看,此时的核出口管制体系逐步走上法治轨道,并呈现出以下几个特点:

第一,核出口管制的实施程序和控制机制存在着的多元化的法律规则体系。

美国在 20 世纪 60 年代对核出口的管理主要体现在三个规则体系上:第一,美国商务部 1949 年实施的《出口管制法案》修正版,该法案明确了实施出口管制的原因:防止稀缺物资过度外流;促进美国外交政策落实;帮助履行美国的国际责任;出口管制尽可能适用于与美国有防务条约义务的盟国;利用美国经济资源来推进美国国家安全和外交政策目标。该法案主要是限制军事用途的产品和技术进入社会主义阵营,但在涉及核出口管制方面美国侧重针对盟国。该法案授予美国商务部,在商务部下设出口管制审查委员会,出口政策咨询委员会和工作委员会。

第二,来源于 1954 年的《共同安全法》第 414 条款的国际武器管制关税

① PD00056,"US nuclear export controls:policy and procedures",December 10,1964,DNSA,p.2.

体系以及《武器出口管制法》；该法案主要涉及武器的进出口，战争的军需和设备，包括相关技术数据等，由总统进行控制，通过行政命令授予国务院行使这些职能。

第三，是《1954年原子能法案》的监管。涉及原子武器，原子武器系统或任何项目或限制性数据；机密或非机密活动，所有直接或间接帮助生产的特殊核物质；原料、副产品和特殊核物质；生产设备；任何技术上的数据。原子能委员会可以决定向外提供特殊核物质，发放出口设备许可，允许限制性数据海外交流，但这一切必须依照合作协议进行。

除此之外还有一个组织也发挥类似的作用，即美国军事信息委员会（US-MICC）。它从国务院和国防部总统获得授权，具体负责制定政策程序，用于与外国政府和外国机构的机密军事信息的发布。为达成此目标，委员会随时审查所有现行政策和程序，并且评估外国政府安全体系来决定他们是否具有保护美国机密信息的能力。委员会由来自国务院、国防部、陆军、空军、海军、原子能委员会的各代表和中情局局长构成。

美国核出口管制的管理模式，实质上是运用法律进行治理的模式。鉴于美国经济作为"盎格鲁-撒克逊模式"的代表，其突出特征是资源配置和经济活动主要靠市场机制自动调节，国家的调控主要以间接手段，通过财政政策，货币政策甚至法律法规等方式来完成。基于核能的民管原则的确立，美国对整个能源工业包括核能源工业在内，基本以立法、司法和执法的形式介入，政府更多倾向于建立核能市场合法和公平的竞争环境。当核能为形式的电力发展逐渐成为国际能源重要部分时，美国通过核出口相关的法律直接规范人的涉核行为，保障核出口管理中的强制执行，规范贯彻许可证管理手段，根据相关法案遵循司法裁判程序、权限。《1954年原子能法案》从核原材料的转运许可证，核能源项目的开发和研究许可，到司法审查核行政管理的程序，议会核能联合委员的职责范畴，尤其是在强制执行力方面，对犯罪特定量刑规范和一般量刑规范等都对作出相应的规定。涉核犯罪行为的最高量刑是死刑。作为美苏核对抗国际背景下制定的核法律，该法案保证了政府对民用核工业活动的控制。因而核出口管制体系的管理究其本质就是一个法律制定和执行的过程。

美国核出口管制政策的目标呈多层次化,管制容易陷入评估困境。美国希望实现反对核扩散与和平利用核能的动态平衡,反对核扩散是美国最优先层次的目标,但不是唯一目标,在实现反对核扩散目标时必须对其他层次的目标进行充分考虑,也需要对援助他国武器系统的所有可能性进行评估。对于重要部分的援助如核弹头、武器设计信息、裂变材料等,美国控制是全方位的、细致的和十分有效的。这些项目的控制相对简单是因为它们的性质是明确的。比如北极星和民兵导弹,都直接与核弹头相关。其他的工具如 F-104,既可用于核领域也可用于常规领域。所以整个运载系统的控制是相对简单的。但是美国认为评价较为困难的是子系统和某些部件。原因有两个:一是限于当时的水平,不可能明白无误地确认该技术和设备是否应用于核武器系统。比如惯性制导技术,它显然对导弹计划十分重要,但是也大量运用在民用和非核军事计划。这就必须要求美国仔细评估接受者的利用目的。二是使用"至关重要"标准是十分困难的。为达到这一目标必须要求美国详细了解其他国家核计划的细节,潜力和意图。而问题恰恰在于执行机关对这方面的信息不能完全掌握。一个单独项目可能看起来本身没有意义并能通过审查,但随着技术的发展其意义就会变得不同。比如计算机和集成电路就是典型的例子。因而与盟国进行"有效控制"下的核合作实际是摆在美国面前严峻的外交问题。

综上所述,20 世纪五六十年代美国逐渐建立核出口管制政策及法律,并为国际社会防止核扩散机制的建立提供了可资借鉴的标准。反之,国际核不扩散机制的建立也制约着美国与盟国核关系的发展。美国对法国的核出口管制政策背后的利益考量更突显核出口管制与国家安全战略的交错的复杂关系。以《1949 年出口管制法》《1954 年原子能法案》为代表的核出口管制法律,作为美国最重要的防止核扩散的内部机制,其法律规则尚有调整的空间。此后美国国会于 1974 年 10 月 11 日通过的《能源重组法》,1976 年通过的《武器出口管制法》,1979 年通过的《出口管理法》及其 1981 年和 1985 年的两次修正法案都证明这一点。21 世纪随着经济全球化和国际科技竞争的加剧,加强国际核出口管制合作体系和国际标准和机制的完善仍将是美国的工作重点。

第三节 美国的北约危机管理与应对

1966 年 2 月,戴高乐决意退出北约军事一体化组织,这一决定标志着大西洋联盟的内部矛盾达至顶点。这一事件也迫使美国开始重新思考如何促使法国达成对冷战联盟的共识,并重新树立自己在北约的领导权威。面对法国对其霸权的挑战,美国没有直接采取铁腕方式对待法国,而是采取迂回战略,利用较为温和的非军事方式与法国谈判,力图重塑美法合作新框架。

一、北约危机与美国对法国行为非法性认定

(一) 北约危机

北约危机的发生是有着其深刻的国际大背景,这一危机映射出美法两国国家层面、美欧关系层面以及美苏关系层面出现的重大变化,因而这场危机对北大西洋两岸关系的发展造成极大的影响。

就国家层面而言,在法国,戴高乐认为法国已经恢复了自己的经济力量和部分政治地位,这自然就会使他提出法国的特殊使命。在欧洲经济共同体进程中法国曾发挥着一定的领导作用。早在 1961 年戴高乐会见肯尼迪总统时,就曾说过:"虽然北约建立之时,法国不是大国,但现在它又开始追求新的梦想。"①如今法国要争取实现自己的梦想了。另一方面,美国政府忽视了战后长期在世界范围内扮演警察、教师和社会工作者的角色对美国的资源和承受力所造成的负面效应。美国对国际政治领域多米诺骨牌效应深信不疑,这让其为阻止共产主义的蔓延而四处出击,最终逐渐深陷越南战争不能自拔,这些既损耗了美国的国力,又对美国的国家形象造成负面影响。北约危机正是发生于这样一个美法实力此消彼长的微妙时期。

从美欧关系层面看,北约危机发生的另一重要背景是美欧力量对比的改

---

① Edited by Helga Haftendorn, George-Henri Soutou, Stephen Szabo, and Samul F.Well, *The Strategic Triangle-Fance, Germany, and the United States in the Shaping of the New Europe*, Baltimore: Woodrow Wilson center Press, 2007, p.103.

变。在肯尼迪甚至约翰逊政府时期明显上升的美法分歧实际是美欧关系剧变的缩影。欧洲和美国日渐平衡的态势,为欧洲的政治诉求提供了新的契机。美国也需要对此作出政策回应和适应性调整。1963 年美国驻法大使查尔斯·波伦(Charles Bohlen)指出:"从本质上看,欧洲政策困境主要由于我们的政策未能进行调整以充分适应欧洲复兴的现实。欧洲在取得经济的复兴的同时,连精神也随经济复苏而充满活力。"①这话说得十分精彩,它表明美国的欧洲政策已经过时,已经不能适应新的经济高涨、思想活跃的新欧洲了。

最后,美苏的力量对比发生改变是北约危机发生的又一重要背景。苏联人造地球卫星的发射成功使世人直观地感受到国际力量对比发生的深刻变化。这对北约内部成员国产生不小的心理冲击。北约成员国感受到了来自苏联一方的巨大核威慑压力,逐渐对美国能否为盟国提供有效保护产生了疑虑。

西方联盟内的不安感逐渐在国际环境调整过程中发酵,最终引发 60 年代北约在领导权、信任度和合法性上出现多重危机。其实,北约领导权危机也就是美国的领导权危机。② 这种危机既与美国国内财政赤字等问题有关,又是源于国际体系结构性变化。欧洲一体化进程带来欧洲的繁荣,以及东西方两大阵营均势的倾向,都不可避免地对美国的领导地位产生影响。美国国内加强北约领导的呼声不断,1962 年 12 月美国国务院曾谈道"现在比以往更需要美国的领导"③。与领导权相伴而生的信任危机此时愈发在联盟内泛滥。尤其在核领域的分歧和抵牾加重联盟内不安情绪的增长。多边核计划与美国出口政策的选择性控制犹如打开了潘多拉盒子,让各国尤其法国对美国维持核霸权行径不满。与此同时,各国开始考虑联盟的管辖范围、存在理由和目的问题即合法性问题。美国深陷越南战争无形中削弱北约对欧洲的防御,而且美国"责任分担"原则又把欧洲盟友拖入战争的边缘。"美国声称北约不能仅限

---

①　Edited by Helga Haftendorn, George-Henri Soutou, Stephen Szabo, and Samul F Well, *The Strategic Triangle-Fance, Germany, and the United States in the Shaping of the New Europe*, Baltimore: Woodrow Wilson center Press, 2007, p.105.

②　[法]弗雷德里克·伯佐:《1966—1967 年北约危机:一个法国人的视角》,周娜译,《冷战国际史研究》,华东师范大学出版社 2008 年版,第 243 页。

③　Doc 313, "Scope Paper Prepared for The NATO Ministerial Meeting", December 6, 1962, FRUS 1961-1963, p.454.

于处理北大西洋地区的问题,而要处理世界上任何地方发生的东西方关系的问题。"①与在东南亚军事升级气氛不同的是欧洲局势明显缓和,所以如何保持北约军事力量的有效性和政治联盟的凝聚力问题就成为北约合法性的重要内涵。

法国退出北约军事一体化是个逐渐发展的过程,并在一定程度上标志着北大西洋联盟的不和谐达到顶点。1959年初,戴高乐陆续采取了一些引人注目但有限脱离北约军事一体化的举措:如1959年3月,法国退出地中海舰队司令部,同时拒绝美国在法国境内放置核设施的要求。因而1959年6月美国将部署在法国的大约200架轰炸机转移到英国和西德;随后法国拒绝防空一体化,开始重建法国自己的防空系统;1962年从阿尔及利亚撤回的法国部队不再由欧洲盟军司令部指挥;1964年戴高乐将大西洋舰队撤出北约军事一体化组织。最终于1966年2月21日,法国宣布退出北约军事一体化组织。法国作出上述举动主要是因为法国的想法发生重大变化,认为欧洲和世界其他地区所发生的变化以及法国本身发展,使北约在军事方面的规定已不再适用于法国。"法国的想法是自己掌握自己的命运。……这一愿望同一个使法国处于从属地位的防务组织是不相容的。"法国将"恢复享有正常主权,法国领土上外国设施仅仅受法国的管辖"。1966年2月28日法国对盟国军事人员和军事设施撤出日期作出明确规定,欧洲盟军司令部和中欧司令部的总部在1967年4月1日前迁出法国领土;驻欧美军参谋部和美国陆军和空军各种设施的搬迁工作亦应在同一期限内完成。某些特殊问题,如从大西洋岸通向西德的输油管,可另作特殊安排。

(二)法国行为非法性认定

面对戴高乐退出北约军事一体化组织,美国在震惊之余立即指出法国这一行为是违背其条约义务的,是不合法的。美国国会在1966年组成特别小组提交《我们与欧洲变化的伙伴关系》中提到关于北约的地位问题时,首先提出,"法国从北约军事一体化组织退出和戴高乐废止5个与美国签订的双边

---

① Doc 313, "Scope Paper Prepared for The NATO Ministerial Meeting", December 6, 1962, FRUS 1961-1963, p.454.

军事协议的高压行为,是不幸的、麻烦的、昂贵的和不合法的"。1966 年 3 月法国要求美国部队不管是否愿意都必须在 1967 年 4 月 1 日之前离开法国境内,与美国签订 5 个军事协议规定军队和设施自由进出是不符的。这些协议按照时间顺序依次为:

1951 年 2 月 25 日沙托鲁协议①(The Chateauroux Agreement),

1952 年 10 月 4 日空军基地协议(The Air Bases Agreement),

1953 年 6 月 17 日美国军事总部协议(The US Military Agreement),

1953 年 6 月 30 日多杰斯—梅斯管道协议(The Donges-Metz Pipeline Agreement),

1958 年 12 月 8 日通信系统协议(The System of Communications Agreement)。

前 4 个协议有效期明确地与大西洋公约是绑定在一起,需通过双边同意才可终止。1966 年 3 月,法国政府没有提出对协议进行修改或终止。比如"通信系统协议明确规定如果任何一方作出变更要求,需与对方进行商议,一年内如果还不能达成新的协议,该协议将在一年后终止"。法国在协议有效期还有两年的前提下,单方面要求美国相关人员离开法国,"是违背法国作出的承诺,是非法的"②。

二、美国对危机的管理和应对

面对法国的挑战,美国没有直接采取铁腕方式强压法国,而是利用温和方式、非军事方式与法国谈判,以求重塑美法合作框架。实用主义是美国处理危机和矛盾基本原则。美国对法国的政策也以法国 1966 年正式宣告脱离北约军事一体化组织为界限划分为两个阶段:第一个阶段是对法国行为的可能性预测和准备。第二个阶段是美国与法国谈判,并采取间接战略加强北约联盟团结,加强北约合法性以降低维持霸权成本,提高政治收益。

---

① 法国中部城市,安德尔省首府。在卢瓦尔河左岸支流安德尔河的上游。

② Appendixe,"Legality of the French Actionsin Abrogating Five Bilateral Military Agreement With The United States,Our Changing Partnership with Europe",Serial Set,Vol.No.12755-2,Session Vol.No.3-2,90thCongress,1st Session H.Rpt26.

（一） 美国对危机的预测和防止

面对法国的行为,美国虽表示震惊,但也已有心理准备和应对之策。美国认为法国采取此行动意图主要是"北约组织从1958年以来极力避免因不同国家利益而损害北约,戴高乐重回政坛后法国开始质疑北约的合理性,对现有形式提出质疑。法国戴高乐主义者立场是,北约组织的存在是必要的但其结构必须作出改变,因为西方世界须应对两个变化:一是苏联核武器获得极大发展,倘若它攻击西欧,美国和欧洲都不能确定采取何种核反击方式;第二个变化是西欧已经从战后的萧条中恢复,不愿接受联盟内的从属地位。法国也不愿成为北约内部的妨碍者"①。

从1965年开始美国便已经充分预见到戴高乐的政策必然会导致法国与北约军事一体化进程的剥离。美国驻法国大使波伦便认为戴高乐可能在1969年从根本上改变法国与北约的关系,1965年5月建议国务院要考虑驻法美军一旦被迫撤离应该做必要准备和安排。7月12—13日美国副国务卿乔治·鲍尔与英、德、意、荷的官员举行了双边会谈。会议中鲍尔解释说:"很明显,法国迟早会采取措施,削弱北约力量。但美国不赞成法国提出的双边联盟",这意味着美国坚持北约正常运作。②

1965年8月白宫要求国务院、国防部、中情局、美国信息机构和原子能委员会等相关机构共同研究,在可能发生的情况下美国应采取什么对策。由国务卿负责监督并最终在9月1日前提交。③ 9月1日,国务卿本杰明·理德(Benjamin H.Read)向乔治邦迪提交的标题为《关于NSAM336报告》备忘录中提到,NSAM336文件要求9月1日前提交给白宫报告,主要关于"在法国或者法国控制地域采取一些难免发生矛盾的尴尬行动,同时不损害美法的关系。由于国务院没有接到所有机构对此事的评论,所以最终的报告此时不能提交,估计该报告大约在9月10日提交"④。

---

① CK3100313726,"Framework and Guidance for Discussions with Allies Regarding Dealing with Prospective French Actions Against NATO",September 25,1965,DDRS.

② Doc 45,"Memorandum of Conversation",July 20,1965,FRUS 1964-1968 Volume Ⅶ p.56.

③ Doc 67,"Memorandum of Conversation to Ball",August 1965,FRUS 1964-1968 Volume Ⅶ,p.60.

④ PD00069,"NSAM 336 report",September 1,1965,DNSA.

实际上直到 9 月 25 日国务院才提交给白宫标题为《法国和北约》的指导文件,实际是关于与盟国讨论法国对抗北约的可能行为的框架和指导。① 报告分为两大部分:一是指导如何与盟友商议处理法国反对北约的行动;二是提供背景信息和采取行动的相关分析。

此时国务院在处理法国对抗行为的基本思路是:

1. 基于 1949 年条约确定原则,重视北约组织机制的发展。

2. 双边安全协议和承诺不建议纳入北约的第 5 条的内容。

3. 法国没有参加联盟的活动和组织情况下是否继续享有第 5 条的安全承诺的问题,最终解决依赖于法国采取的特别行动和其他盟国和法国关系的发展方式。我们不能向法国保证在任何条件下法国在联盟的行动,参照北约第 5 条规定继续执行。

4. 美国尽管一直在准备考虑法国关于北约改革的建议,仍和其他 13 国商议突发事件的计划。美国要达成的目标是:第一,不论法国是否愿意充分参与联盟的活动或者法国行动损害北约有效性,与北约其他盟友继续努力;第二,维持北约部队防务能力,包括远期战略的可行性,取得最佳军事态势;第三,维持一体化的概念,尤其是统一命令和联合的计划;第四,如果法国迫使美国放弃在法领土上的设施,须在北约防务区域重新部署这些部队和设施;第五,促使法国最终重返应给予充分参与北约事务的身份和地位;第六,面对法国抵抗北约采取行动前应与我们盟友商议达成共识;第七,美国向盟友明确表示美国准备与其他 13 国的达成共识采取措施加强联盟。

5. 美国不应为了应对法国可能对抗性行为采取先发制人的举动,而是继续与盟国商议理解法国的动机是为了实现北约共同行动。

6. 首先与盟友考察应急办法,决定何时和怎样应该采取共同行动。联盟商议的基本目的是在 14 国内达成共识和应对这一威胁的基本原则。对于重新部署也须与联盟商议,尤其是直接相关国家如比利时、荷兰、卢森堡、德国、英国和意大利。

---

① CK3100313726, "Framework and Guidance for Discussions with Allies Regarding Dealing with Prospective French Actions Against NATO", September 25, 1965, DDRS.

7. 任何关于美国部队和设施的重新部署必须在国务院和国防部的共同建议下并得到总统批准方可实行。①

美国预测："法国戴高乐为与大国达到平等地位可能采取以下行动：避免北约里法国的劣势地位或者超国家性质出现；试图改革北约计划和命令结构，消除法国的从属地位；从统一指令系统中撤回法国部队；在法国境内部署的美国部队和军事设施交由法国管理；提出建立一系列的双边防务协议作为北约的替代品。"②当然美国预测是存在偏差的，由于戴高乐的战术较为灵活性，不可能预知法国的行动计划，所以当时美国主要想在联盟内尽早准备。

国务院认为美国采取的基本态度是：第一，北约的性质和作用的认定没有改变，"北约仍发挥着维护大西洋同盟和平自由和稳定的作用，只要多数成员国还支持北约，美国仍将会尽全力提供政治和经济上的支持"；第二，坚持多边的协商，维持统一的命令以及共同作战计划是北约实现有效防务的基本。国务院进而针对法国的不同反应制定了相应的策略：

（1）法国进一步退出和妨碍行动。军事影响有多大取决于法国签署何种协议，法国在西德地面部队更多是政治因素，对北约防务价值不大。美国认为面对法国更近一步的决定能做的很少，只能争取建立法国和盟国的合作协议。

（2）法国要求撤出一些或者全部美国部队和设施，或者要求置于法国指挥。

美国已经准备研究美国在法德设施重新部署问题和花费合理的方案。尽管还不明确法国是否将会采取哪些具体行动，但我们必须做好完全准备。飞机场、总部，尤其是遍布法国的通信网络，它费用高并难以替代。预测美国撤离设施和部队的总体花费大约在 7.5 亿美元左右，这还不包括为建立新的通信网络用于防务的开销。重建美国设施最大的困难是建立新的通信系统，必须购买大量新设备。美国认为尽可能建立替代设备允许美国在法国之外仍能

---

① CK3100313726, "Framework and Guidance for Discussions with Allies Regarding Dealing with Prospective French Actions Against NATO", September 25, 1965, DDRS, p.4.

② CK3100313726, "Framework and Guidance for Discussions with Allies Regarding Dealing with Prospective French Actions Against NATO", September 25, 1965, DDRS, p.5.

有效参与北约。美国相信一定能找到符合法国要求的办法而不用重新部署美国北约设施。比如可以保留这些设施而不实际控制,甚至交换某些服务支持法国利用或控制,比如西方仓库,美国管线,备用飞机场等都可以接受。

(3)法国提议用双边防务协议代替北约。

出于政治和军事原因,美国不能接受双边防务。这样的双边协议排除了一体化命令和统一的政治和军事计划。我们也将劝服其他盟友支持这一立场。

(4)法国谴责北约条约并退出,要求撤出北约设施。

法国谴责北约的条约会没有选择余地只能撤离所有北约设施。问题是法国是否允许美国继续使用某些设施。这将是与法国商谈的重要内容。

(5)法国决定1969年后同意在条约上签字,但不参与所有一体化组织。

法国的地位应与其他盟国商议,美国的立场有三方面:第一支持其余国一体化的概念;第二继续为联盟的完善而工作;第三鼓励法国参与北约活动,只要不妨碍北约的发展。在后戴高乐时代如果法国没有离开条约,法国可能更愿与北约合作。

(6)法国与没有法国的北约签署双边协议。在美国看来这种协议远不如传统联盟。①

美国对法国的可能行为的预测和对策分析从本质上反映出美国对采取何种战术的选择。摆在美国面前的基本的问题是采取先发制人的行动还是在其他领域对法国采取报复手段。从美国分析看美国不太可能采取单边行动,联盟的集体决策对戴高乐的决定更有影响。法国在很多方面的确是有优势地位。处于中间的战略位置使得法国对联盟安全极具价值。威胁法国或者驱逐出北约的政策就会造成这样一个事实:没有法国的参与,中欧防务将会更加困难。经济层面上,法国富余的收支情况,稳定经济,经济共同体的作用让法国游刃有余处理与美国的关系。美国在法国直接投资也让法国可以冻结资产。实际上,限制法国旅游花费,限制特别技术数据,民用飞机场,或者各种贸易,

---

① CK3100313726, "Framework and Guidance for Discussions with Allies Regarding Dealing with Prospective French Actions Against NATO", September 25, 1965, DDRS, p.6.

信贷限制等,这些没有一个能严重影响法国。当然美国有一点明确的就是美国准备探讨采取何种办法完善北约,使其更强大。不能对戴高乐的行为采取被动的和漠视的态度。

总之,这份报告为美国政府开展与盟国的会面提供了基本的思路和指导。国务院乔治·鲍尔(George Ball)和参谋长联席会议的厄尔·惠勒(Earl Wheeler)等官员确定行动的主要目标是:保证北约的正常进行。唯一的差别是国务院主张采取强硬路线,而参谋长联席会议则主张采取带有妥协性质的实际办法。可见,美国对待法国问题是把法国撤离对北约影响降到最低。

1965年12月14—16日,北约部长级会议在巴黎召开,这次会议使美国成功地"让联盟再次前进",①表明美国决意在没有法国的情况下,让大西洋联盟继续发展。会后法国外交部长顾夫·德·姆维尔(Couve de Murville)提到,"法国正在被孤立,联盟可能在必要的情况下放弃法国"。因此,北约的巴黎会议实际上成了促使法国加快推出北约军事一体化的催化剂。

(二) 美国对危机的评估与应对

1966年2月21日,戴高乐宣布退出北约军事一体化组织,致使美法之间的关系降至最低点。虽然美国国内部分官员如沃尔特·李普曼(Walter Lippmann)认为戴高乐的决定会引起北约新的演变。但更多人的反应则是气愤,如鲍尔认为法国的决定没有任何商量的余地。联盟内其他成员对法国行为不理解的居多,德国驻北约一位代表评论说,"法国受本国利益驱使,是其沙文主义的表现"②。

1966年3月21日,美国针对法国的行为紧急迅速作出反应。对立刻采取的行动、一周内采取的行动和相关的行动作出周密安排。美国认为即刻采取的措施包括"向北约各国政府表达美国关于法国和北约关系的基本政策;给驻法大使关于法国和戴高乐的基本指导;建议驻波恩的大使向西德提出与法国商议驻德部队前必须先与美国,英国和其他国家商议并告知我们的立场"。同时要求国务院尽快提交"是否向法国要求索赔的政策,美国在法国设

① Frederic Bozo, *Two Strategies for Europe*, New York: Rowman&Littlefield Publishers, 2001, p.119.

② Harlan Cleveland, *NATO:The Transatlantic Bargain*, New York:Harper &Row,1970,p.104.

施的重新部署问题以及再次进入的谈判"。①

此时,美国政府内对法国问题再次出现分歧。一方面国务院以国务卿艾奇逊(Acheson)为代表的坚持走强硬政策,应谴责"戴高乐单边行为";另一方面,国防部以麦克纳马拉(McNamara)为首,则主张坚持更灵活实际的办法:避免与戴高乐的争辩,加强缺少法国的整体防御水平②,把此次危机看作使北约合理化的契机,提高它的效率。而白宫处于中间路线,主张应尽量不与法国对抗,并让盟友感到选择整体防务的重要性,最后实现美国部队和设施的快速撤退。③ 最后,约翰逊总统倾向于采纳国防部的意见,即"考虑经济、有效地方式重建法国离开后的北约"。1966 年 5 月 4 日约翰逊总统正式下达总统指令:各部门考虑提出建设性的建议来加强联盟。

关于撤军问题,美国一方面积极与法国谈判继续使用在法设施的可能性;另一方面则在国内对撤出问题进行评估。

1966 年下半年美法举行几次会谈,商议美国再次进入法国军事设施的可能性。这些会面主要是解决 1966 年 3 月法国备忘录的提议:"倾向于与美国举行关于在假设冲突的前提下美国政府对在法国领土上军事设施的处置权问题。"最后 1967 年 1 月 17 日双方达成大致的结果:美国指出美国军事部队希望在紧急时刻利用某些飞机场、仓库或通信设施和港口设施记忆输油管线。法国政府尽管认为"美国军事设施在和平时期的存在会让法国自然而然地卷入不想参加的冲突",但最终法国政府授权"和平时期美国继续使用石油管线和现存存储设施,一旦出现敌对状态使用解释权归法国保留"。④ 双方商议的结果是,当欧洲出现新的国际危机,并有法国武力参加的情况下,美国方能重新使用在法国的港口、机场等军用设施。和平时期则不做任何承诺。

在美法协商在法设施使用问题时,美国国内也积极对撤出进行评估。

---

① CK3100488735,"Checklist of Action Taken and Proposed and Studies in Progress", March 21,1966,DDRS.

② Doc 88,"Memorandum for The President", May 1,1966,FRUS 1964-1968,Vol Ⅶ,p.168.

③ Doc 88,"Memorandum for The President", May 1,1966,FRUS 1964-1968,Vol Ⅶ,p.170.

④ U.S.Congress,Appendixe:"Results of Recent Bilateral Discussions Between the United States and France",Department of States January 17,1967,Our Changing Partnership with Europe,Serial Set. Vol.No.12755-2,Session Vol.No.3-2,90th Congress,1st Session H.Rpt26.

1966 年 6 月 16 日美国政府运作委员会(Committee on Government Operations)主席约翰·麦克莱伦(John L McClellan)授权对外援助开支委员会(Subcommittee on Foreign Aid Expenditures)主席兼参议员欧内斯特·格里宁(Ernest Gruening)到欧洲,目的是调查国防部海外设施财产处理的计划。1966 年 7 月和 8 月欧内斯特·格里宁一行先后到达法国、德国、比利时和西班牙几国。鉴于美国在法国设施撤离计划的重要性,他重点关注在法设施的处理问题上。在搜集各方材料和档案后,提出国防部在处理财产时存在明显措施不当。1967 年 4 月 6 日美国政府运作委员会下属的对外援助开支委员会主席参议员欧内斯特·格里宁(Ernest Gruening)向约翰逊总统提交《美国在法国军事设施和用品的处置》报告。

参议员欧内斯特·格里宁认为美国从法国撤离的损失达到 10 亿美元。"过去 17 年的时间里美国投入大约 10 亿美元到法国后勤综合体的建设,现在必须在 3 个月内移交给法国政府,巨大的投资不能收回一分钱。不仅仓库、飞机场、通信系统、石油管线在法国管理和控制下,而且包括医院、学校、图书馆、家庭房屋等功能完善甚至被当地法国人称为'美国缩影'的社区也归法国所有。"

报告认为出现巨大损失应由国务院承担责任,"国务院对金钱损失的惰性反应"是主要原因。"在 1967 年戴高乐宣布美国部队在 1967 年 4 月 1 日前撤离的要求之前,由于在过去几年的惰性美国没有向法国施压收回这些设施的使用权。""法国吞并 17 个美国设施,总体价值 2100 万美元。到 1966 年 8 月美国投资总值达到 2100 万美元约 27 个设施都归法国政府所有。17 个设施现由法国陆军,空军或其他政府和市政机构使用;美国基金建立的 6 处设施,价值为 946294 美元已经被卖给私人。只剩 4 个设施还没有被法国占用。"①

除了上述被法国政府卖掉的设施明显具有商业价值外,法国部队使用的有价值的财产包括修理厂、飞机场、医院和学校。而"国务院延迟 8 年与法国商议设施付款问题。1958 年到 1964 年美国给法国援助价值 4.25 亿美元军事设施。国务院错失利用军事援助计划作为谈判手段来收回部分投资的时机,

---

① 详细情况请参见附录二。

结果可能导致美国损失 10 亿美元,并且美国在 1967 年 4 月 1 日撤退并留下价值 10 亿美元的设施给法国"①。面对巨大损失美国不得不考虑美国部队对设施的再利用。美国在法国的花费大致有以下方面:

1. 因北约建立后勤复合体,1964 财年分配给法国花费约 41 亿美元。

得益于北约建设阻止共产主义势力入侵的需要,"美国在法国发展大量后勤保障复合体,包括有强大供应能力的仓库物资,运往德国北约部队石油制品的输油管线和大量通信网络。美国还在法国建立大量空军基地以对北约地面作战部队提供空中战术支持。法国后勤复合体主要作用是支持西德的北约部队。设施建设多由美国承担,只有几个空军基地由北约其他国家出资建立,法国成为军事援助的最大接受者,总体援助超过 41 亿美元。这些援助帮助法国重建法国部队,从有限能力发展到与其欧洲防务重要性相称的地位。援助包括飞机、船只、车辆、武器、弹药和通信设施。总体包括 1600 架战斗机,100架货机,117 只战斗舰艇,4000 辆坦克,35000 辆卡车和 387000 支步枪"②。

2. 美国在法防务净花费在 1965 年底突破 8000 万美元。1953 年到 1965年期间,美国赤字累计为 280 亿美元,其中 160 亿美元用于美国北约防务花销,当中 50 亿美元赤字来源于法国防务花费。③ 主要用于法国雇员支付的工资,在法国采购,和用于士兵和军事服务人员的花销。

3. 美国 25% 的北约防务花销是在法国,可是从法国得到的补偿购买不到北约各国购买总数的 7.7%。

美国在外国的花销是出现财政赤字的主要原因,所以国务院和国防部与经济实力较好的国家通过出售美国的设备和物资以平衡美国收支。西德和其他国家较好,唯有法国不行。

4. 美国花费 5700 万美元修建从多杰斯(Donges)到梅茨(Metz)石油管线。

5. 美国在法部队 1963 年前达到 53450 人。70% 的物资和运输到德国的

---

① U.S.Congress, "Disposal of United States Military Installations and Supplies in France", Serial Set Vol No.12756-1, Session Vol.No.1-1, 90[thc] Congress, 1st Session, S doc 16.

② 详细情况请参见附录二。

③ U.S.Congress, "Disposal of United States Military Installations and Supplies in France", Serial Set Vol No.12756-1, Session Vol.No.1-1, 90[thc] Congress, 1st Session, S doc 16, p.4.

全部石油都经过法国。所有在法部队有 53450 人,其中 32500 军方,1450 文职,19500 法国当地居民。

6. 石油储备设施 85% 在法国。

7. 美国提供北约 3 亿美元/月用于基础设施的在法国建设。美国收回这些投资的希望渺茫,而且国防部没有向法国政府提出此类要求。①

面对国会的质疑国防部的解释是:他们没有意识到会出现设施不能再用于北约情况的出现,所以忽视了对通过协议处理基础设施的研究。与这些设施值相关的条款没有预先设想,这是匆忙进行基础设施建设过程中的疏忽。美国军队经常基于自身的利益建立永久的海外基地。在这方面的相关法律权属问题今后将引起国务院和国防部的重视。

基于上述分析,美国 4 月 12 日给法国政府的照会中提出关于撤军赔偿问题。法国必须对"废除和背弃现行条约所涉及的财政问题"承担责任。但法国置若罔闻。最后美国被迫撤离,1 万人的军械库迁往德国,其余部分遣返回国;欧洲盟军司令部和北约总部撤往布鲁塞尔或德国;空军在 9 月 1 日前撤离;两个空中运输中队迁往英国,6 个战术侦察中队先回美国,再派往其他欧洲国家,一切将根据美国空军司令部的计划进行。中欧司令部迁往荷兰;美国在法国的军事设施,包括驻欧美军参谋部、美国通信司令部、29 个军事基地和后勤仓库则视具体情况而定。美国驻在法国的 7 万名军事人员及 70 万吨军事装备亦按时撤离法国。加拿大在法国的两个空军基地也按期关闭。由法国退出北大西洋公约军事一体化组织所引发的一场北约危机,就这样以美国的妥协退让顺利结束了。

第四节　北约合法性的护持

在危机出现后,北约其他成员在美国的领导下巩固了合作基础。美国防

---

① U.S.Congress,"Disposal of United States Military Installations and Supplies in France",Serial Set Vol No.12756-1,Session Vol.No.1-1,90^thC Congress,1st Session,S doc 16,p.6.

止戴高乐行为蔓延的目标基本实现。法国的撤退也迫使美国重新审视其传统的领导地位,对新形势下与其他联盟成员关系进行重新定位。

一、国会欧洲特别小组对美欧关系的重新审视

戴高乐宣布退出北约军事化组织后,1966 年 3 月,美国欧洲委员会举行一系列听证会论证北约地位和前景。此后特别研究小组到欧洲实地考察北约的前景,附带对军事援助计划的效用和东欧的情况一并进行考察,欧洲委员会主席埃德纳·凯利(Edna Kelly)带队一行 6 人,先后访问奥地利、希腊、土耳其、意大利、梵蒂冈、法国、英国和冰岛等欧洲国家。最终在 1967 年 2 月 22 日向国会提交《我们与欧洲伙伴关系的变化》,期望对美国政府稳定北约提供政策支持。报告重点对北约地位,面临的尴尬,西欧的发展等问题进行研究,并提出解决美国现实困境的各种选择。这份报告是美国全面审视美欧关系的开端,为美国因地制宜地制定对欧新政策,维护北约团结提供清晰的逻辑思路。

关于北约的地位问题,美国认为尽管已经克服法国造成的困难,但"发现北约成员对未来的军事任务一定程度上存在分歧"。法国退出和 5 条军事协议的废止没有阻止一体化防务系统的建立,只是让美国和成员对北约军事战略重新评估,"北约作为集体安全防务的体现继续发挥重要作用"①。

关于北大西洋联盟的尴尬境地,报告认为"北大西洋联盟目前处于转型时期,经历着紧张和压力。美国的反应对联盟的未来和美国国家利益十分关键"。首先,欧洲的转型是美国必须正视的现实。"战后的欧洲"这一表述不能反映发生在这个大陆上变化的复杂性和广度,新一代政治领袖崛起,自信的回归,民族主义的复兴,基本欧洲问题的重新评估都成为西欧经常性议题。欧洲的这种变化由于欧洲经济共同体进程而加速发展。另外同等重要的变化是欧洲内部的关系发展。铁幕两侧的国家逐渐加强联系。在欧洲这种关系的发酵对欧洲与美国以及与苏联的政治和军事关系都产生巨大影响。这种变化和暗含的深意值得美国细细思考。

---

① U.S.Congress, "Our Changing Partnership with Europe", Serial Set.Vol.No.12755-2, Session Vol.No.3-2, 90th Congress, 1st Session H.Rpt26, p.10.

美欧在一系列问题上存在认识差距是另一个主要困境。

第一，是威胁认定的差异。北约盟国总体上感觉军事威胁降低，因此考虑大幅减少防务开支。1965 年为例，预计北约国家的防务支出接近 740 亿美元，其中 520 亿美元有美国承担，220 亿美元由加拿大和欧洲的成员国承担。高水平防务花销越来越受到西欧国家的质疑。美国继续保持甚至提高防务的立场得到的是冷淡回应。

第二，是美国和欧洲盟友在越南战争的认识差异。尽管没有像法国公开谴责军事卷入东南亚，但对当地局势深感不安，担心被卷入敌对状态，甚至影响西欧防务和安全。

第三，是东西方关系变化引起美国与盟友的政策差异。在东方合作问题上法国并不孤单，西德、英国、意大利在法国之前与东欧签署了贸易协议。东西方合作的增多和合作深度不断加深。西德最近与东欧几个国家开始重新建立外交和政治关系举动更加速趋势的发展。

第四，是美国和盟国其他领域冲突加深，尤其表现在对美国增加在欧洲科学技术为基础的工业资本投入的反应明显。法国已经明显采取官方措施抵制美国资本在工业结构中的影响。①

经过上述分析后，报告建议："美国与西欧的关系正处于十字路口上，欧洲变化是我们审查目前政策的基本前提，努力建立新的伙伴关系，这一模式必须承认与欧洲伙伴关系相互依存性和多样性。"②对于军事存在，美国认为是欧洲人所希望的但西欧明确表示要靠自己的力量管理未来，这包括与东方关系修复，所以任何美国与西欧关系的基本改变势必证明是不安和麻烦的。西欧对苏联进攻的不再恐惧让他们相信北约应该只是作为具有限制性的地区性的军事组织。

此外，参议员埃德纳·凯利建议政府重新审查北约部队目标和战略。同时美国没有把法国孤立于联盟之外。法国作为签约国仍将是大西洋委员会的

① U.S.Congress, "Our Changing Partnership with Europe", Serial Set.Vol.No.12755−2, Session Vol.No.3−2, 90th Congress, 1st Session H.Rpt26, p.12.

② U.S.Congress, "Our Changing Partnership with Europe", Serial Set.Vol.No.12755−2, Session Vol.No.3−2, 90th Congress, 1st Session H.Rpt26, p.15.

成员。欧洲国家也希望这种关系能继续,希望有一天法国重回联盟军事组织。法国拒绝作出任何承诺并不排除危机时刻允许使用的可能。所以美国不应对戴高乐的高压行为作出过度反应。

总之,埃德纳·凯利认为:美欧广泛的共同利益应该加强,不同的政策造成的分裂不应被夸大。美国当务之急是如何处理美欧在一系列问题上的分歧。

二、北约危机下对北约合法性基础的巩固

约翰逊总统采纳参议员埃德纳·凯利的建议,采取更务实的路线而不是惩罚和孤立路线。他认为,"争辩法国政府在北约中所起的不良作用对美国和盟友都没有好处",对他来讲,最迫切的是"在没有法国参与的前提下尽可能迅速、经济、高效地重建北约,把提高北约凝聚力作为基本原则"。1966 年 5 月 4 日的总统指令 NSAM345 文件,要求美国相关部门就提高北约和北大西洋联盟的凝聚力一事提出建设性建议。随后国务院提交报告对如何落实这一原则提出具体建议。标题为《提高北约和北大西洋共同体凝聚力的措施》（Measures to Increase the Cohesion of NATO and the North Altantic Community）的文件全面阐释美国解决之道。

如何提高北约的凝聚力,美国主要从巩固北约的合法性基础着手。所谓合法性基础是指国家取得合法性的依据。弗里德利希认为合法性基础的作用在于为政治统治提供理由,即社会接受一定政治体系的理由。在国际社会中,合法性基础是指国家取得权力合法性的根据。我们这里提及的北约合法性基础也就是指美国取得权力合法性的基础。在国际关系中,一个国家权力的合法性基础主要涉及理念基础,有效性基础和制度基础。① 那么美国着手加强北约的团结,把法国的退出作为重塑联盟共识,重建北约领导权的发端,就需要从下述三个方面来解决。

（一）通过强化北约政治职能巩固北约合法性的理念基础

国家权力合法性的依据是国家对外的意识形态。罗伯特·吉尔平认为在

---

① 周丕启:《合法性与大战略——北约体系内美国的霸权护持》,北京大学出版社 2005 年版,第 67 页。

国际关系中,强国统治的合法性基础之一是"所居的支配地位渴望在意识形态、宗教或者别的方面得到与其有共同价值观念的一系列国家的支持"。意识形态重要的作用有三个:第一,是对国家权力具有辩护作用,否认或演变矛盾。国家在国际社会中有时可能与别的国家存在矛盾,而意识形态主要作用之一就是掩盖这种矛盾;第二,意识形态具有约束作用,有利于提高别的国家或国际社会对国际制度的遵守,尽量促进国家不按个人计算的原则来行事,从而减少或克服"搭便车"的机会主义行为;第三,意识形态具有动员作用,是有关行为和社会现实的信仰,具有超越认知的情感意志功能。

国际关系中,国家对外意识形态正是通过上述三项功能来赢得别国或国际社会对该国权力的自愿同意。① 美国正是利用意识形态的上述作用,加强北约、维护欧洲团结以对抗苏联,用北约的意识形态功效来掩盖美国与盟国的矛盾,消除法国退出给其他国家造成的负面影响,防止其他国家按照各自的利益来行事,更避免西德步其后尘。激发成员的信心和热情,坚定实现行动和目标的决心。

美国强化意识形态的主要办法是巩固北约的政治职能。"由于北约的军事部队和核支持极大减少军事攻击的威胁,北约凝聚力将主要依赖其政治基础"。换句话讲,北约不仅仅是准备集体防御对抗军事进攻的军事结构,同时也是维护欧洲和平的政治组织。更特别的是,"只要德国问题仍是主要危险点,联盟的基本政治功能是在中欧未解决的环境下'集体管理'德苏关系。这一功能下联邦德国应该作为同伙参与,而不是其他盟友的保护对象。和平时期军事一体化的多边体系是实施这一功能的必要条件。强调、阐明和落实北约政治职能就是在目前压力下提高凝聚力的中心内容"②。

美国强调东西方的意识形态,提醒西欧主张缓和的国家应注意到改善"中欧的环境"。"中欧和苏联的局势在过去十年虽然发生变化,但学者和政府官员认为东欧国家仍是共产主义政权,拘泥于他们政治上的意识形态,即使

---

① 周丕启:《合法性与大战略——北约体系内美国的霸权护持》,北京大学出版社 2005 年版,第 69 页。

② CK3100489645,"Measures to Increase the Cohesion of NATO and The North Altantic Community",DDRS,p.1.

面对严峻的经济困难也不愿失去政治控制。这些国家不仅怀疑西方,也怀疑其他国家。"①

美国利用意识形态的约束作用,希望对能西德有所制约,尤其防止西德也采取类似的的行动。报告认为:"要想提高北约的凝聚力第一要面对的问题就是西德。在美国看来,法国退出最严重的结果导致西德从一体化退出并采取政治和军事单边主义行为。所以应把增强西德与西方和北约的一体化作为目标,要证明北约的价值,尤其是对西德的价值,加强组织内部的合作关系。"②总之,美国认为应慎重处理美德、美苏和德苏关系,以及西欧与东欧的关系。西欧不应积极公开支持部分东欧国家摆脱对苏依赖的举动,所以在政策制定和实施的每个阶段必须十分注意德国利益和敏感地区。对他们观点的迟钝或者蔑视都会对西方利益造成损失。让北约盟国充分意识到需要对欧洲部队和德国部队问题达成一致,同时使欧洲和德国的部队保持合理、平等和持久的状况,不断采取共同行动来优化纷争解决的环境。

(二) 满足欧洲盟友新的安全利益需求来增强北约合法性的有效性基础

合法性的有效性基础,即国家权力合法性的依据是国家满足别国或国际社会需要的程度。罗伯特·吉尔平认为国际关系中强国统治地位的基础之一是"提供了注入某种有利可图的经济秩序或某种国际安全一类的'公共商品',故其统治常常为人们所接受"。或者这样表述,美国能够提供满足别的国家或国际社会的普遍需要,自然就具有有效性。美国的有效性自然增强北约合法性的有效性基础。现实主义代表肯尼思·沃尔茨认为国家目标是追求生存,追求安全是其最优先的考虑。国家核心利益是国家安全,如果一个国家能够维护别的国家安全就会得到这些国家的支持。

美国增强北约合法性的有效性基础的办法:一方面是解决西欧国家日渐不满的"技术差距"问题。"美国和欧洲间先进技术和生产的差距加大逐渐成为严重分化两者关系的议题,两者在计算机,大型飞机,武器等领域美国能生

①　CK3100489645,"Measures to Increase the Cohesion of NATO and The North Altantic Community",DDRS,p.2.

②　CK3100489645,"Measures to Increase the Cohesion of NATO and The North Altantic Community",DDRS,p.2.

产先进武器并且能占据大部分市场。欧洲因此害怕其重要工业发展滞后导致经济落后。"引发问题的原因是复杂的,在美国看来"欧洲公司面对市场是限制性的,国内法律、税收制度复杂。欧洲在技术、科技和商业教育,研发等方面的投资相对较低。欧洲管理,市场和劳动力管理不具竞争性"①。这些是欧洲须解决的问题。可见美国为了北约凝聚力的增加被迫解决非常棘手的问题,直接影响美国工业和军事安全。但美国刚刚通过出口政策的限制政策,所以该政策必须经过美国最高层次来决定,并需要该领域专业人士调查研究来决定适合与盟友合作的具体区域。调查之后由总统作出最后决定。②

另一方面,美国处理好合法性的有效性基础问题,必须满足欧洲盟友安全利益需求。在这方面必须处理好以下两个问题:(1)美国对欧洲盟国安全的承诺问题,这也是美国赢得霸权合法性的重要基础。东西缓和态势,使美国对欧洲原有的安全承诺面临挑战,即随着苏联威胁可能性降低,欧洲联盟对美国原先的安全承诺的需求下降,如何适应欧洲需求的变化,提高合法性的有效性基础,美国必须作出调整。(2)对待欧洲在欧洲安全中发挥作用的问题。随着欧洲实力的增强,欧洲盟国要求在安全事务中发挥作用的呼声上升,对美国的领导地位构成威胁,这是造成美国和北约合法性危机的重要根源。法国的退出就是这一问题的深刻反映。如何应对盟国的呼声,是美国维持北约合法性有效性基础必须处理的问题。1967 年 12 月,比利时外交大臣哈梅尔提出的哈梅尔报告(the Harmel Report)的动议基于保持防务体系和寻求东西方缓和双重需求的战略。美国同意该建议是希望其结果能对联盟的团结产生积极影响,而不愿看到由此引发的新的离心倾向。同时也是美国对欧洲缓和战略要求的回应。它凸显北约盟国的政治诉求,也为此后法国和北约新的合作框架奠定基础。

(三)建议成立北约军事支付联盟,强化北约合法性的制度基础

美国决定对北约的制度进行调整,以适应北约系统进程的变化。制度是

① CK3100489645,"Measures to Increase the Cohesion of NATO and The North Altantic Community",DDRS,p.2.

② CK3100489645,"Measures to Increase the Cohesion of NATO and The North Altantic Community",DDRS,p.3.

互动稳定的体现。随着 60 年代欧洲的新变化,北约原有的制度必须随之进行部分调整,也就是对其中不适应新变化的部分加以调整。法国退出之时,整个北约"分崩离析"的危险在很多方面超过了法国政策本身所导致的伤害性后果。当时一个问题就是驻德美军和英军的财政补贴问题。这一问题,自 60 年代初显,后在美国深陷越南战争、英国经济不景气时变得严重。至 1966 年,这一问题几乎使联盟的军事体系面临解体的危险。

美国提出建立北约军事支付联盟,目的是"抵消军事花费对参加国收支账户的影响"。主要的功能是"净盈余的国家应储存在联盟内一定数量本国货币,数目与顺差价值相等。赤字的成员就可以从该组织抽取逆差的部分"。① 可见该组织的作用是转变外汇损失变为长期的义务,减轻美国和英国的支付困难。1966 年 4 月,美国派出其高级专员约翰·麦考利(John McCloy)前往波恩,推动西方国家针对戴高乐的行动达成一个统一而鲜明的立场。美英德三方会议成为解决北约制度性问题危机的主要平台。最后,德国被迫作出让步,同意增加对英国的外汇调整,并采取有利于美国的货币政策。同时接受一定数量的英国和美国军队的撤离。美国提出建立北约军事支付联盟的建议主要成就在于,分担问题非但没有像起初所担忧的那样,成为分裂联盟的因素,相反为联盟团结和凝聚力的增强铺平了道路。美国作出的部分适应性制度调整增强了北约的合法性的制度基础。

1966 年 9 月约翰逊发表关于欧洲的演说中说"美国准备采取大胆全新的举措,积极主动地实现东西方之间的缓和"。这既是对法国具有分裂性质行动的回应,也表达出美国在北约的长期利益和继续领导北约行动的决心。约翰逊提出的北约军事支付计划使北约各国因军事负担而发生的不断摩擦暂时停止,使争吵不休的各盟国得到片刻"喘息"。就像报告所说的"时代已经赋予北约新的生命,必须采取措施赋予北约新的意义。统一的欧洲和美国的伙伴关系将是北约持续的生命动力"②。

---

① CK3100489645,"Measures to Increase the Cohesion of NATO and The North Altantic Community",DDRS,p.4.

② CK3100489645,"Measures to Increase the Cohesion of NATO and The North Altantic Community",DDRS,p.4.

小　结

　　约翰逊政府时期国际政治经济发展出现多极化趋势。美苏的"和平共处"让约翰逊总统面对如何维持联盟团结的极大挑战。解决大西洋联盟的矛盾成为约翰逊政府的主要问题。尽管约翰逊对于西欧的政策大体上继承了肯尼迪政策"伟大设计"，意在促进美国和欧洲合作，但是在核领域为了达成与苏联的核不扩散协议，美国放弃与法国的核合作。1964 年 4 月 20 日国家安全行动备忘录 294 号文件出台（NSAM294）确立美国拒绝对法国核战略运载系统援助的态度。1964 年 9 月国务院为了落实 NSAM294 号文件的政策，出台《落实 NSAM294 号文件的工作草案》，具体研究如何解决法国独立核问题。对具体的技术和设备进行分类和严苛的审查。1964 年 12 月 10 日，国务院全面制定美国核出口控制政策。显然约翰逊总统把核出口控制政策作为整个军备控制政策框架内的一项最重要的防止核扩散的内部机制，并把 NSAM294 号文件适用于法国的原则扩大其适用范围，实施"选择性拒绝"政策，设置"援助门槛"。美国在核武器援助中的举动引发法国对美国的强烈不满最终导致在 1966 年退出北约军事一体化组织。这一决定标志着大西洋联盟的内部矛盾达至顶点。这一事件迫使美国开始重新思考如何应对法国戴高乐主义对冷战联盟基础的破坏，并重新树立自己在北约的领导权威。面对戴高乐主义对其霸权的挑战，美国没有直接采取铁腕方式强压法国，而是采取迂回战略，利用较为温和的非军事方式与法国谈判，力图重塑美法合作新框架。但是由于法国的反美独立行为日趋加剧，使得美国长久以来奉行的对法国利用和协调政策在约翰逊政府时期陷于停滞。

结　　语

一、1945—1969 年美国对法国政策的发展轨迹

1945—1969 年间,美国历经杜鲁门、艾森豪威尔、肯尼迪和约翰逊四位总统。虽然四位总统任内对法国政策因时因事之不同而各有侧重,但纵观从杜鲁门的 NSC105 号文件到艾森豪威尔的 NSC5721 系列文件和 NSC5910 系列文件,肯尼迪的国家安全行动备忘录第 40 号文件(NSAM40),以及再到约翰逊 NSAM294 号和 NSAM336 号文件,我们能够看到:这一时期美国对法国的政策,是以"利用和协调"这一关键特征为主线的发展轨迹。所谓"利用和协调",简言之,就是在美国冷战对抗中利用法国,同时对双方分歧加以协调。美国对法国"利用和协调"政策初步酝酿于杜鲁门时期,正式确立于艾森豪威尔时期,全面落实于肯尼迪执政时期,最终在约翰逊时期由于法国戴高乐不断挑战美国霸权而出现政策停滞。

战后初期,美国杜鲁门政府面对是一个经济濒临危机、政治上具有极大的不稳定性而且法共势力强大的法国。杜鲁门政府对法政策的制定受对欧整体战略、地缘政治考量和意识形态的制约。美国通过《对外援助法(1947)》确立对法国援助的基本原则,希望通过援助计划为法国的政治稳定研制出"止痛剂",防止法国共产党人获取政治益处,进而阻止苏联势力蔓延至西欧。美国1947 至 1948 年提供短期援助呈现下述特点:首先,从援助的目的看,是美国对法国长期援助的前奏和序曲,为实施长期经济复兴计划争取更好的外部环境;其次,从援助的质量上看,美国此时的援助以赠予为主,但是由于美国对法国援助资金的使用一般都附加条件,无疑增加援助的束缚程度,一定程度上降低了其实际价值;最后,从援助的内涵上看,美国对法援助还包含重要的文化

内容,是美国在法国公共外交的开端。1951 年美法的首脑会晤在一定意义上
夯实了美法的联盟基础,NSC105 号文件厘清了美国对法国政策的大体思路,
协调了两国在重大问题上如德国重新武装和法国在法属北非和印度支那问题
的基本立场,为美国拉拢利用法国建立共同抵御共产主义"干涉"屏障的欧洲
政治军事同盟关系奠定了基础,从而保证其更好地服务于为美国的欧洲冷战
战略。

艾森豪威尔执政时期,先后出台的 NSC5721 系列文件和 NSC5910 系列文
件表明美国第一次全面系统地制定了美国对法国的"利用和协调"政策。20
世纪 50 年代,西欧的一体化、美国朝鲜战争的受挫和法国殖民战争的不断升
级,加之美国国内出现了要求美国调整对法国政策的声音,这些国际和国内压
力成为艾森豪威尔调整对法国政策的重要力量。美国把法国视为北约中"不
是最积极的也不是最消极的"的盟友。1957 年 8 月 13 日国家情报评估
NIE22-57 报告成为美国系统制定对法国政策之前对法国的"全景式扫描"。
美国认为:"法国深受两大问题困扰,一个是阿尔及利亚战争,另一个是以物
价飞涨和巨额财政赤字为标志的金融危机。只有这两个问题得到解决,法国
才能推进国内改革和承担起在北约和欧洲共同体内相应的义务。"所以如何
调动法国的积极性,使其在大西洋联盟中发挥更积极的作用成为美国政策制
定者关注的焦点。也就是在这种情况下,美国先后在 1957 年 9 月 30 日和
1959 年 8 月 3 日由美国国家安全委员会制定标题为"美国对法国政策"的
NSC5721 号文件和 NSC5910 号文件草案对新形势下的美国对法国政策进行
了认真讨论。此后美国行动协调委员会对政策的落实进行了评估,认为政策
的执行呈现以下特点:美国努力缓和与法国的分歧,但两国在对苏联政策分歧
逐渐显现:凸显美国对法国国内政坛的变化:在提高法国对西欧一体化防务支
持,实现法国北约义务方面取得成果;在非殖民化问题上,鉴于中苏的介入迫
使美国试图发挥更大的积极作用。此后美国和法国对待非殖民化和核问题上
的分歧也证明了这一点。① 美国政府在对自身安全利益和全球政策目标的整

---

① "Doc 128,National Security Council Report:Statement of US Policy on France",November 4,
1959,FRUS 1958-1960,Volume Ⅶ,p.307.

体考虑后做出选择,确立法属北非的"有序渐进"的原则。冷战需求、对法属北非资源和地理位置的重视以及世界范围内对民族自决观念的认同成为美国制定该政策的主要动因。在核问题上,很明显美法之间存在博弈,双方既隐瞒真实情况互相猜忌,也有通过合作追求利益最大化的愿望。美国的对策是最大限度地采取外交手段来遏制法国研制核武器。美国在艾森豪威尔时期确立的"利用和协调"政策从此成为指导处理美法关系的基石。

肯尼迪政府面对国际局势的种种变化,基本继承上届政府争取法国的支持,并尽力协调分歧,缓解法国抵牾情绪的政策。在责任分担原则的指导下,1961 年 3 月,艾奇逊向美国国家安全委员会提交标题为《北约未来问题的报告》的政策指导报告。这不仅是肯尼迪对欧政策的立足点,也是美国制定对法政策的主要考量。另外,法国戴高乐的抗美独立政策在肯尼迪执政期间表现愈加明显。所以,美国重视对戴高乐政府的北约、核计划和共同市场等政策的评估。可以说,正是美国欧洲战略所"塑造"的对法国的"期望"与法国并不符合美国的欧洲战略需求的"现实"之间的矛盾,成为这一政策发展演变的内在根据。1961 年美国肯尼迪总统出访法国,表明美国开始采取更合作的态度希望两国关系不受到分歧的销蚀。但随后柏林危机问题在如何构建令人信服的对苏威慑上美国与法国分歧再现。在核问题上,美国基于反对"第 n 个国家"发展国家核力量的立场,出台了 NSAM40 号文件,认为美国应尽可能避免陷入与法国核谈判,防止这种行为对其他盟友尤其是对西德的暗示。美国的优柔寡断是此时美国对法国核政策的基本特点。当然由于肯尼迪关注的焦点还是黄金和美元,希望西方联盟尤其发挥领导作用的法国能够与美国共同负担。肯尼迪对黄金固守的强烈愿望使美国与盟友的权利平衡产生微妙的变化。肯尼迪最关心的问题对戴高乐来讲可能是第二位甚至是第三位的问题。美法间核心战略的差异逐渐凸显。

约翰逊政府时期,美国西欧的政策大体上沿袭了肯尼迪的政策,意在促进美国和欧洲合作,但是在核领域为了达成与苏联的核不扩散协议,美国放弃与法国的核合作。1964 年 4 月 20 日,国家安全行动备忘录 294 号文件出台(NSAM294)确立美国拒绝向法国提供核战略运载系统的立场。1964 年 9 月,国务院为了落实 NSAM294 号文件的政策,出台《落实 NSAM294 号文件的工作草案》,具体研究如何解决法国独立核问题。对具体的技术和设备进行分类。该文件透露出美国政府对法国核计划的严密关切,表明美国政策在核问题上实行双轨策略,以规制法国损害美国核利益行为的发生。此时的合作目的是阻止向法国核计划提供重大帮助但只允许在非战略相关系统和技术的合作。1964 年 12 月 10 日,国务院出台了美国核出口控制政策。显然约翰逊总统把核出口控制政策作为整个军备控制政策框架内防止核扩散的一项最重要内部机制,并把 NSAM294 号文件适用范围从法国扩大到所有国家,实施"选择性拒绝"政策,设置"援助门槛"。它是美国在全盘考虑国际安全环境发生的变化后,对美国核出口控制政策的实施程序和不同控制体系的梳理,阐明考察该政策效用的基本原则。美国在核武器援助中的举措最终导致法国 1966 年退出北约军事一体化组织。这一决定标志着大西洋联盟的内部矛盾达至顶点。这一事件也迫使美国开始思考如何应对法国戴高乐主义对冷战联盟基础的破坏,并重新树立自己在北约的领导权威。面对戴高乐主义对其霸权的挑战,美国没有直接采取铁腕方式强压法国,而是采取迂回战略,利用较为温和的方式与法国谈判,力图重塑美法合作新框架。为了提高北约凝聚力美国通过强化北约政治职能来巩固北约合法性的理念基础,满足欧洲盟友的新的安全利益需求来增强北约合法性的有效性基础,以及建立北约军事支付联盟强化北约合法性的制度基础。但是由于法国的反美独立行为日趋加剧,使得美国长久以来奉行的对法国利用和协调政策在约翰逊政府时期陷于停滞。

二、对 1945—1969 年美国对法国政策的整体评价

整体上说,对法国政策体现出美国政府在处理与西方主要大国盟友关系方面有着较为成熟的应对机制。尽管美国努力塑造的欧洲战略图景中的"法国"与现实中常常背离美国战略需求的"法国"之间,存在着理想和现实的差别,存在着这样那样的一些矛盾,但美国始终没有明显偏离既定的对法国政策目标,这反映出美国能从维护西方世界整体利益的战略高度来把握对法国政策。综合考察 1945—1969 年间美国对法国政策,我们认为有以下一些值得总结的方面。

1. 从本质上看,美国对法国利用和协调政策的核心目的在于从美国自身战略利益出发,使法国与美国协调一致,坚守住这块处在东西方冷战前沿的重要阵地,最大化地争取法国对美国冷战战略的支持。

例如,美国在战后初期采取积极措施帮助法国渡过战后的经济危机。美国国会于 1947 年 12 月 17 日批准美国《对外援助法(1947)》即公法 389。过渡时期援助法案作为救济计划,是欧洲长期援助计划的前奏,不仅为大规模实施复兴计划争取时间,更重要的是优化援助法国经济环境,以试图恢复西欧因战争遭受重创的经济。这一援助政策背后的政治目的在于,美国以此将意识形态相同的西欧各国团结在自己的旗帜之下,以共同遏制苏联势力向西欧的蔓延。

战后,尽管法国国际地位降低,但仍在欧洲大陆发挥关键作用。美国把法国看成巩固西方阵营,促成西欧一体化的必要条件。西欧重大事件的解决有赖于法国的积极参与。NSC5721 号文件和 NSC5910 号文件都表示"美国在国际重大问题上尽可能和法国政府磋商,如果存在分歧要尽可能秘密地执行,并尽可能提供建设性的代替措施,寻求法国对美国重要政策的支持。"这一立场主要是针对法国国内民族主义的倾向尤其是戴高乐上台后法国外交政策上发生的变化。美国希望能协调两国在东西关系、北约防务、德国问题、核问题和非殖民化问题等问题上的立场。

美国把法国看成自己对抗苏联的前哨,提供大量的军事援助,以保证法国实现美国批准的北约军事任务。按照美国国防部估计美国 1950—1957 年提供给法国的军事援助计划为 37.963 亿美元,1958 财年军事援助计划预计达到 1.6 亿美元。虽然遭受法国退出北约军事一体化的重大挫折,但美国仍尽量保持和法国的协商态势,并在新框架内建立与法国新的合作。

2. 从政策制定的决定因素上看,美国对法国政策受国内、国际两方面因素制约。从国内因素上看,美国是三权分立的国家,其中,美国政府主导对法政策的制定,而作为立法机关的美国国会有时会通过立法活动对对外政策施加影响。例如,战后初期,美国国会通过立法活动极大地影响了对法国的援助政策。

另一方面,美国对法国政策受美法两国综合实力的对比和消长的制约。例如,战后初期,法国实力虚弱,与美国如日中天的实力无法比拟,此时法国在重大国际事务中就表现出追随美国的特点,具有很大的依附性。20 世纪 60

年代，法国经过 50、60 年代的经济高速发展，国力重振，开始挑战美国霸权，谋求自身独立，而美国却深陷越南战争，实力大打折扣。我们既应看到戴高乐主义的法兰西民族主义基础，还应看到法国综合国力的提升对之的决定性影响。因此，美国对法国的政策制定深深受着实力法则的支配。

同时，利益相关的第三方也制约着美国对法国的政策。艾森豪威尔曾指出："卷入国家事务的任何人很快就会意识到，任何重要问题的存在都不是孤立的；很少有问题仅仅是双边的。"①不仅问题可能会影响到其他问题，而且针对一国的政策也会牵连和影响其他若干国家，实际上与作为行动直接目标的国家相比，其他国家可能更重要。战后美国对法国政策的制定，在很大程度上考虑的是美国与苏联、美国与西德的关系，美国与法国交往随之进行调整。某些情况下，美国能够从法国针对第三方的行为中得出法国将可能如何对自己采取行动的重要推测。美法两国关系的变化也影响到它们各自对于第三方如苏联和西德态度。比如对法国核援助问题上美国的政策和行为，在很大程度上是根据它对德苏两国政策调整的，对西德效仿法国建立核力量的担心和努力实现与苏联禁止核试验谈判的预期，体现美国对法国政策是以有关欧洲政治的考量为条件。因此在法国提出核合作的要求时美国政策制定者就处于一种困难的境地。因为他们不想开罪任何一方。美国最后是在拒绝对法国提供核援助的要求之后，在其他问题上安抚法国。

3. 从外交政策的战术灵活性上看，美国对法国政策体现出美国善于处理危机局势。

对于美国善于将危机局势转变成更安全局势，我们可以用所谓的"利普哈特效应"对此加以说明。卡尔·弗里德利希曾说，人们对权力的理解不得不包括"有关预期反映的法则"——人们之所以看起来能够得到他们想要的东西，只是因为他们根据对他者所予的预期调整了他们的所求。他指出，有许多行为是可以根据行为体对系统效应的预期作出相似解释的。② 循着这一思

① ［美］罗伯特·杰维斯：《系统效应：政治与社会生活中的复杂性》，李少君、杨少华、官志雄译，上海世纪出版集团 2008 年版，第 36 页。

② ［美］罗伯特·杰维斯：《系统效应：政治与社会生活中的复杂性》，李少君、杨少华、官志雄译，上海世纪出版集团 2008 年版，第 38 页。

路,如果我们从所谓"利普哈特效应"角度出发,将较易理解美国对法国的政策模式,尤其更容易理解当法国背离美国特立独行之际,美国是如何出台应对政策化解危险局势的。"许多不理想的结果是无法预料的。但是在并非个别的场所,如果人们相信决策者不采取特别措施,不理想的结果就可能发生,那么这样的信念就会导致人们采取该种措施,并且预防自然结果的发生。"这就是阿伦·利普哈特对许多国家尽管存在容易导致不稳定的因素却能保持稳定的原因的解释。这种结果之所以没有发生,原因在于领导人意识到这是一个非常可能的结果,他们不想这种结果发生,因而巧妙地施行了一种中庸的和调和的政策。美国对法国政策的制定就是艾伯特·赫希曼所说的"困境激发斗志"。约翰逊的国家安全顾问沃尔特·罗斯托(Walt Rostow)看到了法国退出北约军事一体化组织的好处:"只要不是太过头,某些欧洲人的忧虑可能有助于减少人们对安全的满足。"①

"利普哈特效应"有助于使危机局势转变成更安全的局势。无论何时,只要两个行为体发现它们的关系正变得异常紧张,担心自然的升级循环,并且想要避免这样的结果,那么它们就会协力改变事态运行的轨道。尤其在国际政治中,意识到处于危机之中乃是使危机向和平结局发展的必要条件,而相信盟友间有冲突的利益就能导致它们彼此小心对待。一位《纽约时报》的记者就战后美法关系阐述了这样的看法:"两国长期存在着紧张关系。但是冷战初期它们的分歧在这样宽泛意义上受到了很大程度的抑制,即它们在关键问题上意见一致,但后来这种确定性似乎已经不复存在了,因为在欧洲法国希望变得与美国一样强大。"②美国制定法国政策时,考虑到如果美国军队还留在欧洲,他们就必须谋求把他们的争执保持在一定的限度内,并打断"以牙还牙"式报复的自然循环。在冷战背景下,如果形势真的变得紧张,美国在处理法国问题别无选择,只能尽可能满足法国的要求,赢得其支持,有意识地缓和他们的关系。

① Robert Art,"Why Western Europe Needs the United States and NATO", *Political Science Quarter*(Spring 1996),pp.1-39.

② Roger Cohen,"US-French Realtions Turn Icy After Cold War", *New York Times*,July 2, 1992.

　　4. 从外交政策的战略高度上看，美国对法国政策反映出美国能够在一定程度上求同存异，善于抓住美法之间分歧的主要矛盾并施加影响。

　　美国对法国政策本身就体现美国与法国在诸多问题上的分歧。尽管美法之间矛盾摩擦不断，联盟的凝聚力在下降，但毕竟双方共同沐浴着欧洲启蒙思想的光辉，其关系在当时不可能发生根本性的逆转。美国与法国这种"勉强的联合"①，仍遵循"斗而不破"这一模式。

　　（1）与美法分歧相伴而生的是美国把密切的协商作为政策落实的主要手段，这反映出美国能在一定程度上求同存异。从这个意义上讲，美法同盟关系，不能仅以存在分歧定性国家间的关系。存在分歧是国家间关系的常态，具有同盟关系的国家也如此。关键在于出现分歧后如何处理。从机制运作上看，美国注重建立有效协商机制，在北约和西欧的框架内双方定期和不定期的协商。尽管有时不能保证政策的一致而使双方的分歧全面展开，但美国是在充分考虑法国的特殊利益和敏感性的前提下执行自己认为是好的政策。法国经常在美国决策尚未形成时的较早阶段就把其自己的观点明确告诉美国。尽管存在分歧但两国的协商本身能体现各自对对方的重视程度。所以利用和协调是美国对法国政策的主要特点。因为笔者讨论的问题聚焦于各个总统不同时期的分歧最有代表性的问题上，也因为笔者所关注的时间段正是美国对法国政策的磨合期，所以一方面，美法分歧的强度必然体现得比较清楚；另一方面，美国在处理这些棘手问题时所体现的关系模式也应该最有说服力。从观念层面来看，首先作为冷战的盟友，美法在意识形态方面有着根本的一致性。比如 1958 年开始的柏林危机和 1962 年古巴导弹危机，法国始终坚定地同美国站在一起。1962 年肯尼迪总统曾称赞"法国永远是美国最可信任的盟友"②。不管在什么情况下，要法国改变反共、遏制苏联的和支持西欧的政策都是不可思议的。在很多情况下，他们的世界观非常的相似。这些从根本上保证了美法在观念层面上不存在根本性的分歧。在具体问题上的分歧往往可

　　① Michael M. Harrison: *The Reluctant Ally: France and Atlantic Security*, Baltimore: The Johns Hopkins University Press, 1981, p.107.

　　② Frederic Bozo: *Two Strategies for Europe*, New York: Rowman&Littlefield Publishers, 2001, p.289.

以通过外交协调来平衡。其次美国作为世界性的大国,不希望让双方的分歧影响在其他领域的合作。最后,在更有条件的情况下。美国希望在阻止苏联势力的发展等问题上得到法国的支持。从这个意义上,美国制定政策立足于稳定美法同盟性质的特点较为突出。

（2）由于美国与法国在世界范围内的各种利益交织,双方各有制约对方的筹码,而美国更善于抓住美法之间的主要矛盾,甚至可以说善于抓住法国的软肋来施加影响。美国制约法国惯用的手腕不外乎以下几种情况:在战后初期的经济援助问题上,法国由于美元短缺对美国存在巨大的依赖性,美国往往利用经济、军事援助和安全防务来向法国施加压力;在核武器问题上,美国利用法国获得核援助的心理,暗示法国如果不合作,美国将阻止法国的核计划;在法属北非问题上,美国利用法国解决殖民地特别需要美国支持的心理,强化法国对自己的依附;在北约问题上,美国利用法国的退出重新确立在大西洋的领导;等等。戴高乐时期外交及国际战略方面表现出独立性,这使得美国越发重视对法国的政策。美国承认法国作为因第二次世界大战衰落的大国重新引起了华盛顿的重视。两国的关系也表现出不断升级和强化的特点。美国开始重视法国在国际事务中对美国的支持。尽管这个不听话的伙伴着实让人头痛,但是法国的国际地位在与美国的对峙中不断提高却是不争的事实。美国制定政策充分考虑了法国不甘心继续充当美国的小伙伴或附庸的心理,考虑到它想与美国分享国际政治的利益,得到平等参与权和决策权的利益诉求。

5. 从促使政策实现的手段上看,美国在制定对法国政策过程中手段十分丰富,运用包括文化影响力在内的各种手段来促进政策目标的实现。

美国综合运用经济、政治、军事和文化等各种手段,充分发挥美国的软硬实力。从战后初期经济援助到军事援助,从劝阻第四国发展核武器,多边核力量的实施,到核出口的"有限控制",包括美国在法国公共外交。无论经济方面的关于国际货币制度改革问题、还是针对法国退出军事一体化的北约内部的讨论,美国都以"积极"的态度协调两国立场。这些构成了对法国政策较为完善的政策体系。

战后美国对法援助包含重要的文化内容,是美国公共外交的开端。尽管美国与法国对彼此并没有太多好感。美国对法国高度中央集权、工作效率低下、动辄游行罢工等充满了轻蔑。法国则鄙视美国绝对的个人主义和浅薄、商业化的文化,顽强捍卫法语的地位和纯洁,对美国试图主导的世界秩序充满了疑问和否定。美国希望把援助作为法国政治稳定器,促使法国进行精神和文化的再生,视美国作为社会、文化和经济模板加以效仿。加上 1947 年 5 月法国总理驱逐共产党人离开内阁,这让美国看到法国可以发挥欧洲大陆关键的示范效应。另外,美国对法国反美主义的倾向十分关注,1947 年国务院一份报告认为:"法国的公众观点总体上不利于美国,美国生活方式被认为是享乐主义的。而且法国的左倾和右倾的政治势力逐渐接受反美主义的立场,寻求国家认同和威信。"①所以国务院提议采取措施,不仅对抗法国对美国生活方式的错误理解,也要解释美国对欧洲的目标与法国希望复兴和繁荣的目标是一致的。美国援助过程中关注宣传问题,是希望在法国建立与美国政策一致的现实的心理目标。从美国援助物资要求贴标签,到美国驻法大使杰斐逊·卡弗里加大宣传都是为了影响法国人现实心理,达到与美国政治目标竞合。

总之,美国利用各种信息传播手段,增加法国对美国援助政策的理解,提高美国在法国公众中的形象和影响力。这种面向法国大众以文化传播为主要方式的活动,对美国政府当时外交起到相辅相成的支撑性意义。美国从此通过信息活动等计划开始强调在法国的心理战,减少法国反美主义对美国在法实施战略目标的阻力。

6.从政策制定依赖的情报路径上看,美国拥有一支分工明确、相互配合的搜集法国情报的团队。

笔者从对解密文件的分析当中,除了能对美国对法国政策的决策内容本身有一个整体细致的把握,还能切实地感受到这些政策的制定所依赖的必定是雄厚的情报资源,情报是美国对法国政策决策的基石。而成绩斐然的情报搜集工作背后,反映出在美国存在着一支实力不俗的参与对法国政策的工作团队,他们可能分属于不同部门,如外交部、国防部、中央情报局和国会外交委员会等,各部门虽有一定掣肘,但情报来源的多元反而有利于情报收集的全面

---

① Brian Angus McKenzie: *Remaking France: Americanization, Public Diplomacy, and the Marshall Plan*, New York: Berghahn Books, 2005, p.24.

性。这些部门的人员权责明确,他们能高效而准确地开展有助于白宫制定对法国政策方面的情报收集、汇总、整理、分析、评价、预测活动,这些活动过程所展现的决策程序,体现出全面、准确、高效的特点。例如,他们不仅公开或秘密地搜集法国的政治、军事、经济领域的情报,甚至还搜集法国文化、科技方面的情报;不仅关注收集法国统治高层的动态,还能全面收集法国国民各阶层的动态;不但掌握决策者的客观动态,还能深入到决策者的性格、心理层面进行分析(如美国情报人员对戴高乐本人的性格和心理展开的分析)。并且,随着形势的发展变化能够及时更新情报内容;相关专业人员对情报的分析较为准确到位,并能在此基础上对法国即将展开的重大行动有着准确的预测,例如美国依据相关情报准确地预测了法国核试验的时间,有助于美国提早拟定应对措施。

基辛格在《大外交》一书中指出:"任何国际秩序和格局都是各种力量对比和反复较量的结果,有实力而无合理安排就会引起反复的较量。"①"911"之后,在伊拉克战争问题上美法分歧一度演变成公开对立。有学者认为这种分歧是对大西洋两岸根本文化和制度基础的动摇,美法同盟关系开始走向死亡。② 也有些学者认为这些分歧并不是不可调和的,美法之间仍有着共同的价值观和利益诉求。③ 法国前总理多米尼克·德维尔潘曾这样描述过法国和美国的关系:"我们正处在关键的时刻,威权和宽容、天空和海洋、鲨鱼与海鸥,实现和解的可能性隐约可见。"④冷战这个特殊的国际关系形态对于美国和法国犹如暴风雨对于"鲨鱼和海鸥",他们在特殊的环境中进行着他们的对话,渴望实现他们彩虹般的结合。我们如何解读这些矛盾的观点和看法? 有一点可以确定,美国对法国政策的未来走向在很大程度上受制于美国欧洲战略的整体框架。"一个地位上升的欧盟将肯定会尝试挑战美国,尤其是如果美国不放弃对其单边主义政策的嗜好的话,曾经团结一致的西方世界可能一

① [美]亨利·基辛格:《大外交》,顾淑馨、林天贵译,海南出版社1998年版,第56页。

② Robert Kagan:"Power and Weakness",*Policy Review*,Summer 2002,p.56.

③ Philip H.Gorden:"Bridging the Atlantic Divide",*Foreign Affairs*,January/ February 2003, pp.70-83.

④ [法]多米尼克·德维尔潘:《鲨鱼与海鸥——法国与美国的天下争锋》,马胜利译,广西师范大学出版社2006年版,第11页。

分为二,成为竞争对手。"鉴此,本书从历史的维度梳理和探析美国对法国政策,或许将有助于回答上述疑问,有助于世人更深刻地观察美欧、美法关系的走向,有助于我们思考今天和平崛起的中国如何处理与世界主要大国的关系以及如何构筑国际政治新秩序。

附　录　一

1964 年 9 月美国国务院为了落实 NSAM294 号文件的政策,出台《落实 NSAM294 号文件的工作草案》,对设备和技术进行严格的分类审查,根据对法国"火力"计划的潜在价值,大致分为三类:"第一类(CAT A):对法国核计划发挥关键和至关重要作用的。'至关重要'定义为技术和设备对核计划试验时间至关重要的;构成生产的大部分费用;极大影响整体武器系统的性能。此类任何研发生产的合作禁止进行;第二类(CAT B):此类技术和设备有用,但对法国核计划发展和精进不发挥关键作用。'有用'的定义为使用那些军事设施和技术不符合'至关重要'的定义但又是武器系统发挥功能的所需部分;第三类(CAT C):技术和设备对法国核计划进展没有用处的"具体分类如下:

Ⅰ飞机

A 飞机武器系统

1.战略轰炸机　CAT A

2.用于战略轰炸机加油的空中加油机　CAT A

3.能完成欧洲战略任务战术核运载飞机　case-by-case

(如 F-Ⅲ、F-4、F-5、幻影Ⅲ-F)

B 推进系统

1.涡轮风扇巡航发动机,每秒 240 磅空气流或更多　CAT B

2.涡轮喷气巡航发动机,每秒 140 磅空气流或更多　CAT B

3.所有其他 C 类带有附加限制发动机研发合作的项目

C 渗透系统

1.轰炸/导航/侦查系统

a.制导

(1)惯性　CAT A

(2)恒星惯性　CAT A

(3)多普勒惯性　CAT A

(4)其他　case-by-case

b.计算机

(1)数字　CAT B

(2)模拟　CAT B

(3)其他　case-by-case

c.雷达

(1)多普勒导航　CAT C

(2)侧面和前面的高清晰度雷达用于地面地图和目标评估　CAT B

(3)其他　case-by-case

D 电子战系统

1.电子干扰装置设备和技术　CAT A

2.电子反干扰设备和技术　CAT A

3.其他　case-by-case

E 命令控制系统

1.机载通信用于战略飞机的命令和控制　CAT B

2.其他　case-by-case

F 用于战术支持的小机场(SATS)

G 飞机技术

1.高超音速空气动力学　CAT A

2.其他　CAT C

Ⅱ导弹

A 战略导弹(ICBM、IRBM、MRBM 、Polaris)

1.完整系统　CAT A

2.所有部件　CAT A

3.结构　CAT A

4.地面建筑

a.网站硬化　CAT A

b.地下飞弹发射室的设计和建造　CAT A

c.指令、通信和控制　CAT A

d.检查和测试需要　CAT A

5.系统整合　CAT A

B 远距离战术弹道导弹

C 其他导弹

1.战术导弹武器系统—常规弹头、自由飞行　CAT C

2.战术导弹武器系统—反坦克、常规弹头　CAT C

3.战术导弹武器系统—空对空、常规弹头　CAT C

4.其他以后完备细节

D 火箭推进器(液态、固态、气态)

1.火箭发动机直径大于 12 英寸　CAT A

2.火箭发动机直径小于 12 英寸　CAT C

Ⅲ 潜水艇

A 潜水艇武器系统

1.核动力舰队弹道导弹潜水艇武器系统　CAT A

2.核动力攻击潜水艇武器系统　CAT A

3.其他潜水艇和潜水系统　CAT B

B 动力系统

1.核动力和附件　CAT A

2.其他　CAT B

C 潜水艇设计和设备

1.船壳　CAT C

2.辅助物　CAT B

3.通信

a.指令和控制　CAT A

b.其他　CAT B

4. 船只导航　CAT A

5. 其他　CAT B

D 鱼雷和声呐系统

1. 鱼雷(导线指引、水喷射)　CAT B

2. 声呐(积极,被动)　CAT B

Ⅳ核弹头技术(所有方面)　CAT A

Ⅴ空间系统

附 录 二

美国累计援助法国建立后勤复合体主要物资投资一览表

（单位：百万美元）

类别	数额
飞机	985.0
船只	294.0
交通工具和武器	1337.6
后勤补给	709.3
导弹	56.3
通信设施和物资	240.3
其他设备和物资	137.0
建设费	7.0
设备维修和磨损	65.0
供给	226.7
培训	94.0
其他服务	14.3
总计	4159.9

参 考 文 献

一、美国政府解密文件

数据库

［1］Declassified Documents Reference System（hereafter cited as DDRS），Gale Group，Inc.http：//www.galegroup.com/psm/www.ddrs.psmedia.com

［2］Digital National Security Archive（DNSA），ProQuest Information and Learning Company.http：//nsarchive. chadwyck. com/home. do www.proquestumi.com

［3］US Congressional Serial Set（USCSS），NewsBank&Readex inc.http：//infoweb.newsbank.com/？db＝AOFA

网上资料

［1］《美国对外关系文件》（Foreign Relations of the United States），U.S.Department of State。（下载时间：2007 年 1 月 20 日）

（1）FRUS 1941，Volume II，Europe，Washington，D. C.：U. S. Government Printing Office，1941.

（2）FRUS 1942，Volume II，Europe，Washington，D. C.：U. S. Government Printing Office，1942.

（3）FRUS 1943，Volume II，Europe，Washington，D. C.：U. S. Government Printing Office，1943.

（4）FRUS 1944，Volume III，The British Commonwealth and Europe Washington，D.C.：U.S.Government Printing Office.

（5）FRUS 1945，Volume IV，Europe，Washington，D. C.：U. S. Government

Printing Office,1945.

（6）FRUS 1946,Volume V,The British of Commonwealth,Western and Central Europe Washington,D.C.:U.S.Government Printing Office,1946.

（7）FRUS 1947,Volume III,The British Commonwealth;Europe Washington, D.C.:U.S.Government Printing Office,1947.

（8）FRUS 1948,Volume III,Western Europe,Washington,D.C.:U.S.Government Printing Office,1948.

（9）FRUS 1949,Volume IV,Western Europe,Washington,D.C.:U.S.Government Printing Office,1949.

（10）FRUS 1950,Volume III,Western Europe,Washington,D.C.:U.S.Government Printing Office,1950.

（11）FRUS 1951,Volume IV,Europe:political and economic developments（in two parts）,Part 1 Washington,D.C.:U.S.Government Printing Office,1951.

（12）FRUS 1952－1954,Volume VI,Western Europe and Canada（in two parts）Part 2,Washington,D.C.:U.S.Government Printing Office,1952－1954.

（13）FRUS 1955－1957,Volume XXVII,Western Europe and Canada,Washington,D.C.:U.S.Government Printing Office,1955－1957.

（14）FRUS 1958－1960,Volume VII,Western Europe,Part II Washington,D.C.:U.S.Government Printing Office,1958－1960.

（15）FRUS 1961－1963,Volume XIII,west Europe.France,Washington,D.C.:U.S.Government Printing Office,1961－1963.

（16）FRUS 1964－1968,Volume VII,west Europe,France.Washington,D.C.:U.S.Government Printing Office1964－1968.

［2］美国各总统图书馆拥有的非常详尽的解密文件、公开的总统文件、国情咨文以及总统的日记。

杜鲁门图书馆:http://www.trumanlibrary.org/

艾森豪威尔图书馆:http://www.eisenhower.archives.gov/

肯尼迪图书馆:http://www.jfklibrary.org/

约翰逊图书馆:http://www.lbjlib.utexas.edu/

尼克松图书馆:http://www.nixonfoundation.org/index.shtml

http://nixon.archive.gov/index.php

[3]美国总统公开文件(Public Papers of the Presidents of the United States,U.S.Government Public Office,Washington D.C.)

http://www.presidency.ucsb.edu/ws/

主要提供冷战时期美国例任总统的公开文件,公开文件也是一种重要资料。

缩微胶片

[1]Microfilm:NSC Meeting Record 1947-1960.(国家图书馆缩微胶片,卷号3241)

网络参考资源

[1]Expanded Academic ASAP International:是第一个包含所有学科的数据库,但主要是人文及社会科学的期刊库,收录超过2335种的索引资料及超过1166种的全文资料。

[2]Academic Research Library 学术研究数据库:本数据库为综合性学术期刊数据库,其中1955种是全文期刊(内含全文延期上网期刊477种),包括SCI收录的核心全文刊174种,SSCI收录的核心全文刊424种类。

[3]EBSCOhost 系列数据库:当今全世界最大的多学科学术期刊全文数据库。专为研究机构所设计,提供丰富的学术全文期刊资源。这个数据库提供了4455种学术期刊的全文;其中100多种全文期刊回溯到1975年或更早;大多数期刊有 PDF 格式的全文。

[4]JSTOR(Journal Storage)电子期刊数据库:JSTOR 是对过刊进行数字化的全文数据库。目前,JSTOR 是以政治学、经济学、哲学、历史等人文社会学科主题为中心,兼有一般科学性主题共十几个领域的代表性学术期刊的全文库。

[5]PQDD 博硕士论文数据库(全文和文摘):PQDD 收集有170万篇国外高校博硕士论文的文摘索引及近10万篇全文。

[6]PAO 提供访问世界范围内从1802年至2000年著名人文社科类期刊回溯性内容全文。该数据库收录435种全文期刊,为高校及科研机构的读者

提供了一个可以访问超过 140 万篇文章,总计超过 890 万页期刊内容的过刊在线图书馆。

[7]NetLibrary 电子图书:它整合了来自 350 多家出版机构的 5 万多册电子图书,其中大部分内容是针对大学及以上读者层的。

[8]CIAO(Columbia International Affairs Online)数据库:内容包括有关国际政治学、国际关系方面的电子图书、期刊、研究报告和个案研究的全文本。如 1996 年以来的《美国外交》(American Diplomacy),1998 年以来的《安全研究》(Security Studies),1996 年以来的《美国外交政策概览》(US Foreign Policy Agenda)等。

二、英文专著

[1]Alessandro Brogi, *A Question of Self-Esteem: The United States and the Cold War Choices in France and Italy*, 1944 – 1958, Westport, Connecticut: Praeger, 2002.

[2]Ball, George W., *The Discipline of Power: Essentials of a Modern World Structure*, Boston: Little, Brown, 1968.

[3]Benjamin P. Greene, *Eisenhower, Science Advice, and the Nuclear Test-Ban Debate*, 1945–1963, California: Stanford University Press, 2007.

[4]Blang, Eugenie Margareta, *To Urge Common Sense on The Americans: United States' Relations with France, Great Britain, and the Federal Republic of Germany in the Context of the Vietnam War*, 1961–1968, the College of William and Mary, 2000.

[5]Bozo, Frédéric, *Two Strategies for Europe: De Gaulle, the United States, and the Atlantic Alliance*, translated by Susan Emanuel, Lanham, Md: Rowman&Littlefield, 2001.

[6]Brian Angus McKenzie, *Remaking France: Americanization, Public Diplomacy, and the Marshall Plan*, New York: Berghahn Books, 2005.

[7]Brinkley, Douglas and Richard T. Griffiths, *John F. Kennedy and Europe*, Baton Rouge: Louisiana State University Press, 1999.

[8] Brinton, W. A., *The Americans and the French*, Cambridge: Harvard University Press, 1968.

[9] Bundy, McGeorge, *Danger and Survival: Choices About the Bomb in the First Fifty Years*, New York: Random House, 1988.

[10] Byrne, Daniel, *Adrift in a Sea of Sand: The Search for United States Foreign Policy toward the Decolonization of Algeria*, 1942 – 1962, Georgetown University, 2003, AAI3114022.

[11] Crane Brinton, *The Americans and the French*, Harvard University Press, Cambridge, Massachusetts, 1968.

[12] Charles G Cogan, foreword by Stanley Hoffmann, *Oldest Allies, Guarded Friends: The United States and France Since* 1940, Westport, Connecticut, 1994.

[13] Cogan, Charles, *Oldest Allies, Guarded Friends: the United States and France since* 1940, Westport, Conn. : Praeger, 1994.

[14] Cogan, Charles, *Forced to choose: France, the Atlantic Alliance, and NATO—then and now*, Conn. : Praeger, 1997.

[15] Dr. Jacquelyn K. Davis, *Reluctant Allies & Competitive Partners—U. S - French relations at the Breaking Point?*, Brassey's Inc, 2003.

[16] David Ryan, *The United States and Europe in the Twentieth Century*, Pearson Longman, Great British, 2003.

[17] David Gompert and F. Stephen Larrabee, *American and Europe—A partnership for a New Era*, Cambridge University Press, 1997.

[18] David Ellwood, *Rebuilding Europe—Western Europe, American and Post war Reconstruction*. Longman, 1992.

[19] Derek Coltman, *France and the United States: From the Beginnings to the Present*, The University of Chicago Press, Chicago and London, 1978.

[20] Deborah Kisatsky, *The United States and the European Right*, 1945 – 1955, Columbus: Ohio State University Press, 2005.

[21] . Edited by Alexander Stephan, *The Americanization of Europe: Culture, Diplomacy, and Anti-Americanism after* 1945, New York: Berghahn Books, 2006.

［22］Edward L.Morse，*Foreign Policy and Interdependence in Gaullist France*，Princeton University，New jersey，1973.

［23］Endy and Christopher Stewart Endy，*Cold War Holidays*：*American Tourism in France*，Chapel Hill：University of North Carolina Press，2004.

［24］Erin Mahan，*Kennedy*，*De Gaulle and Western Europe*，Palgrave Macmillan，New York，2002.

［25］Frederic Bozo，*Two Strategies for Europe—De Gaulle the United States and the Atlantic Alliance*，Rowman & Littlefield Publishers Inc.，New York，2001.

［26］Freedman，Lawrence，*The Evolution of Nuclear Strategy*，Basingstoke，Hampshire：Palgrave Macmillan，2003，third edition.

［27］Giles Scott，*Networks of Empire*：*the US State Department's Foreign Leader Program in the Netherland*，*France*，*and the Britain* 1950−1970，Belgium Brussels：Peterlang，2008.

［28］Gunnar Skogmar，*The United States and the Nuclear Dimension of European Integration*，Palgrave Macmillan，New York，2004.

［29］Hanrieder，Wolfram F.，*Germany*，*America*，*Europe*：*Forty Years of German Foreign Policy*，New Haven：Yale University Press，1989.

［30］Herbery Tint，*French Foreign Policy since the Second World War*，London：Weidenfeld and Nicholson Ltd.，1972.

［31］Irwin M. Wall，*France*，*the United States*，*and the Algerian War.*，Berkeley：University of California Press，2001.

［32］John Newhous，*De Gaulle and the Anglo−Saxons*，the Viking Press，New York，1970.

［33］Jytte Klausen.，*War and welfare*：*Europe and the United States*，1945 *to the present*，，New York：St.Martin's Press，1998.

［34］Kathryn C.Statler，*Replacing France*：*The Origins of American Intervention in Vietnam*，Lexington：University Press of Kentucky，2007.

［35］Kathleen Burk and Melvyn Stokes，*the United States and European Alliance since* 1945，New York：Berg Publishing，1999.

[36] Lawrence S. Kaplan, *NATO Divided NATO United—The Evolution of alliance*, London: Praeger Publishers, 2004.

[37] Edited by Helga Haftendorn, *The Strategic Triangle: France, Germany, and the United States in the Shaping of the New Europe*, Washington, D. C.: Woodrow Wilson Center Press, 2006.

[38] Martin Alexander, *France and the Algerian War* 1954 – 1962: *Strategy Operations and Diplomacy*, London: Frank Cass Publishers, 2002.

[39] Mahan, Erin R., *Kennedy de Gaulle and Western Europe*, Hampshire: Palgrave Macmillan, 2002.

[40] Mayer, Frank A., *Adenauer and Kennedy: A Study in German–American Relations*, 1961–1963, New York: St. Martin's Press, 1996.

[41] Michael Smith, *Western Europe and the United States—The Uncertain Alliance*, London: George Allen & Unwin, 1984.

[42] Michael Creswell, *A Question of Balance: How France and the United States Created Cold War Europe*, Harvard University Press, 2006.

[43] Michael M. Harrison, T*he Reluctant Ally: France and Atlantic Security*, Baltimore: The Johns Hopkins University Press, 1981.

[44] Pagedas, Constantine A., *Anglo –American Strategic Relations and the French problem*, 1960–1963: *a Troubled Partnership*, London: Frank Cass, 2000.

[45] Peterson, Thomas G, *Kennedy Quest for Victory: American Foreign Policy*, 1961–1963, New York: Oxford University Press, 1989.

[46] Robert O. Paxton & Nicholas Wahl ed., *De Gaulle and the United States: A Centennial Reappraisal*, Oxford.: Berg, 1994.

[47] Peterson, Thomas G, *Major Problem in American Foreign Policy Volume* II : *Since* 1914, Lexington, Massachusetts: Health and Company, 1989.

[48] Edited by Douglas Brinkley and Richard T. Griffiths, *John F. Kennedy and Europe*, *with A Foreword by Theodore Sorensen.* , Baton Rouge: Louisiana State University Press, 1999.

[49] Reynolds, David, *Britannia Overruled: British Policy and World Power in*

the Twentieth Century, Harlow, Essex: Pearson Education Limited, 2000.

[50] Edited by Laurence Moore and Maurizio Vaudagna, *The American Century in Europe*, Cornell University Press, 2003.

[51] Simon Serfaty, *France De Gaulle and Europe*, Baltimore: The johns Hopkins Press, 1968.

[52] Schloming, Gordon C., *American Foreign Policy and the Nuclear Dilemma*, New Jersey: Pretice Hall, Inc., 1987.

[53] Schlesinger, Arthur M., *The Dynamics of World Power: A Documentary History of United States Foreign Policy* 1945−1973, New York: Chelsea House Publishers, 1973.

[54] Snyder, Glenn Herald, *Deterrence and Defense toward a Theory of National Security*, Princeton, N.J.: Princeton University Press, 1961.

[55] Susanna Schrafstetter and Stephen Twigge, *Avoiding Armageddon: Europe, the United States, and the Struggle for Nuclear Nonproliferation*, 1945−1970, Westport, CT: Praeger, 2004.

[56] Thomad Alan Schwartz, *Lyndon Johnson and Europe—in the Shadow of Vietnam*, Harvard University Press, London, 2003.

[57] Wall, Irwin M., *France, the United States, and the Algerian War.* Berkeley: University of California Press, 2001.

[58] Zahniser, M. R., *Uncertain Friendship: American − French Relations through the Cold War*, New York: Wiley, 1975.

三、英文学术论文

[1] Creswell, Michael, "With a Little Help from Our Friends: How France Secured an Anglo−American Continental Commitment, 1945−1954", *Cold War History*, Vol.3 Issue 1, Oct.2002.

[2] Thomas, Martin, "Defending a Lost Cause? France and the United States Vision of Imperial Rule in French North Africa, 1946−1956", *Diplomatic History*, Vol.26 Issue 2, Spring 2002.

[3] Vanke, Jeffrey W, "De Gaulle's Atomic Defence Policy in 1963", *Cold War History*, *Vol*.1 Issue2, Jan.2001.

[4] Martel, Gordon, "Decolonisation after Suez: Retreat or Rationalisation?", *Australian Journal of Politics & History*, Vol.46 Issue, Sep.2000.

[5] Lellouche Pierre, "France in Search of Security", *Foreign Affairs*, Vol.72 Issue 2, Spring 1993.

[6] Chace James, "The Concert of Europe", *Foreign Affairs*, Vol.52 Issue 1, Oct.1973.

[7] Jessup Philip, "The Berlin Blockade and the Use of the United Nations", *Foreign Affairs*, Vol.50 Issue1, Oct.1971.

[8] Buchan Alastair, "The Indochina War and World Politics", *Foreign Affairs*, Vol.53 Issue 4, Jul.1975.

[9] Haight Jr., John McVickar, "Roosevelt as Friend of France", *Foreign Affairs*, Vol.44 Issue 3, Apr.1966.

[10] Gordon, Bertram M., "The Decline of a Cultural Icon: France in American Perspective", *French Historical Studies*, Vol.22 Issue 4, Fall 1999.

[11] Pinkney, David H, "The Dilemma of the American History of Modem France", *French Historical gtudies*, Vol.1 Issue 1, 1958.

[12] Géraud, André, "French Responsibilities in Europe", Foreign Affairs, Vol.5 Issue 2, Jan.1927.

[13] Hoag, Malcolm W, "Nuclear Policy and French Intransigence", *Foreign Affairs*, , Vol.41 Issue 2, Jan.1963.

[14] Rist, Charles, "The French Financial Dilemma", *Foreign Affairs*, Vol.25 Issue 3, Apr.1947.

[15] Lamont, Michele, "National Identity and National Boundary Patterns in France and the United States", *French Historical Studies*, Vol.19 Issue 2, Fall 1995.

[16] Hyslop, Beatrice F. and Echeverria, Durand and Pierson, George W., "Franco-American Zolloquium", *French Historical Studies*, Vol.1 Issue 1, 1958.

[17] Kisatsky, Deborah, "The United States, theFrench Right, and American

Power in Europe 1946－1958", *Historian*, Vol.65 Issue 3, Spring 2003.

[18] Kuisel, Richard F., "Coca－Cola and the Cold War: The French Face Americanization, 1948－1953", *French Historical Studies*, Vol.17 Issue 1, Spring 91.

[19] Bungert, Heike, "A new perspective on the French－American relations' during the occupation of Germany", 1945－1948, *Diplomatic History*, Vol.18 Issue 3, Summer 1994.

[20] Roger, Philippe, "Global Anti－Americanism and the Lessons of the" French Exception, *Journal of American History*, Vol.93 Issue 2, Sep.2006.

[21] Douglas Little, "Cold War and Colonialism in Africa: The United States, France, and the Madagasc Revolt of 1947", *The Pacific Historical Review*, Vol.59, No.4, Nov.1990.

[22] Cogan, Charles G, "France, the United States and the Invisible Algerian Outcome.", *Journal of Strategic Studies*, Vol.25 Issue 2, Jun.2002.

[23] Root, Elihu, "America and Europe", *Foreign Affairs*, Supplement, Vol.5.

[24] McLachlan, Donald H., "Rearmment and European and European Intergration", *Foreign Affairs*, Vol.29 Issue 2, Jan.1951.

[25] Paul Bairoch, "International Industrialization Levels From 1975 to 1980", *Journal of European Economic history*, Vol.11, No.2, Fall 1982.

四、英文学位论文

[1] Creswell, Michael, "The Roots of the Cold War in Western Europe: The United States, France, and German Rearmament, 1950－1954", Ph.D. AAT 9811844 The University of Chicago, 1997.

[2] See, Jennifer W., "The Interregnum: Great Power Relations between World War and Cold War 1945－1947", Ph. D. AAI3145759, University of California, Santa Barbara, 2004.

[3] Ashley, Carl E., "Raymond Aron, International Politics and the Transatlantic Dialogue during the Cold War", Ph.D. AAI3109679, The Catholic University of America, 2003.

[4] Giauque, Jeffrey Glen, "Upheaval in the Alliance: The Atlantic powers and the Reorganization Western Europe, 1955－1963", Ph. D. AA I9931599, The Ohio State University, 1999.

[5] Varat, Benjamin E., "A Clash of Kings: De Gaulle, Kennedy, and the Battle for Western Europe 1958 － 1963", Ph. D. AAI3202578, Boston University, 2006.

[6] Hutton, Holly, "Imported from France: American Adaptations of Existentialist Ideas and Literature(Richard Wright, Norman Mailer, John Updike) ", Ph.D. AAI3115260, City University of New York, 2004.

[7] Hughes, Quenby Olmsted, In the Interest of Democracy: "The Rise and Fall of the Early Cold War Alliance between the American Federation of Labor and the Central Intelligence Agency", Ph.D.AA13091582 Harvard University, 2003.

[8] Kisatsky, Deborah, "Containment, Co－optation, Cooperation: The United States and the European Right, 1945－1955", Ph. D. AAI3034017, University of Connecticut, 2001.

[9] Hrycaj, Andrew, "Challenging the United States: French foreign policy, 1944－1948", M.AAAIMQ54257, Concordia University(Canada) , 2000.

[10] Proctor, David Annis, "Submerging Ancient Differences and Securing Western Virtues: Germanrearmament, 1950 － 1955", Ph. D. AAI9424778, The Florida State University, 1994.

[11] Brogi, Alessandro, "A Question of Self－esteem: The United States and the Cold War Choices in France and Italy, 1944－1958", Ph.D.AA19916493, Ohio University, 1998.

[12] LeRoy, Francois Jean－Michel., "The Elusive Pursuit of Grandeur and Independence: Miragdiplomacy, French Foreign Policy and International Affairs, 1958－1970", Ph.D.AA19735619, University of Kentucky, 1997.

[13] McArthur, Denese Ann, "Human rights, Foreign Aid, and the End of the Cold War: A Cross － national Examination of Policies and Practices", M. A. AAI1384448, University of North Texas, 1997.

[14] Messenger, David Andrew, "France, the Allies and Franco's Spain, 1943–1948", Ph.D.AAINQ53760, University of Toronto(Canada), 2000.

[15] Feldman, Stephen Marc., "American Policy toward the Reunification of Germany, 1949 to 1955", Ph.D.AAI9532173, University of Pennsylvania, 1995.

五、中文译著

[1][法]阿尔弗雷德·格罗塞:《战后欧美关系》,刘其中等译,上海译文出版社 1986 年版。

[2][美]杰里尔·A.罗赛蒂:《美国对外政策的政治学》,周启明等译,世界知识出版社 2005 年版。

[3][美]罗伯特·卡根:《天堂与实力:世界新秩序下美国与欧洲》,肖蓉、魏红霞译,新华出版社 2004 年版。

[4][德]迪特·森格哈斯:《文明内部的冲突与世界秩序》,张文武等译,新华出版社 2004 年版。

[5][法]菲利普·罗杰:《美利坚敌人:法国反美主义的来龙去脉》,吴强等译,新华出版社 2004 年版。

[6][美]W.F.汉里德、G.P.奥顿:《西德、法国和英国的外交政策》,徐宗士等译,商务印书馆 1989 年版。

[7][法]阿尔弗雷德·格鲁塞:《法国对外政策(1944—1984)》,陆伯源等译,世界知识出版社 1989 年版。

[8][美]塞缪尔·亨廷顿:《文明的冲突与世界秩序的重建》,周琪等译,新华出版社 2002 年版。

[9][美]罗伯特·A·帕斯特编:《世纪之旅——七大国百年外风云》,胡利平、杨韵琴译,上海人民出版社 2001 年版。

[10][英]克里斯托弗·希尔:《变化中的对外政策政治》,唐小松、陈寒溪译,上海人民出版社 2007 年版。

[11][法]多米尼克·德维尔潘:《鲨鱼与海鸥:法国与美国的天下争锋》,马胜利译,广西师范大学出版社 2006 年版。

[12][德]萨尔沃·马斯泰罗内主编:《当代欧洲政治思想(1945—

1989)》,社会科学文献出版社 1997 年版。

[13][美]小约瑟夫·奈:《理解国际冲突——理论与历史》,张小明译,上海人民出版社 2003 年版。

[14][美]希尔斯曼等:《防务与外交决策中的政治——概念模式与官僚政治》,曹大鹏译,商务印书馆 2000 年版。

[15][美]杰克·斯奈德:《帝国的迷思》,于铁军译,北京大学出版社 2007 年版。

[16][法]埃曼纽·托德:《美帝国的衰落》,李旦译,世界知识出版社 2003 年版。

[17][英]巴里·布赞:《美国和诸大国——21 世纪的世界政治》,刘永涛译,上海世纪出版社 2007 年版。

[18][美]约翰·斯帕尼尔:《第二次世界大战后美国的外交政策》,段若石译,商务印书馆 1992 年版。

[19][美]约翰·米尔斯海默:《大国政治的悲剧》,唐小松译,上海人民出版社 2008 年版。

[20][美]沃尔特·拉塞尔·米德:《美国外交政策及其如何影响了世界》,曹化银译,中信出版社 2004 年版。

[21][美]迈克尔·H.亨特:《意识形态与美国外交政策》,褚律元译,世界知识出版社 1999 年版。

[22][美]罗伯特·O.基欧汉编:《新现实主义及其批判》,郭树勇译,北京大学出版社 2002 年版。

[23][美]肯尼斯·华尔兹:《国际政治理论》,信强译,上海人民出版社 2008 年版。

[24][美]哈里·杜鲁门:《杜鲁门回忆录》,李石译,三联书店 1974 年版。

[25][美]迪安·艾奇逊:《艾奇逊回忆录》,伍协力译,上海译文出版社 1978 年版。

[26][美]托马斯·帕特森:《美国外交政策》,李庆余译,中国社会科学出版社 1989 年版。

[27][美]约翰·加迪斯:《遏制战略:战后美国国家安全政策评析》,时

殷弘译,世界知识出版社 2005 年版。

[28] [美]沃尔特·拉弗贝:《美苏冷战史话:1945—1975》,游燮庭译,商务印书馆 1980 年版。

[29] [美]兹比格纽·布热津斯基:《大棋局——美国的首要地位及其地缘战略》,王恩冕译,上海人民出版社 1998 年版。

[30] [美]雷蒙德·加特霍夫:《冷战史:遏制与共存备忘录》,伍牛、王薇译,新华出版社 2003 年版。

[31] [美]丹·考德威尔:《论美苏关系:1947 年至尼克松,基辛格时期》,何立译,世界知识出版社 1984 年版。

[32] [美]孔华润主编:《剑桥美国对外关系史》,王琛等译,新华出版社 2004 年版。

[33] [美]理查德·尼克松:《尼克松回忆录》,董乐山译,世界知识出版社 2000 年版。

[34] [日]中西治:《新国际关系论》,汪鸿祥译,学林出版社 2002 年版。

[35] [美]戈登·克雷格、亚历山大·乔治:《武力与治国方略——我们时代的外交问题》,时殷弘等译,商务印书馆 2004 年版。

[36] [美]熊玠:《无政府状态与世界秩序》,余逊达、张铁军译,浙江人民出版社 2001 年版。

[37] [美]朱迪斯·戈尔茨坦、罗伯特·O.基欧汉编:《观念与外交政策:信念、制度与政治变迁》,刘东国、于军译,北京大学出版社 2005 年版。

[38] [美]雷迅马:《作为意识形态的现代化:社会科学与美国对第三世界政策》,牛可译,中央编译出版社 2003 年版。

[39] [美]罗伯特·杰维斯:《系统效应:政治与社会生活中的复杂性》,李少军等译,上海世纪出版集团 2008 年版。

六、中文著作

[1] 王逸舟:《西方国际政治学:历史与理论》,上海人民出版社 1995 年版。

[2] 潘其昌:《欧洲国际关系》,经济科学出版社 2001 年版。

［3］阎学通、孙学峰:《国际关系研究实用方法》,人民出版社 2001 年版。

［4］刘金质:《冷战史(1945—1991)》,世界知识出版社 2002 年版。

［5］汪伟民:《联盟理论与美国的联盟战略——以美日、美韩联盟研究为例》,世界知识出版社 2007 年版。

［6］王军:《朋友还是对手——冷战后的欧美关系解读》,人民出版社 2006 年版。

［7］于群:《美国对日政策研究》,东北师范大学出版社 1996 年版。

［8］于群:《美国国家安全与冷战战略》,中国社会科学出版社 2006 年版。

［9］连玉如:《新世界政治与德国外交政策——"新德国问题"探索》,北京大学出版社 2000 年版。

［10］崔丕:《冷战时期美国外交政策史探微》,中华书局 2001 年版。

［11］何兆武、陈启能:《当代西方史学理论》,中国社会科学出版社 1996 年版。

［12］赵学功:《当代美国外交》,社会科学文献出版社 2001 年版。

［13］王晓德:《美国文化和外交》,世界知识出版 2000 年版。

［14］梁根成:《美国与非洲》,北京大学出版社 1991 年版。

［15］张锡昌、周剑卿:《战后法国外交史(1944—1992)》,世界知识出版社 1993 年版。

［16］复旦大学世界经济研究所法国经济研究室:《法国经济》,人民出版社 1985 年版。

［17］任晓、沈丁立主编:《保守主义理念与美国的外交政策》,上海三联书店 2003 年版。

［18］孙德刚:《多元平衡与"准联盟"理论研究》,时事出版社 2007 年版。

［19］许海云:《锻造冷战联盟——美国"大西洋联盟政策研究"(1945—1955)》,中国人民大学出版社 2007 年版。

［20］郭树勇:《大国成长的逻辑:西方大国崛起的国际政治社会学分析》,北京大学出版社 2006 年版。

［21］沈坚:《当代法国——欧洲的自尊与信心》,贵州人民出版社 2000 年版。

［22］童世骏、曹卫东编：《老欧洲新欧洲——"9·11"以来欧洲复兴思潮对美英单边主义的批判》，华东师范大学出版社 2004 年版。

［23］牛军主编：《冷战时期的美苏关系》，北京大学出版社 2006 年版。

［24］郑秉文、马胜利主编：《走进法兰西》，中国社会科学出版社 2005 年版。

［25］陈晓红：《戴高乐与非洲的非殖民化研究》，中国社会科学出版社 2003 年版。

［26］杨冬燕：《苏伊士运河危机与英美关系》，南京大学出版社 2003 年版。

［27］唐永胜、徐弃郁：《寻求复杂的平衡——国际安全机制与主权国家的参与》，世界知识出版社 2004 年版。

［28］资中筠：《战后美国外交史——从杜鲁门到里根》，世界知识出版社 1993 年版。

［28］金安：《欧洲一体化的政治分析》，学林出版社 2004 年版。

［29］田野：《国际关系中的制度选择：一种交易成本的视角》，上海人民出版社 2006 年版。

［30］胡瑾：《欧洲早期一体化思想与实践研究（1945—1967）》，山东人民出版社 2000 年版。

［31］吴国庆：《战后法国政治史 1945—2002》，社会科学文献出版社 2004 年版。

［32］周丕启：《合法性与大战略——北约体系内美国的霸权护持》，北京大学出版社 2006 年版。

［33］门洪华：《霸权之翼——美国国际制度战略》，北京大学出版社 2005 年版。

［34］朱明权主编：《20 世纪 60 年代国际关系》，上海人民出版社 2001 年版。

［35］刘同舜编：《"冷战"、"遏制"和大西洋联盟——1945—1950 美国战略决策资料选编》，复旦大学出版社 1993 年版。

［36］陈晓红：《戴高乐与非洲的非殖民化研究》，中国社会科学出版社

2003 年版。

[37]严双伍、胡德坤:《第二次世界大战时期的美法关系》,武汉大学出版社 1997 年版。

[38]贾文华:《法国与英国欧洲一体化政策比较研究——欧洲一体化成因与动力的历史考察(1944—1973)》,中国政法大学出版社 2006 年版。

[39]沈丁立、任晓主编:《现实主义与美国外交政策》,上海三联书店 2004 年版。

[40]任晓、沈丁立:《自由主义与美国外交政策》,上海三联书店 2005 年版。

[41]杨升茂:《美国外交政策史 1775—1989》,人民出版社 1991 年版。

[42]周琪:《国会与美国外交政策》,上海社会科学院出版社 2006 年版。

[43]周琪:《意识形态与美国外交》,上海人民出版社 2006 年版。

[44]李丹慧主编、华东师范大学国际冷战史研究中心编著:《冷战国际史研究·5》,世界知识出版社 2008 年版。

[45]李庆余:《美国外交》,南京大学出版社 1990 年版。

[46]方连庆等:《战后国际关系史(1945—1995)》,北京大学出版社 1999 年版。

[47]周洪、王国明主编:《战后西欧四大国外交(英、法、西德、意大利)1945—1980》,中国人民公安大学出版社 1992 年版。

[48]秦亚青:《霸权体系与国际冲突——美国在国际武装冲突中的支持行为(1945—1988)》,上海人民出版社 1999 年版。

[49]姜振飞:《美国约翰逊政府与国际核不扩散体制》,中国社会科学出版社 2008 年版。

[50]苏长和:《全球公共问题与国际合作:一种制度的分析》,上海人民出版社 2000 年版。

[51]李鑫炜:《大国冲突与世界秩序》,中国社会科学出版社 2000 年版。

[52]蔡佳禾:《双重的遏制——艾森豪威尔政府的东亚政策》,南京大学出版社 2000 年版。

七、中文学位论文、学术论文

[1]张建:《德法关系与欧洲一体化进程研究》,博士学位论文,武汉大学,2003年。

[2]姚百慧:《应对戴高乐主义:美国对法国政策(1958—1969)》,博士学位论文,首都师范大学,2008年。

[3]房建国:《美国对阿尔及利亚战争政策研究》,博士学位论文,南开大学,2009年。

[4]杨丽娟:《美国对法国发展核武器计划的情报评估及对策(1946—1974年)》,硕士学位论文,东北师范大学,2008年。

[5]汪波:《美国支持西欧一体化的动机分析》,《武汉大学学报(人文社科版)》2003年第3期。

[6]朱正梅:《论法国"普利文计划"的失败》,《世界历史》2003年第5期。

[7]陈六生、严双伍:《美国与欧洲一体化(1942—1957)》,《武汉大学学报(人文社科版)》2003年第1期。

[8]张福财:《试论战后美欧关系发展演变及欧洲联合一体化问题》,《北方论丛》2002年第1期。

[9]胡利胜:《法德和解历史进程的演变》,《北方论丛》1999年第2期。

[10]吴友法、梁瑞平:《德法和解是早期欧洲一体化的基石》,《武汉大学学报(人文社科版)》2002年第5期。

[11]林鲁卿:《巴黎协定:西德重新武装及其对欧洲政治格局的影响》,《首都师范大学学报(社会科学版)》1996年第5期。

[12]李维:《试论戴高乐的阿尔及利亚非殖民化政策的两重性》,《世界历史》1996年第6期。

[13]严双伍:《二战时期美法矛盾成因析考》,《武汉大学学报(人文社科学版)》2001年第4期。

[14]刘得手:《法美分歧原因的历史考察》,《欧洲研究》2004年第6期。

[15]温强:《浅析肯尼迪政府时期美法在支付领域的矛盾》,《美国研究》2006年第3期。

[16]李义芳、严双伍:《第一次印度支那战争与美法关系的变化》,《法国

研究》2009 年第 4 期。

[17]赵学功:《美国与第一次印度支那战争》,《美国研究》2003 年第
4 期。

[18]王新谦:《马歇尔计划与战后法国政治中右化》,《史学月刊》2006 年
第 8 期。

[19]姚百慧:《美国对法国核政策演变论纲》,《首都师范大学学报》2009
年第 2 期。

[20]姚百慧:《艾森豪威尔政府援助法国发展核潜艇问题之研究》,《国际
论坛》2007 年第 6 期。

[21]姚百慧:《艾森豪威尔政府与多边核力量计划的起源》,《首都师范大
学学报》2010 年第 3 期。

[22]姚百慧:《1959 年法国从北约撤出地中海舰队事件初探》,《唐都学
报》2008 年第 5 期。

[23]姚百慧:《艾森豪威尔政府对法政策研究——关于"三国理事会事
件"的历史考察》,《历史教学》2007 年第 10 期。

责任编辑:崔继新
编辑助理:邓浩迪
封面设计:汪　阳
版式设计:东昌文化

图书在版编目(CIP)数据

利用与协调:美国对法国政策研究:1945—1969/刘姝 著. —北京:人民出版社,
　2020.11
ISBN 978－7－01－021803－8

Ⅰ.①利…　Ⅱ.①刘…　Ⅲ.①美国对外政策-研究-法国-1945-1969
　Ⅳ.①D871.20

中国版本图书馆 CIP 数据核字(2019)第 301244 号

利用与协调：美国对法国政策研究(1945—1969)
LIYONG YU XIETIAO MEIGUO DUI FAGUO ZHENGCE YANJIU 1945-1969

刘　姝　著

人民出版社 出版发行
(100706　北京市东城区隆福寺街 99 号)

环球东方(北京)印务有限公司印刷　新华书店经销

2020 年 11 月第 1 版　2020 年 11 月北京第 1 次印刷
开本:710 毫米×1000 毫米 1/16　印张:18.25
字数:280 千字

ISBN 978－7－01－021803－8　定价:68.00 元

邮购地址 100706　北京市东城区隆福寺街 99 号
人民东方图书销售中心　电话 (010)65250042　65289539